著者简介　**爱德华·克兰克肖**（Edward Crankshaw, 1909—1984），知名作家，在欧洲文化和政治史方面享有盛名。1947—1968年，他担任英国《观察家报》的驻外记者，专门研究苏联事务，撰写了多部相关著作。此外，他对奥地利的历史一直颇感兴趣，《维也纳：一个衰落的文化形象》和《哈布斯堡家族的衰落》就是这一主题广受好评的专著。

译者简介　**田　婧**，北京人，2013年毕业于首都师范大学历史学院，世界史博士，现任职中央司法警官学院，曾赴美国夏威夷大学及法国巴黎高等师范学院访学。主要从事全球史、法律史的教学和科研工作，译有《世界史导航：全球视角的构建》等著作。

内容简介　自哈布斯堡家族的首任皇帝鲁道夫一世于1273年开始统治神圣罗马帝国至1918年11月哈布斯堡王朝的末代皇帝卡尔退位，这个令人惊叹的家族统治欧洲的历史长达600多年。由此可见，哈布斯堡王朝的历史是欧洲近代史的核心，也是西方文化史和社会发展史的核心。在这段漫长的时间里，这个显赫的家族想方设法用帝国皇冠的神秘权威来支撑他们十分广阔的领土权力。这个家族的许多成员有着神秘莫测的品性，这使得他们作为君主卓尔不凡，也进一步塑造了他们手握强权的形象，即对天主教的顽固信仰和对帝国权势的执着追求。通过对哈布斯堡家族特别具有个性的成员的刻画，作者爱德华·克兰克肖探究了哈布斯堡王朝统治者的私人秘密，并逐步将之与欧洲史相关联。

——Edward Crankshaw——

后浪出版公司

哈布斯堡家族画传

[英] 爱德华·克兰克肖 著
田 婧 译

THE HABSBURGS

PORTRAIT OF A DYNASTY

中原出版传媒集团
中原传媒股份公司

大象出版社

·郑州·

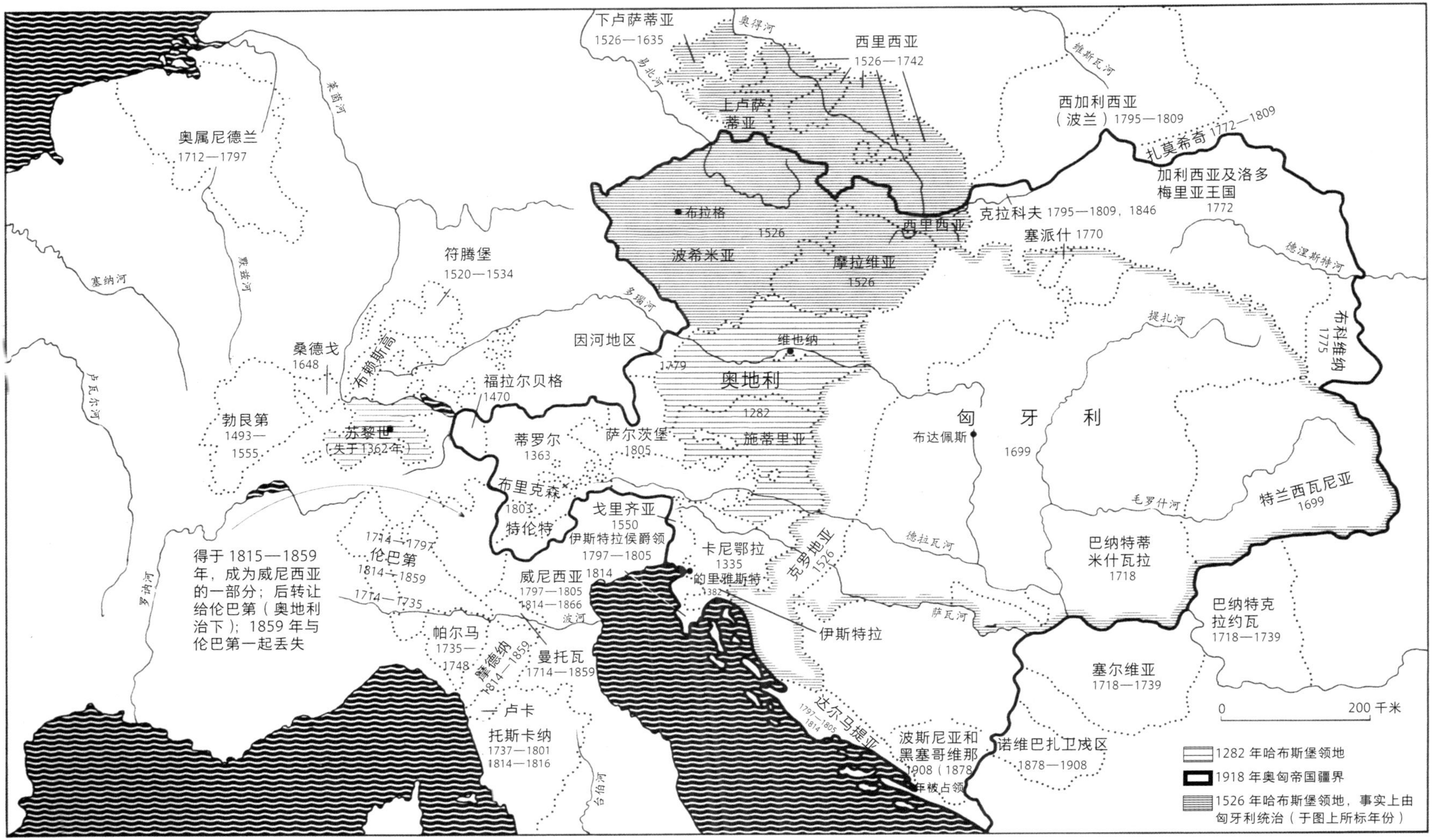
下卢萨蒂亚
1526—1635
西里西亚
1526—1742
上卢萨蒂亚
西加利西亚（波兰）1795—1809
扎莫希奇 1772—1809
加利西亚及洛多梅里亚王国
1772
克拉科夫 1795—1809，1846
塞派什 1770
布拉格
1526
波希米亚
西里西亚
摩拉维亚
1526
奥属尼德兰
1712—1797
符腾堡
1520—1534
因河地区
1779
维也纳
奥地利
1282
施蒂里亚
匈 牙 利
布达佩斯
1699
布科维纳
1775
特兰西瓦尼亚
1699
桑德戈
1648
布赖斯高
福拉尔贝格
1470
勃艮第
1493—
1555
苏黎世
（失于1362年）
蒂罗尔
1363
萨尔茨堡
1805
布里克森
1803
特伦特
戈里齐亚
1550
伊斯特拉侯爵领
1797—1805
卡尼鄂拉
1335
的里雅斯特
1382
克罗地亚
1526
巴纳特蒂
米什瓦拉
1718
巴纳特克
拉约瓦
1718—1739
塞尔维亚
1718—1739
得于1815—1859年，成为威尼西亚的一部分；后转让给伦巴第（奥地利治下）；1859年与伦巴第一起丢失
1714—1797
伦巴第
1814—1859
1714—1735
威尼西亚 1814
1797—1805
1814—1866
伊斯特拉
帕尔马
1735—
1748
摩德纳
1814—1859
曼托瓦
1714—1859
卢卡
托斯卡纳
1737—1801
1814—1816
达尔马提亚
1797—1805
1814
波斯尼亚和
黑塞哥维那
1908（1878年被占领
诺维巴扎卫戍区
1878—1908
0 200 千米
奥得河
易北河
维斯瓦河
莱茵河
默兹河
塞纳河
多瑙河
德涅斯特河
提扎河
毛罗什河
德拉瓦河
萨瓦河
波河
罗讷河
卢瓦尔河
台伯河
1282 年哈布斯堡领地
1918 年奥匈帝国疆界
1526 年哈布斯堡领地，事实上由匈牙利统治（于图上所标年份）

* 本书地图为原书地图。

目　录

献给乔治·哈丁

1

王朝创立

鲁道夫一世和腓特烈三世

哈布斯堡家族成员身上大都有一种深邃又内敛的特质，这种特质使他们在历代帝王中独树一帜，也令他们那种混合着皇家气度和宗教偏执的掌权者形象醒目突出。在皇帝查理五世的肖像画中，画家提香将这种特质用画笔永久地记录了下来。查理五世一度是罗马时代过后历代统治者中最权倾天下的一位。他统辖中欧全境、勃艮第和尼德兰、意大利的大部分地区、西班牙，以及新世界的全部西属殖民地。但查理五世同时也是所有君王中最低调的。他衣着朴素，在他的皇后去世后甚至终日只穿黑衣。他造就了壮丽辉煌、世所罕见的帝王伟业，却始终如一个普通人一般生活，也愿意让他一向钟爱的画家提香将自己普通人的一面留存在画布上——提香一共为他创作了 5 幅肖像画。查理五世是一个活生生的人，深沉且复杂、强大又脆弱，他的这些“私人秘密”藏匿在画家的笔端，在肖像画中隐晦地表现出来。然而，一个人不爱排场又不喜华服万乘，却拥有熏天权势，恰是这种巨大的反差更令人战栗怵目。

哈布斯堡家族还有一个延续了几个世纪的特点：除了在某些需要特殊仪式的场合，这个家族对帝王排场和皇家气度比较抗拒。比如西班牙的腓力二世和奥地利的斐迪南二世，前者主持宗教裁判所，进攻英格兰，后者无情地引爆反宗教改

左页图：一座正在修建的哈布斯堡家族治下的中世纪城镇。城址在山上，居高临下，城堡立于城中心，反映了早期哈布斯堡家族攻守相济、征战不断的状况。

革运动和三十年战争。这两个人都掌控着成千上万人的命运，受到整个基督教世界最得意、最阔绰的贵族阶层的尊崇，但他们的行事作风却如同一个服色晦暗、谨小慎微、吃苦耐劳的小官吏，在辉煌壮丽的帝国核心地带过着修士般简朴克己的生活。又比如奥地利的利奥波德一世，一面迎战法国国王路易十四，一面征讨奥斯曼帝国，但是卡莱尔口中这位“穿着红袜黑衫的矮小绅士”* 却将自己的闲暇时光花在作曲和表演上。再比如哈布斯堡家族最后一个伟大的人物弗兰茨·约瑟夫，他虽住在气势磅礴的美泉宫中，却只睡在一张窄小的铁床上，为了维持维也纳皇室的光鲜亮丽，为了保全这个广阔的帝国、延续这个古老的王朝，几十年如一日地辛勤理政，但无论是帝国还是王朝，都在他离世两年后崩塌了。同样是这位弗兰茨·约瑟夫，他初登皇位时在皇家军队中身着白色束腰外套的光荣形象，却成为西方自由主义者眼中专制、压迫与独裁的符号。

哈布斯堡家族都有谁？他们从哪儿来？为什么这个家族能长久延续并传承为欧洲最古老的王朝？毫无疑问，自由主义者对他们的描绘“一个贪得无厌、傲慢自大的独裁政府骑在痛苦挣扎的国民头上凌虐施暴”是回答不了这些问题的。20 世纪初，随着哈布斯堡帝国政权的瓦解，人们会本能地认为，这个混杂多种语言的帝国的子民骤获自由，自然会高唱凯歌，稳步走向光明。然而，这一幕并未出现。哈布斯堡王朝的接力棒迅速被其他独裁者接过，那些曾或多或少被哈布斯堡王朝统辖过的领土，如匈牙利、南斯拉夫、波兰和奥地利纷纷再次陷入独裁统治。唯独捷克斯洛伐克建立了稳固的民主政权，但也随即被希特勒消灭，而捷克人从前被奥地利帝国统治时虽然确实苦不堪言，但至少尚能生存和发展。只有一个人在反抗哈布斯堡王朝专制统治的过程中能退一步反思哈布斯堡帝国的合理性，这个人就是捷克历史学家和民族复兴运动中的重要人物帕拉茨基。帕拉茨基套用了伏尔泰对上帝的评语，他说：“即使没有奥地利，也要创造一个奥地利。”而奥地利就是哈布斯堡。

事实的真相如何，需要我们回到历史中去探究。奥地利的历史首先就是一部显赫非凡的家族史。西班牙的哈布斯堡王朝只不过是这部家族史中一个短暂的篇

---

* 苏格兰史学家托马斯·卡莱尔在其著作《腓特烈大帝史》（*History of Frederick the Great*）中如此称呼利奥波德一世。——译者（文中标注 * 的均为译者注，后文不再特意说明）

维也纳圣司提反大教堂彩绘玻璃画，画中人物为德意志国王、哈布斯堡王朝首任皇帝鲁道夫伯爵（1273—1291 年在位）。鲁道夫虽然与教皇格列高利十世维持和平关系，但却并未在罗马举行加冕仪式。就是这个被强大的波希米亚国王普热米斯尔·鄂图卡二世称作“微不足道的穷鬼伯爵”的人，一生都在致力于收复帝国失去的土地，重振衰落的皇帝权威。

章，是查理五世和腓力二世谱写的波澜壮阔的史诗中的一个片段。无论如何，西班牙在腓力三世统治时期也已经无路可走了。真正属于哈布斯堡家族的历史是奥地利王室的历史，这段历史是欧洲近代史的核心，也是西方文化史和社会发展史的核心。正是由于近代欧洲，新世界才得以诞生。

哈布斯堡家族与奥地利的联系始于 1276 年，不过奥地利跻身欧洲强国之林则还要再等 200 年。这 200 年中，哈布斯堡家族多次式微，甚至险些消亡。在此之前的1273年，家族的第一位皇帝鲁道夫一世在亚琛被加冕为德意志国王[1]。

我们不需要详述中世纪哈布斯堡家族成员的生活，也无需清点他们时多时少的财富。13、14世纪的哈布斯堡人都是征战的诸侯，与欧洲同时期的其他诸侯相比实力相当，但精神上的差异却非比寻常——哈布斯堡家族具有极端不屈不挠的意志。我们也不必费心研究他们的性格，原因有三：其一，他们的心态观念和生活环境距离今天太遥远了；其二，我们对他们的了解并不多，也无从入手；其三，他们对欧洲发展的贡献并不大。此外，哈布斯堡家族成员数量庞大，到15世纪中叶，他们狭小又多山的家族领地已被一代代挥戈相向的手足兄弟分割得零碎不堪。真正值得我们重视的问题则是这个家族存活了下来，并且将血脉代代延续，一直传承到了1493年——那一年马克西米利安一世横空出世，大权在握，成为欧洲强大力量的象征。

同样值得注意的是，我们要对哈布斯堡家族所处的欧洲地缘关系有所认识。因为他们的马蹄所到之处，许多历史悠久的民族被圈入哈布斯堡家族的统治版图。这些民族包括捷克、塞尔维亚、克罗地亚、匈牙利和波兰等，他们都或多或少地保留了各自民族在前哈布斯堡时代的历史传说和民族记忆。当拿破仑战争落幕，民族主义时代揭幕时，这些民族正是从各自的中世纪王国史中汲取力量、鼓舞国民，掀起了反抗维也纳帝国政府的革命浪潮。

哈布斯堡家族实际上属于德意志民族。家族信史可以上溯到10世纪的阿尔萨斯伯爵“富有的贡特拉姆”。“哈布斯堡”一名，来源于11世纪的“Habichtsburg”，亦称鹰堡。该城堡威严地伫立在今瑞士境内阿尔河和莱茵河的交汇处。与哈布斯堡家族同时期盘踞在那片广阔地域内的诸侯，还有比其更古老、日后问鼎巴伐利亚王位的维特尔斯巴赫家族，以及后来移居德意志北部的勃兰登堡，成为普鲁士国王，最终登上统一的德意志帝国皇位的霍亨索伦家族。哈布斯堡家族的早期成员是神圣罗马帝国皇室的忠实臣仆，在霍恩施陶芬王朝的皇帝腓特烈二世与教皇英诺森四世的斗争中，因支持皇权而备受器重，尽管那场斗

1 “德意志国王”或“罗马人的国王”是神圣罗马帝国皇帝当选者的称号。查理曼的梦想是建立一个由一位世俗君主统治的统一的基督教世界。查理曼帝国即为他对罗马帝国的复兴，后来成为神圣罗马帝国。神圣罗马帝国作为一个帝国早已名存实亡，但帝国皇帝仍身具半神秘性的权威，尽管实际上皇帝不过是一个被选出来的德意志国家的挂名首脑。

争的最终结果是皇权败给了教权。

皇帝腓特烈二世是一个伟大的西西里人，因博学广才而赢得了“世界奇迹”（Stupor mundi）的绰号。他也同许多前任皇帝一样被教皇逐出了教门。1250年他去世后，神圣罗马帝国的历史不再连贯，在政治方面它也不如之前活跃。教皇英诺森四世决定维持神圣罗马帝国衰弱、内讧和分裂的状态。查理曼梦想的统一的基督教世界在很长一段时间内化为泡影。神圣罗马帝国的皇位在腓特烈二世之后成为笑柄，连续几任皇帝沦为与一般德意志诸侯无异的小领主，在德意志的权力威望逐渐衰落，只不过仍享有至高无上的皇帝头衔，而且名义上仍统辖数量众多的世俗公国及教会领地罢了，这些封建领地遍布今天的德国、捷克、斯洛伐克、阿尔萨斯、奥地利和瑞士的部分地区。英国国王约翰之子康沃尔伯爵理查就是当时的一位“影子”皇帝。那样一位远在天边的君主对于德意志选帝侯来说几乎没有用处，因此选帝侯联合反对理查，并推举卡斯蒂利亚的阿方索出任皇帝。1272年理查逝世，两年后教皇格列高利十世决定改变前任教皇英诺森四世的政策，终结德意志的混乱局面，重塑帝国皇帝的尊严。他拒不承认选举阿方索的有效性，并告知诸选帝侯，如不勠力同心选出一位合乎规程的新皇，他将直接指派。在这样的情况下，诸选帝侯推举了哈布斯堡伯爵鲁道夫，教皇也认可了这个结果。鲁道夫天资聪颖，且有仁慈和开明之名，他之所以得以当选，却并非由于他强大，而是由于他弱小。换言之，他缺乏足够的实力基础来支配德意志诸侯。这些因素既成全了他，也方便了他们。对于德意志大贵族而言，遵从这个皇帝的旨意对他们来说无伤大雅。

这位新皇即位时已55岁，可谓戎马一生。他挥戈保卫疆土、拓展领地，数度征战大空位时代滋生的强盗领主。这些强盗领主在帝国衰弱混乱的时期互相残杀、四处劫掠、迫害市民、滋扰乡里。鲁道夫感到建立秩序和平等已迫在眉睫。他富有谋略，擅长纵横捭阖之术；他擅观大势又细致入微，行事雷厉果决，作战不落窠臼，可谓天纵英才。鲁道夫军事生涯中的辉煌成就之一是以船架桥强渡多瑙河，他的奇思妙想和善于变通使他获得了“亚历山大大帝之后第一人”的美誉。还有一次值得称道的经历是巧破城门：在率兵围攻一座城堡时，鲁道夫观察到城门总会有规律地开启，让一队骑灰马的抢劫者驰出，前往周边乡村。他由此心生一计，命令自己军队中同样数量的人骑上灰马假冒敌军，伺机待命。一天下

左图：鲁道夫一世。

右图：波希米亚国王普热米斯尔·鄂图卡二世，他征服的领土范围从亚得里亚海延伸到波罗的海。他至死（1278年）都不承认鲁道夫是皇帝。

午，他观察到小股劫匪从城门中露头、小跑而去并消失在远处，当即命一支庞大的分遣队“激烈追击”己方已等候多时的假冒兵士。守城卫兵接到警讯，迅速打开城门让假冒的“劫匪”驰入，并将“追击者”紧紧关在城门外。这批混入城市的“劫匪”不费吹灰之力就解决了那些不幸的守城卫兵，大开城门恭迎鲁道夫大军进城。由此可见，这个哈布斯堡人可谓当得上狡猾诡诈、智勇双全之称。

鲁道夫获悉自己当选皇帝时，正在围攻巴塞尔，平息一起由傲慢无礼的巴塞尔主教煽动的反对他的暴动。当选的消息是由霍亨索伦家族的一个年轻人带来的，这个人也因此成为第一个向哈布斯堡家族的首任皇帝屈膝行礼的人。具有讽刺意味的是，6个世纪后，在俾斯麦和毛奇的辅弼下将奥地利逐出德意志的德皇威廉一世正是霍亨索伦家族的后裔。

据说巴塞尔主教在获悉鲁道夫当选的消息时失声大喊：“快坐下，吾主上帝，不然鲁道夫也会夺去您的王座！”

至于鲁道夫本人，他在亚琛完成了一场宛如宗教圣礼的加冕仪式后宣称：“我不再是你们以前认识的那个人了。”这句话的意思是既然上帝已对他施以膏油，他便要献身侍奉基督教世界了。他无疑也是这么想的。但他的话在世俗语境

哈布斯堡的鲁道夫一世将领地分给了两个儿子——阿尔布雷希特和鲁道夫。在鲁道夫一世的努力下，阿尔布雷希特一世成功即位为德意志国王。

Or doncques pour ceste matere plaisante entammer et mettre a effect Il est assavoir que ce premier livre qui contient en soy .v. chapittres est comme ung preambule et prologue pour lentendement et Instruction de toute ceste presente euvre Cest a entendre des quattre volumes des croniques dangleterre Jadis appellee la basse hiberme Et depuis par diverses guerres et conquestes de gens elle a sorti plusieurs noms Cest

下也代表了某种预示。

巴塞尔市民之前虽然同意帮助自己的主教对抗一位哈布斯堡伯爵，但却并不是充满热忱，就更不要说此时去公然反抗一位新当选的皇帝了。那些曾经与鲁道夫兵戎相向的人也同样是这么想的。鲁道夫在家族领地的基础上，又凭借“皇帝”这个神圣头衔征得了周边领地，之后便开始筹谋更大的事业。

波希米亚国王普热米斯尔·鄂图卡二世一直认为自己当选皇帝势在必得。这是一个与鲁道夫截然不同的诸侯。波希米亚是帝国内所剩的最后一个斯拉夫王国，鄂图卡二世也比当时任何一个德意志诸侯都强大，他引人注目地扩张了波希米亚王国的疆界，也扩大了它的影响力，他在中欧和东欧范围内建立了一个广袤的帝国，疆域从南部亚得里亚海沿岸的克罗地亚向北延伸到波罗的海，后来又夺取了奥地利和施蒂里亚、卡林西亚、卡尼鄂拉、温迪施马克，这些省曾被划为查理曼帝国的东方马克（Ostmark），是欧洲人与马扎尔人等东方掠夺者之间的边境地带。这样一个实力强大的人自然不希望居于任何人之下，对坐拥几处小得可怜的领地的鲁道夫更是不屑一顾，他拒不承认鲁道夫的帝位，也不上缴税金。哈布斯堡的奥地利就是在这样的斗争中不断发展壮大的。奥地利德意志人与西斯拉夫人之间兵连祸结的悲惨历史的序幕也就是在这样的斗争中缓缓拉开的。

鲁道夫很快就集结了足够的支持者。他率军南下多瑙河，直捣维也纳，随后迅速挖掘围城壕沟，意图将维也纳人困死。他按照自己的作战习惯，采取了最直接也最经济的战略：如果维也纳人拒绝打开城门、恭迎皇帝，他将不得不遗憾地捣毁蔓延至维也纳森林的漫山遍野的葡萄园——直到今天，维也纳葡萄园之葱郁仍一如往昔。结果，现实的维也纳人果然大开城门。鄂图卡二世也同意献出他拥有的奥地利领地，自行撤回布拉格；维也纳城内那座由他重建、后来成为大教堂的华美的圣司提反教堂也归于哈布斯堡。

鄂图卡二世对鲁道夫并不陌生。鄂图卡二世在若干年前发动波希米亚王国对普鲁士地区蛮族的远征时，年轻的鲁道夫就曾在他的麾下作战。这一次重逢，鲁

左页图：“大胆的查理”的勃艮第宫廷，也是腓特烈三世决心让儿子马克西米利安联姻的地方。勃艮第宫廷处于当时欧洲文化的顶峰，那里的消遣方式奢华高雅，艺术欣欣向荣，马克西米利安迅速地学会并适应了这一切。

道夫的性格和活力无疑给鄂图卡二世留下了深刻印象。说到底，这个长着鹰钩鼻的魁梧而壮健的男人已经是鄂图卡二世法定的主公了。

奥地利原本不是鄂图卡二世的合法领地，它属于神圣罗马帝国的皇帝。鄂图卡二世之所以盘踞在那里，是因为他曾在巴本堡王朝绝嗣、王权空虚之时趁机开进了奥地利。此时，鄂图卡二世尽管交出了奥地利，但是并没有放弃斗争。他希望与鲁道夫达成和解，甚至愿意促成自己的两个子女与鲁道夫的两个子女缔结婚约。他需要争取时间来重整军队，以便一举击败这个“冒牌”的哈布斯堡皇帝；他可是堂堂的波希米亚国王鄂图卡二世，拥有广袤国土内的一切资源。而鲁道夫虽然顶着“皇帝”的头衔，他所仰仗的全部力量只不过是靠甜言蜜语、敲诈勒索和以日耳曼诸领地为诱饵而招募到的军队。鲁道夫想以这样的兵力来抗衡鄂图卡二世的雄师，可谓难如登天，更不用说取得胜利了。而这位新帝在掌控军队方面也确实左支右绌。掌握主动和把控时机的人一直都是鄂图卡二世。1278年，鄂图卡二世率精锐之师摆阵于与维也纳城一河之隔的马希费尔德地区。鲁道夫兵力远逊于鄂图卡二世，但静候鄂图卡二世发起攻击绝不符合他的性格。相反他出奇制胜，设法让军队渡过多瑙河，冲散了波希米亚军队，并在这场战役中手刃鄂图卡二世。经此一役，鲁道夫捍卫了皇帝的权势与威严，更福及未来的是鲁道夫运用皇权将夺取到的奥地利变为哈布斯堡家族的世袭领地。此外，卡林西亚被封给在征讨鄂图卡二世战役中鼎力相助的蒂罗尔伯爵迈因哈特，剩余的土地则被鲁道夫分给了自己的两个儿子。德意志人从此取代了斯拉夫人，成为中欧地区的主角。

维也纳有着至关重要的战略地位，它首先是一个前沿要塞，一岸之隔的马希费尔德则自古以来就是兵家必争之地。

在维也纳以西有阿尔卑斯山脉东北的部分山麓丘陵作为屏障，它与东南面树木繁茂的陡坡和多瑙河构成一个三角地带。多瑙河发源于德意志西南部的黑森林，在阿尔卑斯山积雪的滋养下自西向东流淌，从开阔广袤的匈牙利平原毫无阻滞地蜿蜒而过。皇帝奥托二世为巩固查理曼帝国边境东方马克，建立了最初的巴本堡城堡以抵御来自东方的掠夺者，并将该地封给巴本堡家族驻守，该家族也因此被封为侯爵，后又晋为公爵。巴本堡雄踞在利奥波德山上，俯瞰广袤的多瑙河平原，将东方掠夺者（如突厥人）西进的通道一览无余。维也纳古称“文多博纳”，罗马人曾在此处建立过一个战略要塞，罗马皇帝马可·奥勒留便是在此地去世的，罗马军团曾在马希费尔德与马克曼尼人交战。后来在几任斯瓦比亚皇帝的统治时期，巴本堡家族将这个罗马时代的要塞变成了一个颇具文化名望的标志性城市。中世纪诗人瓦尔特·冯·德尔·福格尔魏德将他的骑士爱情诗带到维也纳宫廷中，并从此广为流传开来。

多瑙河平原不仅是东方侵略者的必由之地，也是十字军东征的必经之途。“狮心王”理查一世在第三次十字军东征结束的归途中成为巴本堡家族的俘虏，被利奥波德公爵由珀希拉恩移送至多瑙河对岸的迪恩施泰因城堡羁押以索取赎金，多瑙河流至此地，两岸陡崖耸立。但在10世纪马扎尔人从西伯利亚的鄂毕河河岸向西挺进，到达了史上他们到达的最西端，征服了奥地利全境和巴伐利亚的大部分地区。直到955年，奥托大帝才在巴伐利亚的奥格斯堡附近击败了马扎尔人，这场战役（莱希费尔德之战）也是欧洲历史上至关重要的一次决战。马扎尔人自此被迫东撤数百英里至多瑙河平原东部。从那之后，巴本堡家族的任务就是驻守边境以防他们再犯。此时哈布斯堡家族接手了这个任务，而这时候的马扎尔人仍然兵强马壮。

整个东欧的状况在这一时期都很耐人寻味，这一时期也是东欧历史上民族流动最为频繁的阶段之一。鄂图卡二世的去世令斯拉夫人曾经伟大的波希米亚王国失去了睥睨群雄的地位。在更遥远的东方，虽然位于喀尔巴阡山脉以东的基辅罗斯以基督教为国教，并且与拜占庭和西方都保持密切联系，但是随着成吉思汗之孙拔都所率蒙古军队的入侵和钦察汗国的建立，一切联系都被切断了。罗斯人、东斯拉夫人因此陷入孤立，直到1480年莫斯科大公伊凡三世对钦察汗国发起决战，延续了大约两个半世纪的蒙古统治才宣告终结。

古代斯拉夫民族除了波希米亚王国和莫斯科大公国，还拥有其他国家。曾属神圣罗马帝国版图的波兰由于长期分裂而衰落，最终先后被蒙古军队和条顿骑士团的铁蹄蹂躏；保加利亚被塞尔维亚人削弱；塞尔维亚又在波希米亚的衰落中不断崛起并很快控制了巴尔干，在国王斯特凡·杜尚的统治下于14世纪初期进入鼎盛时期。杜尚国王去世时尚在筹划对君士坦丁堡的征服行动。匈牙利虽然被逼东退，但是此时仍保有11世纪由国王伊什特万一世（后被奉为圣人）开创的统一而上升的发展态势。马扎尔人一直是哈布斯堡王朝的强大威胁，甚至在鲁道夫一世去世近200年后与哈布斯堡王朝的战争中一度占领了维也纳并驱逐了皇帝腓特烈三世。总而言之，当哈布斯堡家族定都维也纳时，他们对未来的风云变幻一无所知，中欧的政治版图也远未有定论，更不能理所当然地认为一个德意志家族能将马扎尔人或斯拉夫人永远摆平。

德意志虽然迎来了新皇，但神圣罗马帝国仍旧公国林立、战乱不断。后来在鲁道夫一世的安排下，其长子阿尔布雷希特继承了皇位，统治神圣罗马帝国直到他于1308年去世。但从1308年起长达100年的时间内，哈布斯堡家族只能目睹皇位在巴伐利亚家族和卢森堡家族之间交替轮换。

北欧的瑞典此时虽在斯堪的纳维亚半岛争夺霸权，但对欧洲其他地区的影响却不大。不过在几个世纪后，瑞典历史上最杰出的国王古斯塔夫·阿道夫便将深入德意志腹地，指挥瑞典雄师击败神圣罗马帝国皇帝和天主教联盟的军队。南欧的意大利已进入专制君主时代。低地国家仍支离破碎。瑞士尚未建国，日后构成瑞士领土的大部分地区在当时仍属神圣罗马帝国。鲁道夫一世去世后，瑞士中部的3个森林州才结为永久同盟，奠定了瑞士作为独立国家的基础。

不过在欧洲西部，近代欧洲已开始显现雏形。法国和英国开始走上向统一的民族国家发展的道路，各自拥有醒目的王朝世系。英国国王爱德华一世征服了威尔士。巴黎的法国国王与图卢兹伯爵披着宗教战争的外衣展开了严酷的权力争夺。虽然战争的结果是蒙塞居尔最终于1245年陷落，阿尔比派被根除，但是北方军南下的屠戮和蒙彼利埃、贝济耶的流血仍然实现了法国南北方的有效统一。接下来便是百年战争。与此同时，中欧的哈布斯堡王朝则在巩固对奥地利的统治，并谋求在更大的舞台上大展宏图。西班牙南部的格拉纳达仍在摩尔人的统治之下，他们盘踞该地已长达5个世纪；北部的卡斯蒂利亚刚刚完成对纳瓦拉和莱昂的吞并，仅剩阿拉贡仍在其版图之外，不过其独立的日子也仅剩200年了。土耳其人尚未跨越博斯普鲁斯海峡和达达尼尔海峡进入欧洲，雄霸君士坦丁堡、征服巴尔干、击溃塞尔维亚、占领匈牙利、兵临维也纳城的全能的奥斯曼帝国也尚未成形。

这就是哈布斯堡家族统治伊始的欧洲，这大抵也是该家族退出历史舞台时的欧洲。在鲁道夫一世去世后的100年间，哈布斯堡家族坚守奥地利，争执不断的家族成员在施蒂里亚的格拉茨和蒂罗尔的因斯布鲁克建立了几个权力中心。在这段时间哈布斯堡家族成员基本都忽视了欧洲历史大潮的发展，一个又一个地竭尽全力去对抗刚刚觉醒的瑞士。对于哈布斯堡家族而言，这场持久战的结果是徒劳无功，不过对瑞士民族而言，却涌现了民族英雄威廉·退尔的传奇故事。14世纪的哈布斯堡家族成员中最有趣的人物莫过于奥地利公爵鲁道夫四世，他也被称为“缔造者”鲁道夫。鲁道夫四世不仅获得了蒂罗尔的领地，还于1365年建立了维也纳大学，仅比布拉格大学的创校时间晚18年。那时的维也纳尽管仍然是一个边境城镇，但已开始了向一座帝国的文化之都蜕变的历程。圣司提反大教堂的扩建工程也是鲁道夫四世主持的，教堂的中殿被扩大，形成今天所见的建筑风格。即便如此，在鲁道夫四世去世后，哈布斯堡的家族领地仍未能免除再次分裂的命运。不过距离此时不到100年，马克西米利安一世就即位了，他不但无可争议地、全方位地掌控并整合了哈布斯堡家族的全部领地，而且还强有力地扩大了哈布斯堡王朝的疆域。

中世纪的欧洲历经千锤百炼，才形成了相对稳定的格局，并一直延续到20世纪。在这个风云变幻的时代，一个又一个皇帝、国王、诸侯、采邑主教、骑士、重甲骑兵，穿战靴披戎装，跨战马提银枪，激情澎湃、马不停蹄地奋战于各个疆场之上。他们不断变换阵营，建立又解散了一个又一个同盟。他们在为皇帝、国王或封建领主创立基业的同时，也会攫取自己的利益。他们会在战争间隙停下脚步，或休整战线、披挂重甲以俟来敌，或举行一场场精彩的比赛。为了缔结一场有利的婚姻，他们可以跋山涉水，穿越整个欧洲，然后支起丝绸帐篷，扬起旗帜，拿出行李马车中装载的金银盘子，宛如巡游马戏团一般继续自己的旅程。大领主通常要维持自己的尊严，不过他们粗野的追随者却时常吵闹喧哗，决斗和谋杀屡见不鲜。

神圣罗马帝国的皇帝，或者说德意志国王，只不过是一个尊贵的身份，真正的权力其实掌握在七大选帝侯手中。1308年，随着哈布斯堡家族第二任皇帝阿尔布雷希特一世的离世，卢森堡伯爵海因里希七世中选，他在口音和情感方面是一位彻头彻尾的“法国人”。流亡中的但丁和意大利的吉贝利内派将希望寄托于这位皇帝身上，盼望他能打倒教皇党圭尔夫派，重振帝国皇权。这足以证明“帝国”的概念仍然鲜活地存在于当时精英阶层的观念中。但海因里希七世无力承担

1308年，哈布斯堡的阿尔布雷希特一世被其侄子刺杀的场景。地点就在哈布斯堡城堡不远处（图中右上方）。阿尔布雷希特一世去世后，哈布斯堡家族的政敌开始联手谋划，意图削弱该家族的势力。

这项不可能完成的任务。1313年，皇位落入巴伐利亚的路德维希手中，是为皇帝路德维希四世。

与此同时，东欧中世纪早期的王朝相继灭绝。波希米亚王国的鄂图卡二世所属的普热米斯尔家族就是其中之一。1310年，海因里希七世之子卢森堡伯爵约翰当选为波希米亚国王。约翰并不喜欢波希米亚，他对布拉格放任不管，反而投身于无尽的征途和战斗，即使在刚刚步入中年时就失明了，也仍然征战不止，直至1346年在克雷西被杀身亡。克雷西战役是英法百年战争中的经典一役，英王爱德华三世和儿子黑太子率军与法国国王腓力六世的军队会战，此战以法军惨败告终。

那个时代的欧洲具有很强的世界性，尤为值得注意的是人员流动极为频繁，统治家族交替变换。正如卢森堡伯爵取代了普热米斯尔家族而成为布拉格的统治者，安茹的卡佩家族也在匈牙利王国阿帕德王朝绝嗣后取得了匈牙利的统治权。匈牙利国王拉约什一世还把波兰王国赠予了他的一个女儿。12 世纪中叶的欧洲与更早时期相比地方性极强，几乎没有国界，仅有采邑。这些采邑分属各路诸侯，他们既有着千丝万缕的家族关系，又会相互交战不休。而拥有广袤腹地的俄罗斯虽然地处遥远，但是若没有蒙古军队的入侵，也很可能与欧洲构成一个范围更大的复合体。甚至在 11 世纪曾有一位英国公主与一位基辅大公订了婚。

虽然波希米亚王国的统治家族变成了卢森堡伯爵，但是哈布斯堡家族并未因此退出捷克的历史。而布拉格后来之所以被哈布斯堡王朝统治，却正是缘于卢森堡家族，此为后话。前文所述的那位阵亡于克雷西的“瞎子”国王（卢森堡的约翰）有一个远比他幸运的儿子卡尔。卡尔虽生于布拉格，但并未脱离法国人的本质，还迎娶了法国国王腓力六世的妹妹 *。他充分挖掘继承而来的波希米亚遗产，大力建设波希米亚文化，振兴波希米亚商业。著名的布拉格查理大学就是以他的名字（Karl Ⅳ用英语表示，即 Charles Ⅳ）命名的。该大学作为捷克民族传统的藏宝库，在 600 年后成为捷克人民英勇反抗俄国的象征。1347 年，神圣罗马帝国皇帝巴伐利亚的路德维希去世后，卡尔即位称帝，是为卡尔四世。著名的黄金诏书就是卡尔四世于 1356 年颁布的。这部诏书确立了神圣罗马帝国皇帝以选举产生的法则，明确承认了七大选帝侯的构成、权利及义务，从法律上摆脱了教皇对皇帝选举的干涉，将帝位掌控在选帝侯手中。[1]

1378 年卡尔四世去世后，波希米亚国王的头衔由其子文策尔继承。文策尔由于孱弱无能、名誉不佳，被其同父异母的弟弟西吉斯孟成功夺权。西吉斯孟将

---

* 原文为“女儿”，应为作者笔误。法国国王腓力六世是 Charles of Valois 与第一任妻子 Margaret 的长子；皇帝卡尔四世的皇后 Blanche of Valois 是 Charles of Valois 与第三任妻子 Mahaut of Châtillon 的幼女。因此 Blanche of Valois 是腓力六世的异母妹妹。

1 七大选帝侯为普法尔茨选帝侯、萨克森公爵、勃兰登堡侯爵、波希米亚国王、美因茨大主教、科隆大主教、特里尔大主教。三个教会选帝侯身兼德意志、意大利和勃艮第的大议长。普法尔茨选帝侯是皇室总管。萨克森公爵担任元帅。勃兰登堡侯爵身任皇室御前大臣。波希米亚国王为膳食总管和司酒令。奥地利公爵不是选帝侯。哈布斯堡家族成为波希米亚国王、获得投票权是后来的事。

奥地利的鲁道夫四世，通常被称为“缔造者”，因为他创建了维也纳大学，取得了多项文化成就。他向时任神圣罗马帝国皇帝的岳父、波希米亚国王卡尔四世呈交了一份伪造的文件《大特权》（*Privilegium Maius*），希望能提高哈布斯堡家族的地位，从公爵晋为大公。遗憾的是这位热忱的政治家年仅26岁就英年早逝了。

左图：卡尔四世当选神圣罗马帝国皇帝后的加冕宴会。本图系 1356 年卡尔四世黄金诏书中的插图，该诏书规定了德意志诸侯的选举、特权和责任，直到 1806 年帝国解体才废止。

右上：西吉斯孟从他那不得人心的哥哥文策尔处成功夺权，宣誓就任波希米亚国王。

右下：波希米亚国王卡尔四世。

左图：康斯坦茨宗教会议。

右图：伟大的波希米亚神学家扬·胡斯受火刑。胡斯宣扬教会改革，捍卫捷克民族主义。1415年，皇帝西吉斯孟赐予他康斯坦茨宗教会议的安全通行权，但他很快就被捕并以异端罪被烧死。

文策尔监禁，并于1411年正式当选为神圣罗马帝国皇帝。他是一个可怕的人，也是一个天生的战士，自始至终热衷于宗教事务。他娶了匈牙利女王、拉约什一世之女玛丽为皇后（按马扎尔人的旧俗，玛丽应被称为匈牙利国王）。14、15世纪之交时，天主教教皇权力失坠的丑闻已达到令人难以忍受的程度（当时有3位对立教皇），西吉斯孟将结束教会大分裂作为自己的首要任务。同时他也积极扛起了棘手的扬·胡斯事件。胡斯是波希米亚宗教改革的先驱，在思想上深受约翰·威克利夫的影响，是捷克的民族英雄。正是西吉斯孟给予胡斯安全通行许可，使他能够参加1415年的康斯坦茨宗教会议，并在会上为自己被指责为异端做辩护；也正是西吉斯孟在会上背叛了胡斯，致使胡斯被诱捕、审判并被处以火刑。胡斯的殉道引发了波希米亚王国的民族起义和长达17年的胡斯战争。这场残酷的战争让那片富饶的土地荒废不堪，并将仇恨的种子长期深埋于一个民族的记忆里。通过婚姻，西吉斯孟成为匈牙利王国的统治者，在残酷打压波希米亚民族主义者和前新教时期的宗教改革运动过程中，他极大地依靠了匈牙利的支持，因此捷克和匈牙利之间的敌意（后来还有其他事情加深了两国的敌意）延续至今。此外，哈布斯堡家族的奥地利公爵阿尔布雷希特五世也是西吉斯孟积极有力的支持者，因此于1437年西吉斯孟去世后被直接提名为德意志国王并当选为神圣罗马帝国皇帝——阿尔布雷希特二世（原文如此，事实是他在法兰克福被选为“罗马人的国王”，即阿尔布雷希特二世，但未被加冕为神圣罗马帝国皇帝）。从那以后，除了1742—1745年帝位的短暂旁落，直至1806年在拿破仑的强势压迫下帝国正式解体，神圣罗马帝国的帝位再未容让他人，仿佛成为哈布斯堡家族的特权。可以说，奥地利哈布斯堡王朝的帝国史是在捷克民族的耻辱上建立起来的，是从哈布斯堡家族对天主教正统的拥护和对一场发生于16世纪之前的伟大的宗教改革运动的镇压中起源的。

但在1438年阿尔布雷希特二世当选皇帝时，完全没人敢断言哈布斯堡王朝能在未来垄断皇位。一年后，阿尔布雷希特二世在一次与土耳其人的渡河战役中由于吃了过量的甜瓜而引发痢疾，最终殒命。他有一个遗腹子，但于18岁早亡，因此由其堂亲腓特烈继承了奥地利公国。1440年，腓特烈当选皇帝，是为腓特烈三世，由此开始了长达53年充满耻辱和灾难的统治。这位皇帝能力不强，性格过于软弱，处理问题优柔寡断，没有魄力。尽管他本人非常渴望守住波希米亚和匈牙利的王位，但他却没能力做到，甚至他的奥地利公国都一直被他的弟弟觊觎，而他对此无能为力。他的弟弟直到1463年去世都在妄图颠覆他的统治。更糟糕的是，由于他的无能，奥地利、施蒂里亚和卡林西亚被极富侵略性的新任匈牙利国王马加什一世攻占了。马加什一世的父亲胡尼奥迪·亚诺什是一位匈牙利勇士，在皇帝西吉斯孟统治时期的胡斯战争中因战功而崛起。他曾拥立波兰国王瓦迪斯瓦夫三世出任匈牙利国王。1444年，瓦迪斯瓦夫三世率军在瓦尔纳与奥斯曼大军发生激战，不幸阵亡，胡尼奥迪·亚诺什遂被选举为匈牙利总督。马加什一世一生四处征战，东击土耳其，北御波希米亚，最后甚至从皇帝腓特烈三世手中夺得维也纳，几乎令哈布斯堡王朝山河断送。他建立了布达城，还创办了大学和学院，晚年定居在腓特烈三世逃离后的维也纳。

左图：皇帝腓特烈三世截肢图。本图系当时手稿中的插图，描绘了这位神秘的哈布斯堡皇帝悲剧人生中的一次独特事件。

右图：维也纳圣司提反大教堂唱诗班座位上所刻的腓特烈三世的“AEIOU”字样。这位皇帝怀揣着“奥地利注定统治世界”的梦想。

很难想象腓特烈三世是如何在匈牙利等多方威胁下生存下来的。最简单的解释或许是他天生就是一个擅渡过苦厄、能在逆境偷生的人，因此他也被称为“逆境得存者”。从他的各种行为来看，他的生命所需的能量非常低，所以对于那些足以摧毁一个更有活力、更有生气的人的失败和耻辱，他能一次又一次地承受，就像鱼可以在池塘结成坚冰后仍然生存一样。

腓特烈三世是个很有智慧的人。那位明智、热情、仁慈又充满探求心的野心家教皇庇护二世，在 30 岁出头，仍名叫埃内亚·西尔维奥·皮科洛米尼的时

腓特烈三世年仅13岁的儿子马克西米利安，是他那郁郁寡欢的父亲一生中唯一的成就。马克西米利安十分英俊，年仅13岁就赢得了勃艮第宫廷的青睐，关键是俘获了玛丽的芳心。

候，便心甘情愿地以私人秘书的身份前往维也纳向腓特烈三世效忠。在保存于锡耶纳大教堂的皮科洛米尼图书馆，由文艺复兴时期意大利画家平图里基奥所绘的描述庇护二世生平的连环壁画中，也留下了腓特烈三世的影子。庇护二世曾公开为他那令人绝望的君主讲话。在一次面向德意志贵族的演讲中，他总结了当时的状况：

> 虽然你们承认皇帝是你们的王，是你们的主人，但是他的统治却岌岌可危，因为他没有权力。你们只在愿意的时候服从他，但这样的情况屈指可数。诸侯都渴望自由，封地都不按照规定缴税。他没有税收，没有财产。因此你们才无法摆脱无休无止的争吵和连绵不断的战争，也因此你们总是无法避免由于君权衰落而滋生的掠夺、谋杀、战火和数不尽的邪恶。

这位未来的教皇在当时并没有夸大事实。腓特烈三世的权力和财富实在是少得可怜，甚至他在前往罗马加冕（他是最后一位在罗马举行加冕礼的皇帝）的路上，在穿越这个以他为最高世俗君主的国度时，都不能集结起一支人员完备的扈

左图和右图：马克西米利安一世的自传《白色国王》（*Weisskunig*）是后世王孙的典范。书中的木版画插图出自汉斯·布克迈尔之手，展现了马克西米利安的生活场景，尤其反映了他年少时一身的勇气，对学习和文化的热爱，以及蓬勃的运动精神。

从队伍，来迎战威胁到他安全的法外之徒。他尽管缺兵少卒、穷困潦倒、徒有虚名，但却凭借世人对“皇帝”的由衷敬畏而平安无虞地活了下去。

这个古怪却不失可爱的人身上充满一种颇具神秘主义色彩的乐观主义，这可谓一件大怪事。腓特烈三世对自己的乐观还非常固执，这一点似有神助，简直像个“奇迹”，而最后真正发生在哈布斯堡家族的“奇迹”，又证明他的乐观确实是有道理的，他对哈布斯堡家族创造的“奇迹”可谓厥功至伟。腓特烈三世是哈布斯堡家族第一个具有强烈的家族使命感和宿命感的人，虽然在他手中丢失了波希米亚、匈牙利、世袭领地奥地利，连自己也被赶出了首都维也纳，最终还落得身无分文的下场，但是他却凭着对未来乐观的憧憬活了下去。他力证自己是特洛伊国王普里阿摩斯的直系后裔，起码他自己对这个说法很满意。他在自己所有的物品上（这些东西并不多）都印上或刻上了“AEIOU”这5个神秘的字母。在1493年他去世后，这几个令人费解的元音字母的含义终于被揭晓，即“奥地利注定统治世界”（Austriae est Imperare Orbi Universo）或“一切土地尽归奥地利”（Alles Erdreich ist Oesterreich untherthan）的首字母。对于一个一生都处在那样境况中的人来说，这可以说是个最离奇的想法了。但是在他临终前，这一惊人的想法至少开始有一丝成真的可能了，因为腓特烈三世除了坚持活下去以外还做了两件事情：一是他于1459年生了一子，即日后令所有哈布斯堡先祖都黯然失色的马克西米利安；二是他殚精竭虑、坚持不懈地为儿子马克西米利安与勃艮第女公爵玛丽的婚姻奠定了基础——此举绝对堪称高瞻远瞩。正因为这场联姻，哈布斯堡家族自中世纪崛起后，终于被引入欧洲历史的主流，而这个家族既然因一个“奇迹”将自己从政治灭绝中拯救了出来，就再也不会走回头路了。

2

勃艮第遗产

马克西米利安一世

马克西米利安一世被称为“最后一位骑士”，这个称号可谓名副其实。他喜欢表现成最优秀的骑士，这也是他希望被后世铭记的形象。他就是这样一个特立独行的人，是一个自己给自己写回忆录的君主。他还留下了一大批极富吸引力的个人信件。在奥地利的历史中，马克西米利安可以说是前无古人，后仅有一个来者，即他几代以后的后裔、神圣罗马帝国皇后玛丽亚·特蕾莎。玛丽亚·特蕾莎朝气蓬勃、神采飞扬、妙语连珠，这些特点与马克西米利安可谓如出一辙。生活在18世纪下半叶的她不仅为自己树碑立传，还喜欢用铺天盖地的规劝和建议、新闻和轶事、鼓励和批评、亲昵和爱语，“轰炸”她的家人和朋友。马克西米利安是个快乐阳光、诙谐幽默、胆大妄为、喜欢出风头并且能自嘲的人。

> 我曾脚步回旋、舞步不止，我曾手持长矛、骑马飞奔，我也曾纵情节日、宴饮狂欢（他给一个密友写道）。我对女士们殷勤求爱，她们向我由衷感激，这使我笑逐颜开，怡然自乐。但我在持矛冲锋时却常一败涂地，迟疑不敢再战，恐怕没有女士会发自内心地爱我……现在是齐斋节，但是我还不知道要告解什么，我在这段时期内所做的一切都光明磊落，问心无愧。

左页图：波兰公主岑巴加，她是“铁公爵”恩斯特之妻，也是马克西米利安的祖母。她因两个特点而著名：一是她的孔武有力；二是她把颌面畸形的基因带到了哈布斯堡家族，使这个家族的杰出后裔都长了著名的“哈布斯堡大下巴”。

左图：勃艮第公爵“好人”腓力从西蒙·诺哈特手中接过一本书，由佛兰德画派一无名画师绘制。右图：佩戴金羊毛骑士团勋章的“大胆的查理”，绘制者为尼德兰画家魏登。金羊毛骑士团系其父“好人”腓力为复兴骑士制度与倡导骑士精神，于1430年在与葡萄牙公主伊莎贝拉完婚时组建的。

玛丽亚·特蕾莎在300年后所写的内容也大同小异，不过她写的大多是骑马、跳舞和玩牌。尽管这两个人相差了3个世纪，但是她一定会很喜欢马克西米利安的。这两个哈布斯堡人都全情投入日常生活，也都喜欢尽情品味生活，这一点在这个家族中是绝无仅有的。当然，他们身上还有很多其他共同点。

丢勒画笔下的马克西米利安是最广为人知的，画中他眉眼低垂，似在沉思。这幅著名的肖像画绘于1519年，在这位皇帝去世前两个月，彼时马克西米利安60岁。马克西米利安继承了鲁道夫一世大大的鹰钩鼻，他的大下巴和厚嘴唇则来自他的祖母、波兰公主马佐维亚的岑巴加，这位传说中的大美人是马克西米利安的祖父恩斯特的一生挚爱，她最广为人知的“功绩”是将颌面畸形的强大基因带入了哈布斯堡家族，使这个家族的后代成员都具有明显而独特的面部特征。恩斯特是个硬汉，人称“铁公爵”，岑巴加却也不遑多让，她可以赤手把一枚钉子砸入木板。有这样的父亲和母亲，也就不难理解可怜的腓特烈三世为什么会有内向含蓄、腼腆害羞的性格了。马克西米利安则隔代遗传了他祖母的基因：他可以徒手掰弯一副马掌。

当腓特烈三世开始认真为儿子筹谋他那伟大的联姻构想时，马克西米利安不过 14 岁。历史悠久的勃艮第公国当时是欧洲一股强大的政治力量，不仅包括了今天以第戎为首府的勃艮第大区、以多勒市为中心的弗朗什-孔泰大区，还涵盖了富饶的佛兰德、布拉班特和卢森堡的大部分地区，以及皮卡第和阿图瓦。勃艮第公爵“大胆的查理”是一个天赋异禀、受过良好教育、雄心勃勃又鲁莽大胆的人，他渴望使勃艮第成为完全独立的政治实体，这也是他的父亲“好人”腓力的夙愿。“好人”腓力冷酷无情、工于心计的形象在佛兰德原始画派画师魏登的笔下被展现得淋漓尽致，他也是造成圣女贞德惨死的罪魁祸首：他俘获了贞德并将她卖给英军，导致贞德被处以火刑。虽然“好人”腓力最终不甘心地承认了法国国王对勃艮第的宗主权，但是这并不表示他的儿子“大胆的查理”也放下了他们的伟大宏图。“大胆的查理”在其父临终前两年曾摄政，并在这两年间与法军展开交战，最初不仅取得了胜利，收复了“好人”腓力割让的部分土地，甚至还娶了法国国王的女儿作为自己的第一任妻子。

马克西米利安的未婚妻玛丽是“大胆的查理”同第三任妻子、英王爱德华四世的妹妹约克的玛格丽特所生的女儿，也是他唯一的孩子。“大胆的查理”曾与德意志诸侯密谋，授意他们将自己提名为下一任皇帝候选人。在此举竹篮打水后，他遂将精力集中于谋划使勃艮第从公国升级为王国的光辉使命上。这种事在当时完全属于皇帝的权限，因为在全欧洲只有皇帝能被称为“陛下”，也只有皇帝能立新王，这是当时的皇帝所剩无几却不容置疑的权力。作为统治者，勃艮第的查理远比奥地利的腓特烈炙手可热，这两人的财富更是天差地别。然而，尽管查理权势熏天，尽管勃艮第宫廷金碧辉煌、壮阔威严，尽管他的佛兰德画派画家制作的画作和挂毯精妙绝伦，他的黄金工艺品巧夺天工、琳琅满目，他的军械库装备精良，他的锦衣华服绚丽非凡，他却仍然要对着一位一贫如洗又一事无成的皇帝行礼下跪，而这位皇帝拥有的唯一实物资产只不过是蒂罗尔的几座银铜矿，而这唯一的资产甚至都抵押给了奥格斯堡的富格尔家族。富格尔家族的事业凭借这份抵押蒸蒸日上，他们成为欧洲著名的银行家和哈布斯堡王朝的股肱之臣。

从富格尔家族手中借到足够的资金后，腓特烈三世便前往特里尔与勃艮第公爵会面，商谈子女婚姻。那个场景极富传奇色彩：“大胆的查理”派出豪华的马车车队，将来自布鲁塞尔、布鲁日和根特，差不多相当于勃艮第半壁江山的珍宝络绎不绝地运送到特里尔。皇帝腓特烈三世所带的则仅有自己的皇帝之躯和与生

当时人所绘的马克西米利安与勃艮第的玛丽这两个孩童的会面场景。

俱来的尊严——当然，这份尊严还是相当有分量的，以及年仅 14 岁就已风度翩翩的儿子马克西米利安。少年马克西米利安赢得了所有人的赞誉，也俘获了玛丽的芳心。在铺天盖地而来的狂欢盛宴中，婚嫁问题很快就摆上了桌面。一切似乎都很顺利。查理认为自己的王位势在必得，以至于他早就为勃艮第国王的加冕仪式做了全套准备工作，甚至还预定了一顶新王冠。然而，出乎人意料的是，腓特烈三世突然终止商谈，返回了奥地利，让所有事情都悬而未定——不知道是由于查理表达诉求时用词太激烈了，还是由于腓特烈三世听到了一些关于勃艮第与哈布斯堡政敌密谋勾结的令人不安的消息或谣言。乍一看，这个结果标志着腓特烈三世独特梦想的破灭，但事实上却是查理迎来了末日。

“大胆的查理”怒不可遏，遂发起一系列军事行动。他首先要做的便是将自己拥有的南部土地与富饶的北部打通，但未能如愿。查理的军队被法国国王路易十一率领的法军打得人仰马翻、节节败退。路易十一诡计多端、冷血无情又坚忍不拔，人称“万能蜘蛛”。路易十一曾在佩罗讷被“大胆的查理”拘捕，然后又被无偿释放，这段奇诡的历史被沃尔特·司各特爵士记述在其经典小说《惊婚记》(*Quentin Durward*)中。最终“大胆的查理”于1477年在南锡附近战败身死，终年44岁。他的遗体被弃置在战场上，遭野狼啃噬。在身故之前，绝望的

载有马克西米利安和玛丽塑像的凯旋游行车。木版画，作者为阿尔布雷希特·丢勒。这次游行的目的之一是庆祝马克西米利安继承勃艮第公国。

查理为了换取神圣罗马帝国皇帝的支持，无条件应允了独生女玛丽与皇帝之子马克西米利安的婚姻。“大胆的查理”去世后，勃艮第作为一个独立的政治力量的历史宣告终结；而他此前应允的婚姻则奠定了哈布斯堡王朝的统治基础。自此，欧洲历史的舞台上拉开了奥地利和法国经年累月战事的帷幕，两国的战争维系了欧洲大陆数个世纪的政治平衡，英国也因此得以最终形成帝国力量。

两家的婚约虽然达成了，但从“大胆的查理”死后一段时间的总体局势来看，这桩婚姻似乎无法实现——勃艮第与法国之战的战胜方是路易十一，理论上勃艮第即将完全并入法国。路易十一首先要做的就是将年轻的勃艮第女公爵玛丽纳在自己的羽翼之下，安排她嫁给当时年仅 9 岁的法国王太子查理。最终，依靠玛丽顽强的意志和不懈的努力，加上其母约克的玛格丽特的巧妙谋略和果断部署，原定的婚约才得以履行。此外，弗拉芒人的立场也至关重要。勃艮第的弗拉芒人虽然并不温顺安定，对勃艮第公爵缺乏爱意，并且一直在谋求独立，但是也绝对不愿意被法国吞并。于是为了不使将来的计划受损，他们转而支持年轻的女公爵玛丽及其未婚夫马克西米利安。最终，马克西米利安和玛丽结婚了，哈布斯堡家族也因这桩婚姻而得到了一笔令人为之目眩的遗产。然而，马克西米利安得到的这笔财产也包含法国浓浓的敌意。

于是，1479 年第一次吉内加特战役打响了。吉内加特是法国北部加来海峡省的一个村庄，位于欧洲西端，距维也纳路途遥远。年轻的马克西米利安在此役中初试牛刀，率军打退了路易十一的进犯。吉内加特战役具有双重预示：34 年后的 1513 年，仍在吉内加特，马克西米利安与年轻的英国国王亨利八世参与的“神圣同盟”对法国骑兵发起突袭。马克西米利安亲自率军将法国军队打得落花流水，弃甲曳兵。由于法国骑兵逃跑时快马加鞭、速度惊人，这场战役也被称作“刺马战役”。这场战役虽然规模不大，也没有产生实质性影响，但却是法奥两国关系发展中的重要环节，也标志着奥地利和英国之间引人注目、互相猜忌的合作关系的开始。这种合作模式在西班牙王位继承战争中达到巅峰，英军主帅第一代马尔伯勒公爵和神圣罗马帝国元帅欧根亲王联手，在西班牙王位继承战争中大展神威。

马克西米利安要保住勃艮第遗产就必须对法国开战，而要捍卫自己在勃艮第的地位，就需要尼德兰人的顺服，但连他自己都曾一度被尼德兰臣民关押在布鲁日。在其他地区，他也征战不已。他曾在意大利大动干戈，发动全面侵略。1490年匈牙利的马加什一世去世，马克西米利安应其父腓特烈三世之命，将匈牙利人驱逐出哈布斯堡王朝的领土，重新控制了奥地利。马克西米利安虽戎马一生，但并不好勇斗狠；他固然英勇过人，但却并非天生的将才。他一生经历的战争，要么是应对突如其来的外部侵略或威胁，要么是为了巩固哈布斯堡王朝的地位而实践他的一个又一个构想。这些构想充满丰富的想象，有的甚至前后矛盾，简直匪夷所思。他的一生鲁莽冲动，遗留下了大量未实现的宏伟梦想，留待后代慢慢摸索。他又过于注重享受生活，没有事业恒心（虽然面临危机时他的确坚忍不拔），所以他无法完成精心策划的长期军事扩张计划，也没能使哈布斯堡王朝成为中欧坚不可摧、牢不可破的支配力量。

马克西米利安还囊中羞涩。前有他的父亲腓特烈三世，后有他的出色孙儿查理五世，这几位哈布斯堡皇帝在财政上都依靠奥格斯堡的富格尔家族和韦尔泽家族。这两个家族会在“恰当的时候”向他们伸出援手，所谓“恰当的时候”就是指需要皇帝为他们的财产、投资及长期的金融计划提供保护的时候。但当马克西米利安想换取德意志诸侯的支持，让他们进行仅对哈布斯堡有利的活动的时候，例如执行一个有望攻占布列塔尼的计划，这两个家族却“资金不足”了。在无战事的时候，马克西米利安会狩猎消遣或骑马比武，富有的勃艮第宫廷和他设立的首都因斯布鲁克曾先后成为这两项活动的地点。他的宫廷还因诗歌和音乐闻名遐迩。例如，维也纳童声合唱团就是他下令成立的，海顿、舒伯特都曾经是该合唱团成员。时至今日君主制早已不复存在，但维也纳的音乐传统却保留了下来。此外，马克西米利安还培养了大量的学者和哲学家。马克西米利安显然为自己的面面俱到感到骄傲：他可以和粗野的士兵打成一片，也可以在各式各样的比赛中站在不同骑士的立场上和他们交流；他可以在营房里和士兵推搡嬉闹，随即转身便用最“谄媚”的方式赞扬一个诗人或歌颂一位画家，以此故意“晾着”或嘲讽那些士兵。虽然那位聒噪又纠缠不休的年轻僧侣马丁·路德公开斥责美因茨大主教出售赎罪券，而马克西米利安为了给孙子查理保住皇位又迫切需要得到身为七大选帝侯之一的美因茨大主教的支持，但是他仍然对路德充满同情。路德十分仰慕马克西米利安，他留下的大量著名文字中不乏这位皇帝的英明轶事。例如，一次皇帝突然爆笑出声，随从十分不解并问他原因。皇帝回答：“我刚才想，上帝实在是太古怪了，居然命令一个终日酗酒、风流放荡的教皇掌管精神国度，同时又让一个狩猎羚羊的家伙统治凡俗世界。”

不过，马克西米利安还是从他父亲腓特烈三世身上继承了两个特质，而这两个特质常常被他一些热情洋溢又经常自相矛盾的举动掩盖住。第一个特质是他会在一个人的时候做梦。他最异想天开的想法之一是让自己成为教皇，拥有教皇和皇帝的双重身份，这样就能让整个基督教世界统一在一个最高领导人之下了。他在第二任妻子去世后对女儿玛格丽特吐露了这个想法：“再也没有什么结婚的好理由了，我下定决心不会再让任何女性的胴体睡于卧榻之侧了。明天我就起程赴罗马找教皇……想办法让他收我做副手，这样在他升天后，教皇之位就尽在掌握之中了。我要当神父、当圣徒，死后受到你们的爱慕和崇拜。”马克西米利安缺少的是一笔足以贿赂红衣主教的钱。他是如此为这封信署名的：“此信出自马克西米利安之手，你虔诚的父亲、未来的教皇。”

马克西米利安无疑是一个令人难以理解的人。他同时代的人留下的关于其性格的文字记载俯拾即是，其中许多相互矛盾。人们不知道什么时候要把他的话当真，什么时候又是玩笑，也许他自己也不知道吧。马克西米利安属于那种最适合在一个已经奠定好稳固基础的政权格局中执掌皇权的帝王，但是彼时稳定的政权基础还没有奠定好。他是一个需要一切条理清晰地摆在他面前才知道怎么做的人：他缺乏清晰看清未来方向的能力，总是反复无常，也没有高明的说服技能，他的思维就如同暴风雨中露出水面的船只螺旋桨一样飞速变化，他并不坚持自己的意见，因为无法说服自己，更无法影响周围环境。不过，他的身上仍具有一项至关重要的特征是哈布斯堡家族家传的，即对目标的坚忍不拔。

马克西米利安从腓特烈三世身上继承到的第二个特质是他领悟到了子孙的婚姻对家族的未来至关重要。根据传说，下面这首著名的两行诗是匈牙利国王马加什一世所写：

强大的人们来作战，快活的奥地利人去结婚，
我们的天赋来自马尔斯，你们的本事得自维纳斯。

马加什一世所指的大概是马克西米利安与布列塔尼女公爵安妮联姻一事。马

匈牙利国王马加什一世，他是一位骁勇善战的战士和深谋远虑的国王。这位匈牙利民族主义者攻占了奥地利领土，将维也纳变成自己的首都，将倒霉的腓特烈三世追得落荒而逃。

克西米利安除了是个战士，在把缔结深思熟虑的婚姻当作封建外交当务之急的中世纪，他还是最伟大的婚姻介绍人。然而，即使是他也无法预见自己安排的第一批“婚嫁交易”对后世产生了极其重大的影响。

马克西米利安与勃艮第女公爵玛丽有两个孩子——腓力和玛格丽特。玛丽去世时年仅 25 岁，她与马克西米利安在布鲁日郊外沼泽地中放鹰扑鹭时，所骑之马受惊跪倒，将她摔下，导致她死亡。玛丽之死使马克西米利安在精神上深受打击，在现实中也差点被毁掉，因为根特人和布鲁日人在他们的女公爵死后开始奋起反抗马克西米利安。这两地的居民厌倦了与法国经年累月的连绵战事，也厌倦了马克西米利安的德意志雇佣军。这些战事不但花费巨大，而且结果充满不确定性。两地人民富有并骄傲。女公爵玛丽留下了一个幼子，他们愿意将这个小男孩抚养长大并奉他为自己的领主。很快，他们便与法国国王达成了协定：法国可以将所有争议之地纳为己有，他们还会将马克西米利安的幼女玛格丽特送到法国作为法国王太子的未婚妻，勃艮第的大部分领土都将成为她的嫁妆。但勃艮第的其他地区并不同意这种过分的做法，这些地区愿意跟随马克西米利安的脚步，协助他镇压叛乱，对抗法国。马克西米利安最终护住了儿子腓力，交由孩子的外祖母约克的玛格丽特在梅赫伦抚养，但女儿玛格丽特却没被保住，她被快速地秘密

马克西米利安在因斯布鲁克的城堡。这幅油画由阿尔布雷希特·丢勒所绘。

带到法国，安置在卢瓦尔河谷著名的昂布瓦斯城堡里，接受法国宫廷教育，以便成为未来的王后。虽然她后来并没能成为法国王后，但是她漫长的一生却多姿多彩。

这一切都发生在1482年。3年后，当马克西米利安专注于勃艮第事务时，腓特烈三世则在维也纳遭到了最后一次重大打击：匈牙利国王马加什一世入侵了奥地利，攻占了维也纳。此刻，德意志诸侯需要一个具备进取心和决心的皇帝，也就是必须具备腓特烈三世所不具备的一切素质。腓特烈三世此时已年近古稀，虽然26岁的马克西米利安在他眼中仍是一个孩子，但如果子承父业是必然之举，这时候就是最理所当然的时机。这位理应垮掉的老人依旧精神矍铄、平静安详。“如若覆水难收，不如将之遗忘，才为幸福之至”，这是他一生都在践行的座右铭。在王朝必须延续的激励下，腓特烈三世果断采取了行动，他决定让儿子加冕为罗马人的国王，这也意味着他的彻底退位。8年后，这对父子再次见面，这也是他们继马克西米利安出发去佛兰德迎娶可怜的玛丽之后的第一次见面。虽然在选举过程中发生了法国新国王查理八世试图贿赂选帝侯的插曲，但是最终正式的选举仪式仍然顺利地在法兰克福完成了。继之而来的加冕仪式在亚琛举行，年轻的马克西米利安安稳地登上查理曼古老的宝座，彰显庄严的帝王之相。

马克西米利安即便成为神圣罗马帝国皇帝，却仍然麻烦重重。在应付完一系列加冕庆典后，他刚回到佛兰德，就发现布鲁日又开始武装暴动了。布鲁日市民抓住了马克西米利安，并将他软禁了4个月。对此，选帝侯群情激奋、严厉斥责，教皇以开除整个城市的教籍相威胁，西班牙的斐迪南和伊莎贝拉甚至预备派出军舰相救。当选的皇帝如此狼狈地沦为阶下囚，实在是不同寻常。但是，当时的布鲁日确实是欧洲最富有、最壮阔，也是最骄傲的城市。布鲁日人口至少有 10 万，是布鲁塞尔的两倍。布鲁日不仅是纺织业中心，也是西欧的经济中心。14 世纪，法国国王腓力四世年轻的新娘在谈及布鲁日时曾写道："比我更像王后的女子数不胜数。"1429 年，"好人"腓力正是在布鲁日组建了金羊毛骑士团，以此纪念他与葡萄牙的伊莎贝拉的婚姻。布鲁日大教堂一度曾是骑士团的会堂。而马克西米利安在"大胆的查理"死后签署的第一批法令就包含了任命自己为金羊毛骑士团大团长的内容。总而言之，尽管佛兰德西北部的泥沙淤积使得商业重心转移到了安特卫普，致使布鲁日逐渐衰落，但是这座雄伟的城市仍然远不只是一座城市，就财富和尊严来说，布鲁日堪比王国。所以作为一个"王国"，布鲁日市民强迫马克西米利安接受 1482 年与法国签署的《阿拉斯条约》后才将他释放。然而，此时 70 岁的腓特烈三世突然爆发出惊人的力量，他率领一支强大的皇家军队开入勃艮第，强逼布鲁日和根特臣服，并帮儿子撕毁了在羁押期间被迫签订的条约。

马克西米利安遭到的羞辱还不止这一桩。过了一段时日，他决心再婚。当时的局势是帝国外有马加什一世仍统治着奥地利，霸占着维也纳的霍夫堡皇宫，内有腓特烈三世在林茨醉心于做梦幻想，完全献身于看似科学的研究和炼金术。马克西米利安争取到的再婚对象是远在大西洋沿岸的布列塔尼公国的女继承人安妮。布列塔尼一直是个独立性极强的公国，这个强大的公国让法兰西王国的统一面临重重困难。随着这段婚约的出现，这部在欧洲王室联姻史上无与伦比的荒唐喜剧终于上演了最终幕。让我们回顾一下：第一幕，法国国王路易十一欲令其子（年仅 9 岁的王太子查理）迎娶大他 10 岁的勃艮第女公爵玛丽，马克西米利安打碎了路易十一的图谋，抱得美人归；第二幕，玛丽死后，其女玛格丽特被扣押于法国昂布瓦斯城堡，被迫待嫁法国王太子查理，当未来的法国王后，而路易十一恰逢此时去世；第三幕，即最终幕，为了不让布列塔尼落入哈布斯堡王朝之手，查理的姐姐、当时的法国摄政王法兰西的安妮派查理率军前往布列塔尼，包围雷恩城堡，抢夺年仅 15 岁的布列塔尼女公爵安妮。德意志诸侯在这样的情况下拒绝给马克西米利安提供物资和军队，使他无法驰入布列塔尼营救未婚妻。布列塔尼女公爵安妮万般无奈，只得顺从查理。为免节外生枝，查理王太子速战速决，

《玫瑰花环的盛宴》(*The Feast of the Rose Garland*)，由丢勒绘制。此画展现了圣母玛利亚为马克西米利安戴上冠冕的场景，暗示了他被赐予神圣罗马帝国皇帝的神圣责任。教皇跪在左侧。画家本人靠树而立（图中右侧远处）。

立即与她成婚。可怜的玛格丽特失去了联姻的意义，惨遭遗弃，法国人将她送回父亲马克西米利安手中。玛格丽特是一个内心强大、乐观幽默的姑娘，后来她嫁给了西班牙王储胡安。在出嫁途中，玛格丽特的船遭遇风暴。面对船毁人亡的危险，玛格丽特镇定自若、面不改色，她没有哀叹命运，反而写下一首优美的两行诗，折好放在手镯的挂坠盒中：

长眠于此的玛格，一位高贵的小姐，
虽有过两个夫婿，却至死是女儿身。

最终马克西米利安决定不再开疆辟土，转而开始谋求财富。他也许是疲于和德意志诸侯打交道了，也许是被他父亲与世长辞时囊空如洗的王宫内库吓到了。无论是什么原因，为了快速挣钱，他又结了一次婚。这段婚姻十分符合他一生的特点，即十分古怪反常：堂堂的马克西米利安、古老家族的后裔、最高级别骑士团的大团长，决定迎娶米兰公爵之女比安卡·斯福尔扎。比安卡的祖父虽然一手开创斯福尔扎王朝，取代了维斯孔蒂王朝成为米兰公爵，但他却是农民雇佣兵出身。这桩婚姻成为当时欧洲的丑闻，马克西米利安可不是个无所谓的次子或幼子，怎么能同这样出身的家族联姻！这是哈布斯堡家族在400年的历史中最后一次跨出最为严格的贵族联姻圈子。但这桩婚姻非常值：比安卡的嫁妆丰厚得令人瞠目结舌。一队一队的骡车驮着30万金达克特，价值数十万的珠宝、服饰、金银器和日用品（比如银质的马桶和金质的绣花针），翻过白雪覆盖的布伦纳山口，浩浩荡荡地送往因斯布鲁克。这位新娘有一个暴发户独裁者父亲（不过他倒是一

比安卡·斯福尔扎，马克西米利安一世的第二任妻子。马克西米利安迎娶比安卡后得到了巨额财产，得以继续他的奢华生活。他似乎并不在意她卑微的家庭出身。

马克西米利安一世和他的两任妻子，右一为勃艮第的玛丽。图为因斯布鲁克标志性建筑“黄金屋顶”的部分装饰。

右页图：《蒂罗尔狩猎书》（*Tyrolese Hunt Book*）中的一幅场景，表现了马克西米利安一世在鹿场狩猎。

POTENTISSIMVS MAXIMVS ET INVICTISSIMVS CÆSAR MAXIMILIA
QVI CVNCTOS SVI TEMPORIS REGES ET PRINCIPES IVSTICIA PRVDE
MAGNANIMITATE LIBERALITATE PRÆCIPVE VERO BELLICA LAVDE
ANIMI FORTIDVDINE SVPERAVIT NATVS EST ANNO SALVTIS HVMAN
M CCCC LIX DIE MARCII IX VIXIT ANNOS LIX MENSES IX DIES
DECESSIT VERO ANNO M D XIX MENSIS IANVARII DIE XII QVEM DE
OPT MAX IN NVMERVM VIVENCIVM REFRRE VELIT

位慷慨的艺术资助者，他邀请达·芬奇到米兰策划和监督几场婚礼的布景工作），她骄横奢靡、挥霍无度，不仅花销数额远超她的丈夫，还都是挥霍在最荒谬的去处。马克西米利安也不是会精打细算的商人。这两个人各自挥霍，很快就将这笔巨额财富败光了。马克西米利安从来就没喜欢过这个妻子。由于比安卡一生无子，马克西米利安必须为自己的孩子做长远考虑，因为他们是他唯一的资产了。

1495年，法国国王查理八世决心加强王权，巩固君主专制，因而表现出空前的野心和更加强烈的侵略性。马克西米利安与西班牙缔结了牢固的同盟，并且为了夯实同盟关系，他甚至将一子一女（腓力和玛格丽特，后者在当了8年的法国候任王后后回到梅赫伦）分别许婚给了西班牙的斐迪南和伊莎贝拉所生的两个年幼的孩子胡安娜和胡安。庄严隆重的订婚仪式在布鲁塞尔的圣米迦勒和圣居迪勒教堂举行，将哈布斯堡的荣耀推到巅峰。

当时的西班牙正在崛起为欧洲的一个重要力量。1469年，卡斯蒂利亚和莱昂的伊莎贝拉与阿拉贡的斐迪南结婚。5年后，伊莎贝拉继承王位，成为卡斯蒂利亚和莱昂的女王。1479年，斐迪南成为阿拉贡国王。摩尔人在西班牙南部的生存空间被逐步挤压，1492年随着格拉纳达的陷落，西班牙终于统一在一个家族名下。斐迪南和伊莎贝拉至此终于解决了心腹之患，得以致力于其他事务了。同年，他们为热那亚人哥伦布提供了第一次远航的装备。哥伦布实际上早已再三要求出航了，但驱逐摩尔人、根除异端和强制犹太人改信这三件事占据了斐迪南和伊莎贝拉的全部精力，让他们无暇考虑其他，因而出海探险的事情一直悬而未决。而此时，葡萄牙海员在“航海者”亨利的敦促下已远航到非洲西海岸几内亚一带，并已殖民亚速尔群岛。哥伦布为了实现航海计划到处游说，除了西班牙国王，他还曾经游说过英国国王亨利七世和马克西米利安的敌人法国国王查理八世，但都惨遭拒绝。他最终向西班牙国王寻求支持，这个巨大的偶然事件改变了世界历史，也令那个懒惰的假设，即“将要发生之事定会发生”，成为一句空话。虽然墨西哥和秘鲁也早晚会在旧世界面前覆灭，但它们本来是有可能逃脱掉西班

第40页图：马克西米利安一世肖像，由丢勒绘制。此画绘制后不久，这位皇帝就驾崩了。
第41页图：因斯布鲁克的马克西米利安纪念殿。这座建筑也是这位“最后一个骑士”最后的辉煌。大理石石棺的周围伫立着28尊高大的青铜像，佑护着石棺，他们中有些是马克西米利安的先辈，还有一些是著名的历史人物和传说人物。

克里斯托弗·哥伦布辞别阿拉贡国王斐迪南和卡斯蒂利亚女王伊莎贝拉。

牙殖民者狂热、残忍的殖民方式和对西班牙天主教的强制推行的。200 年间，新世界的宝藏被源源不断地运到西班牙，武装其舰队，强盛其军队，富裕其国家，让西班牙成为欧洲令人闻之胆战心惊的强国。

不过当马克西米利安许婚时，西班牙可远没如此强盛。这两桩婚礼在 1496 年举行。这时的哥伦布仍在远航，距科尔特斯抵达墨西哥尚有 20 年，距皮萨罗踏足秘鲁尚有近 40 年。而等到这些殖民者踏上美洲大陆时，西班牙已经由哈布斯堡王朝君临了：马克西米利安的孙子查理于 1516 年继承了西班牙王位。马克西米利安得以在去世前看见了这一幕，他知道在自己死后，孙子便会成为神圣罗马帝国的皇帝和一半欧洲的主人。

这一结果的最终实现其实也是一系列偶然事件造成的。马克西米利安之子"美男子"腓力是一个英俊潇洒、天资非凡并且很有主见的青年。他在 16 岁正式成年并成为亡母玛丽之后勃艮第合法的统治者后，开始与父亲有了意见分歧，他反对父亲将勃艮第卷入与法国之间连绵不断的战争中，不过矛盾最终还是化解了。腓力与新娘西班牙的胡安娜成了婚，这桩婚姻充满磨难。腓力本性张狂、放荡，喜欢玩弄女性；胡安娜则受家族疯狂基因的影响，在对宗教狂热的信仰中混杂了强烈的爱欲情结，丈夫的肉体成为她最钟爱的对象。不幸的腓力很快就感到承受不住了。他只能通过拒绝同房来抑制妻子如狼似虎的激情。胡安娜的哥哥胡安也是耽于肉欲的男人。他是如此欲壑难填，以至于当他见到从海难中幸存而来的新娘玛格丽特后，便再也离不开她了。胡安的母亲伊莎贝拉女王对此十分不安，只能提醒新任儿媳把持好和胡安的距离，以免将他的身体榨干。伊莎贝拉女王生怕儿子死于性事，但天不遂人愿，胡安仍然在婚后一年半撒手人寰。胡安的死自然让王位继承人的位置落到其长姐身上。但这位长姐在胡安去世后不久也与世长辞，其幼子不久也夭折。于是，他们的妹妹胡安娜，也就是腓力的悲惨妻子勃艮第公爵夫人，成为整个西班牙的女继承人。胡安娜当时已育有一子二女，并还处在育龄期，她的长子查理极为可能成为未来的西班牙国王。然而，这笔“买卖”仍然需要好运气：如果胡安娜的母亲伊莎贝拉女王先一步宾天，其父斐迪南则很可能再娶并生下新的继承人。结果，女王确实先走了一步。不过，哈布斯堡家族的好运气没有止步于此。

伊莎贝拉女王去世于 1504 年。她在去世前就下定决心，不让女儿胡安娜做自己的继承人，因为女儿的精神状态让她胆战心惊。早在 1501 年，胡安娜与腓力回到西班牙，在贵族议会上宣誓成为未来君主，随后腓力只身回到尼德兰。被独自留在西班牙的胡安娜很快丧失了理智，她开始疯狂地想念自己的丈夫，这种执念驱使她赶往布鲁塞尔与腓力会面。而她到达后，却绝望地发现丈夫并未忠诚于婚姻。陷于嫉妒之中的胡安娜怒火中烧，开始无所不用其极地挑衅腓力并攻击他的情妇。这些愤怒和妒忌的行动却导致她自己被腓力软禁在王宫里。尽管如此，她还是给腓力生下了第四个孩子。这次事件令胡安娜的母亲伊莎贝拉女王惊恐万状，于是在临终前将女儿排除在继承序列之外，将摄政之权交给了丈夫斐迪南。腓力因岳母此举而勃然大怒，携妻赶赴马德里捍卫自己的权利。但那时斐迪南已迅速再婚，他的新婚妻子热尔梅娜·德·富瓦年轻漂亮。局势看上去非常危险。不过腓力成功地争取到了贵族议会的支持。斐迪南放弃了摄政权，带着新婚妻子去了那不勒斯。

然而，腓力不久后也去世了，这场异乎寻常的王室灾祸最终落幕。关于他的死，有多种说法。有人说是胡安娜在疯狂的嫉妒之下毒死了丈夫，也有人说是斐迪南一手策划毒死了自己的女婿。但凶手很可能是斐迪南，因为他很快便从那不

左图：勃艮第的玛格丽特，马克西米利安一世之女，在梅姆林的画作《凯瑟琳的神秘婚礼》（*The Mystic Wedding*）中以圣凯瑟琳的形象出现。

右上：马克西米利安之子"美男子"腓力，他具有哈布斯堡家族的天赋与抱负。

右下："疯女"胡安娜，腓力之妻，查理五世之母。

勒斯返回西班牙，重新坐上摄政王的位置。心爱的丈夫的死让胡安娜完全疯掉了。她听信了一个贵族僧侣的话，那个僧侣说自己死后在坟墓里待了14年，之后又活了过来。就这样，被斐迪南幽禁的胡安娜苦苦地守着丈夫的棺椁，时常开启棺盖，拥抱他逐渐腐烂的尸身，就这样痴痴等待了14年。在此期间，她的4个孩子，包括未来的查理五世在内，都被送到了梅赫伦，由他们的姑姑玛格丽特抚养。这个玛格丽特就是那位曾经被推定的法国王后，她在丈夫西班牙王储胡安身故后，又嫁给了萨伏依公爵菲利贝尔，但是婚后没多久就再次成为寡妇。马克西米利安于1509年任命她为尼德兰摄政王，她不辱使命，完成了父亲的重托。画家梅姆林曾为她留下传世之作《凯瑟琳的神秘婚礼》，画中盛装华服、做新娘打扮的圣凯瑟琳即玛格丽特，身着丧服、神色郁郁的圣芭芭拉即其外祖母约克的玛格丽特。此时轮到这位年轻的玛格丽特做寡妇打扮了。孀居的她不仅一手拉扯起未来的西班牙国王兼神圣罗马帝国皇帝查理五世，还养大了一个未来的丹麦王后、一个未来的葡萄牙王后，关键是还有一个未来的匈牙利王后。

与匈牙利的联姻是马克西米利安势在必行的，却也是他的联姻大业中最难啃的一块骨头。哈布斯堡王朝与匈牙利联姻的影响一直延续到 20 世纪。1491 年，马克西米利安在匈牙利国王马加什一世去世后将匈牙利人逐出奥地利，并与新任匈牙利国王乌拉斯洛二世签下了一纸和约。和约规定，一旦匈牙利王朝绝嗣，哈布斯堡家族将承袭匈牙利王位。

然而，当匈牙利王朝绝嗣，哈布斯堡家族即将染指王位的时刻真正到来时，可谓情势危急，一触即发。掌握强大立宪权的匈牙利贵族反对将王位拱手让给哈布斯堡家族。但马克西米利安克服重重困难，最终取胜，因为他早早地就将幼小的孙女玛丽正式许婚给乌拉斯洛二世一个当时尚未出生，甚至连性别都不明的孩子，也就是后来的王储拉约什二世。拉约什二世是早产儿，在当时的条件下这并不罕见。他的母亲难产而死，这个小小的婴儿被塞在刚杀死的动物的胸腹中保暖才存活下来。1506 年，马克西米利安与匈牙利签署了两项结婚契约：孙女玛丽嫁给匈牙利王储拉约什为妻；孙子查理或斐迪南娶匈牙利公主安妮为妻。不过，即便有这两桩婚姻作保，图谋匈牙利的大业依旧麻烦重重。一来，马克西米利安的财务状况不佳，仍然在寅吃卯粮。二来，他不久便身患重疾。三来，他无法践行曾许下的由一个孙子迎娶匈牙利公主的承诺，因为长孙查理已经另有婚约（查理几乎同半个欧洲的公主们都有过婚约，最终娶了葡萄牙公主伊莎贝拉为妻），而幼孙斐迪南生长于西班牙宫廷，他的外祖父阿拉贡国王斐迪南下定决心将他留在西班牙，在自己驾崩后承袭王位。最后，奥匈双方商定了一桩惊世骇俗的离奇交易：如果在一年内查理或斐迪南都没能前往匈牙利完婚，就由已近 60 岁的马克西米利安本人正式迎娶年方 12 岁的匈牙利公主。因而，在维也纳圣司提反大教堂的订婚典礼上，皇帝马克西米利安亲自代表哈布斯堡家族向匈牙利小公主屈膝求婚。在这场典礼上，匈牙利王储拉约什和奥地利的玛丽这两个 9 岁的孩子也庄严宣读了订婚誓词。

结果，阿拉贡国王斐迪南在一年内驾鹤西去了。承袭了他名字的外孙斐迪南只要愿意，就可以按约定同匈牙利公主完婚。两个年轻人很快结合了，这场婚姻

匈牙利国王乌拉斯洛二世，他继承了马加什一世的王位。乌拉斯洛二世与马克西米利安一世的约定实际上将匈牙利送入了哈布斯堡王朝手中。

为奥地利哈布斯堡王朝的崛起奠定了坚实的基础。

为这一切买单的是富格尔家族。虽然马克西米利安早已是富格尔家族的资深债务人了，但是富格尔家族仍然需要背靠皇帝这棵大树。一方面，当时他们急切渴望控制匈牙利的银矿，因为匈牙利银矿的产量打压了蒂罗尔的矿价；另一方面，富格尔家族早已富得流油，比起继续广进财源，他们更需要高贵的阶级地位。富格尔家族有三兄弟，他们的祖父是奥格斯堡的一个织布工，马克西米利安将三兄弟都封为贵族。三兄弟还都是热忱的天主教徒，他们言辞激烈地反对马丁·路德，尽其所能破坏宗教改革，因此除了贷款给哈布斯堡家族，他们还重金资助马克西米利安参与的反威尼斯联盟——康布雷同盟，这个同盟是由教皇儒略二世创建的，最终以失败告终。马克西米利安去世后，法国国王弗朗索瓦一世跳出来竞争帝位，重金收买选帝侯，面对他咄咄逼人的气势，富格尔家族凭一己之力鼎力支持马克西米利安的孙子查理，排除万难打败了弗朗索瓦一世，终于令查理取得皇帝之位。今天我们应该可以断言，如果没有富格尔家族，哈布斯堡王朝绝不可能从中世纪的险境中崛起，发展为一股强大的力量。非凡显赫的富格尔家族使家族势力渗透到欧洲贸易和金融的各个角落，他们精明强干，拥有无尽的想象力和无法估量的财富，他们是帝王的缔造者。1530 年，皇帝查理五世出席著名的奥格斯堡帝国会议时在富格尔家族一处宅邸下榻，据说安东尼乌斯·富格尔当着查理五世的面，用一张皇室债券燃起了一簇姜黄色的火，此举令皇帝大惊失色又欣慰异常。还有一次，有人在皇帝查理五世面前夸耀法国国王收藏的奇珍异玩，查理说："奥格斯堡有一个织布工，他一个人就能把这些全买下，不费吹灰之力。"

马克西米利安于花甲之年去世，离开时身无分文，一如他活着时一样。他的一生辉煌灿烂。在群山环绕的因斯布鲁克，建有一座精美宏大的马克西米利安纪念殿。两个定了娃娃亲的孙女在他身边长大，少女的活力让他时时保持年轻的心态。而他的心则留在了布鲁日，陪在业已去世超过30载的爱妻勃艮第女公爵玛丽身畔。他留下的奥地利在未来将与两个强国争雄：西方的法国和东方尚年轻的奥斯曼帝国，不过此时的他对此一无所知。土耳其人于1453年占领了君士坦丁堡，此时不但在商业贸易上开始威胁威尼斯和意大利，而且其军队也强势穿越巴尔干，开始沿多瑙河向北逼近维也纳。马克西米利安晚年还经历了宗教改革。此外，莫斯科大公伊凡三世于1480年取得的重大胜利标志着两个半世纪蒙古统治的终结。获得新生的莫斯科大公国将从东欧平原上偏安一隅的小角色，在未来一跃成为欧洲地区令人瞠目的重要政治力量。尽管当时的欧洲对俄罗斯知之甚少，但是马克西米利安在寻找新的同盟伙伴时，已经意识到伊凡三世是一个可以考虑的对象。在他去世前，这位有先见之明的中世纪最后一个皇帝同俄国第一个沙皇便已经互派了大使。

右页图：《奥格斯堡的织布工》（*The Weaver of Augsburg*），由丢勒绘制。画中人物雅各布·富格尔被称为"奥格斯堡的织布工"。富格尔家族的银行举世闻名，在很长一段时间内都与哈布斯堡家族命运相连。富格尔家族在哈布斯堡王朝的保护下崛起，同时在经济上大力资助哈布斯堡家族作为回报。

3

统治欧洲

查理五世和马丁·路德

祖父马克西米利安在因斯布鲁克过世时，查理只有 19 岁。查理内心脆弱并且羞怯，不喜欢钻研学问，热衷狩猎，发育比常人略晚，不过他却有一个敏锐的头脑，能很快领悟政治的奥义和外交的微妙，年纪轻轻就拥有政治才能和外交手腕。他是那类能自我检讨的人，一生都在不断总结自身的错处，尽管他从错误中吸取的教训有时候并不正确。查理跻身于历史上最卓尔不群的统治者之林，但他目空一切的自负和呼风唤雨的破坏力仍然给他的帝王生涯留下了许多缺憾。查理的祖父马克西米利安终其一生都努力在中世纪的政权框架下巩固哈布斯堡王朝的力量，但是中世纪的政权框架却在逐渐瓦解。从他手中继承了庞大领土的查理，即便在一开始便拥有富格尔家族的鼎力支持，然而，当祖父刚去世时，他的统治开局也仍然不顺利。不过，随着时间的推进，他获得了一笔意想不到的财富，不仅有美洲的珍宝，还包括尼德兰的资源：虽然布鲁日和根特已盛极而衰，但是安特卫普和布鲁塞尔却方兴未艾、欣欣向荣，并且低地国家作为一个整体，其工业和商业正在进入一个欧洲历史上前所未有的巅峰时代。

简言之，查理注定要操纵近代欧洲的塑造过程。1519 年，也就是查理漫长统治时期的第一年，麦哲伦扬帆远航，开始了惊心动魄，也让他最终殒命的环球航行；而科尔特斯则踏上了对墨西哥的征服之旅。在那段时间内，似乎建立一个统

左页图：未来的皇帝查理五世进入布鲁日城。

左图：7 岁的查理，腓力与“疯女”胡安娜之子，由霍尔拜因绘制。查理的童年在佛兰德度过。

右图：斐迪南大公。他与哥哥查理五世不同，他是在西班牙宫廷中长大的。

一的世界即将梦想成真，那将是一个像查理曼帝国一样的统一的世界，只不过此时这个世界的边缘已经漂洋过海。查理曾经一度认为他几乎已成功地建立了一个统一、全球性的基督教世界，但他最终还是失败了。一个财富和权力都达到巅峰的人，努力一生却未能建立起国际性的宗教和世俗秩序，查理用一生讲了这样一个失败的故事。近代世界的形成与查理的失败有紧密的联系，而在这段过程中庶民的一次次尝试与查理的失败交相更替。这也造成中欧的哈布斯堡王朝在强国林立的欧洲，变成了一个国力强盛却又危机四伏的国家。

查理五世双腿笔直，身材精瘦结实，瘦长的脸上遗传了哈布斯堡家族下颌突出的特征。不过他的下颌畸形太严重了，甚至闭不拢嘴，还影响到说话（后来他留了一副适合自己的胡子）。查理五世的成长历程讲出来简直令人生畏。在查理 6 岁时，父亲腓力便去世了。父亲将勃艮第作为遗产留给了他，他的母亲胡安娜继续留在西班牙生活。在查理 10 岁时，身处小而奢华的布鲁塞尔宫廷中心的他已经开始在御前会议中锻炼了，因此他对两个人依赖甚深，一位是他的首席导师纪尧姆二世・德・克罗伊，另一位是他的高级导师，也就是后来的教皇阿德里安六世。在 17 岁时，查理从佛兰德动身前往西班牙行使继承权。与他同行的是他最爱的姐姐、未来的葡萄牙王后埃莉诺。由于海路危险，姐弟二人选择上岸走陆路，沿着阿斯图里亚斯荒芜的海岸（这是他们自上船后看到的第一块陆地）行进，护卫舰则继续航行。在两个月精疲力尽、险象环生的旅程后，他们终于翻过山，抵达巴利亚多利德。查理是历史上旅行最多的君主，他的一生都在路途中辗转，而这番漫长又费力的经历让他体会到了未经修筑的道路、崎岖眩晕的山路、危险湍急的浅滩的行旅感受，这可谓是他一生奔波的“最佳”开端。查理纵然强壮健康，到达的时候也疲累不堪。

这次旅程也是对查理的一次考验。这回是查理在被送往佛兰德后第一次见他

查理与斐迪南两兄弟在西班牙的第一次会面。他们迅速建立起友情，可见两个人都对家族命运有着至死不渝的忠诚。

的母亲——那个不修边幅、精神错乱、残喘度日的女人。他还需与他从未谋面的弟弟斐迪南见面。斐迪南是一个亲切友善、仪表出众、举止得体的男孩，从内到外都散发着十足的西班牙人气质。西班牙人也认为他们未来的君主于情于理都应该是这个他们一向钟爱的斐迪南，而不是那个来自北方、不知根底的异国王子。

斐迪南性情平和、开朗友善。他在西班牙人的奉承中长大，从小就浸润在西班牙宫廷的富贵氛围中，清楚地知道自己是先女王伊莎贝拉之夫、外祖父斐迪南二世属意的整个西班牙的继承人，也知道自己不论走到哪里都会受到民众最诚挚热情的拥戴，而查理不论走到哪里，得到的欢迎都是有所保留的。但是尽管如此，当时只有 14 岁的斐迪南却丝毫没有受到这些事实的影响而沾沾自喜，他看上去毫无野心。这也许是斐迪南的成长历程导致的。斐迪南的成长经历也颇为可悲可叹：最开始他是跟着精神错乱的母亲一起生活的，还一度陪着母亲幽居在托德西利亚斯，后来才被外祖父接去抚养。童年的经历让这个少年在 14 岁时已经浑身充满了哈布斯堡家族独有的孤独气质和宿命感，所以根本无法想象他会同任何势力联手反抗他的哥哥——一个虽然从未谋面，但却的的确确是哈布斯堡家族无可争议的族长的人。斐迪南属于哈布斯堡，家族的利益高于一切。不过他虽然快乐阳光又谦恭有礼，却有着火爆的脾气，就像他的红头发一样烈，在某些场合他也会像任何一个哈布斯堡人一样固执。他和兄长查理和睦相处了很多年，但是多年后在面对皇位继承人的问题时，他还是坚决站到了哥哥的对立面，兄弟二人发生了正面冲突和激烈争吵。然而，即便那时，斐迪南也不是为自己，而是为儿子马克西米利安争大位，他认为自己的儿子应该取代查理的儿子腓力继承皇位。

兄友弟恭的日子持续了很多年。查理特意平等对待弟弟，将他视如知己。虽然查理一方的勃艮第扈从耀武扬威、趾高气扬，斐迪南一方的西班牙贵族高视阔步、不可一世，双方明争暗斗，用尽手段，但是兄弟二人仍然不为所动，并且竭力控制住双方人马。不过，查理很快就清楚地意识到自己若要执掌西班牙并在此树立权威，斐迪南就必须离开这片土地。此外，查理也已意识到，日后他会需要一个代理人镇守奥地利，确保哈布斯堡王朝的中欧领地固若金汤。所以，斐迪南很快便被查理送到尼德兰，定居布鲁塞尔并学习如何在西班牙以外的地方生活。

一年后，他们的祖父、老皇帝马克西米利安在因斯布鲁克驾崩，皇位争夺大战迅速上演。马克西米利安走得很安心，因为他认为他已花了昂贵的价格从选帝侯口中换取了允诺，孙子查理势必能够顺风顺水地即位称帝。但他想得太简单了。自他当选皇帝以来，欧洲已经历了翻天覆地的变化。法国和西班牙已形成强大的民族国家。英国在亨利八世及其股肱之臣红衣主教沃尔西的统治下极力维系法国和西班牙的平衡，扮演欧洲仲裁者的角色。哈布斯堡王朝“赤手空拳”操纵七大选帝侯的日子一去不复返了。皇位角逐战十分激烈。法国国王弗朗索瓦一世因西班牙的日益强大而深感不安，决定不论付出任何代价也要削弱哈布斯堡王朝的势力，因此他主动参与皇位竞选，想在这场新的列强游戏中做一次试探。决心争夺教皇之位的红衣主教沃尔西则认为，若能使弗朗索瓦和查理僵持不下，其主公英国国王没理由当不成皇帝。除了奥法英三巨头，还有几个相对弱小的皇位竞选者，包括匈牙利国王拉约什和他的叔叔波兰国王西吉斯孟。他们认为如果选帝侯像曾经那样，希望选出一位实力不强、空有虚名、比几位强国巨头更易于控制的人为皇帝，他们或许也有可能当选。

然而，真正的角逐是在弗朗索瓦一世和查理五世之间展开的。弗朗索瓦一世自己十分富有，并且身后有其母萨伏依的路易丝的庞大财富为支持。查理自己虽然很穷，但是他背后有富格尔家族为他助威。这场角逐一度被认为会是单纯的金钱之战。弗朗索瓦一世在选帝侯身上花费了巨额贿金，他丝毫不加掩饰地表示，他会、也有能力在任何必要情况下都出价高于查理。教皇对此是表示支持的。当时的教皇是美第奇家族的利奥十世，他资助过拉斐尔，对文学和艺术的投资挥金如土，公然忽视教士的职责，乃至教皇权威在他之后再也没能重新树立。就是这样一位教皇，为了满足私欲曾亲口说出：“皇位竞价，价高者得。”但是实际的竞选结果并不是按照金钱多寡产生，因为查理也拥有自己的筹码，即富格尔家族的鼎力支持和姑姑玛格丽特（马克西米利安的女儿，尼德兰摄政王）施展出来的魄力、决绝和手腕，如果没有他们的协助，查理早就出局了。除了上面两个因素，最终起到决定性作用的筹码却是法国人、英国人，甚至恐怕查理本人都未曾想到的，那就是德意志民众对于先皇马克西米利安的英雄崇拜，以及他们对法国人图谋不轨的憎恶。受到这种情绪的影响，萨克森选帝侯腓特烈不仅自己拒绝参选（他觉得新皇需要具备强大的能力来统一欧洲，这样才能对抗伊斯兰世界的威胁，他无疑是对的），还对所有送来的贿金嗤之以鼻、不屑一顾。沸腾的民意凝结成一股号召力，甚至让七大选帝侯中最贪婪者——勃兰登堡选帝侯，在面对弗朗索瓦一世以德意志总督权为诺，以许嫁一位妆奁极其丰厚的法国公主为诱饵的时候，开始重新考虑其决定。因此，弗朗索瓦一世即便有教皇站台，也没能达成心愿。德意志人要选择自己的皇帝，无论什么样的阴谋诡计、贿赂或恐吓都无济于事。最终，查理全票通过，胜利当选。

21 岁的查理成为神圣罗马帝国的皇帝，接受了这个极具宗教严肃性的尊贵使命。他是一个十足的哈布斯堡人，这指的是他身上完全具备哈布斯堡家族的特征，即自制力和占有欲。但是，区别于当时其他君主的是，他还怀揣着统一基督教世界的梦想，并愿为实现这个梦想献出自己的一切。

然而，查理的梦想却为时已晚。首先，天主教的局势变了。1517 年，马丁·路德已将《九十五条论纲》张贴在维滕堡的教堂大门上。自那以后，路德的追随者遍布德意志。教皇利奥十世对无底线的腐败不管不顾，放任自流，令改革支持者的数量激增。当 1521 年查理在亚琛加冕成为“罗马人的国王”时，教皇甚至必须调动所有力量来镇压路德派了。加冕仪式结束后，查理五世立刻沿莱茵河北上，前往沃尔姆斯主持帝国会议。沃尔姆斯是一座辉煌灿烂的城市，处处彰显世俗权力的鼎盛。查理五世在会议中见到了路德，路德因为意图粉碎教皇和皇帝作为神与整个基督教世界的中保的说法，而被召见参会。其次，英国的局势变了。英国国王亨利八世 10 年前还在漫不经心地竞选皇帝，此时却为了与王后凯瑟琳离婚而开始公然反抗教皇，凯瑟琳是西班牙的斐迪南和伊莎贝拉的女儿，也就是查理五世的小姨。亨利八世决心离婚，带领英国脱离天主教会，并在这个过程中顺势除掉红衣主教沃尔西。最后，法国的局势也变了。为了共同对付查理五世，身为天主教徒的法国国王与能征善战的穆斯林君主苏莱曼大帝结成了同盟，在土耳其军队围攻维也纳的行动中予以协助。以此为开端，在接下来的 200 年内，土耳其人这般公然入侵欧洲的军事行动一遍遍上演。几乎所有人都认为，如果说一个王朝注定肩负某种使命，哈布斯堡王朝的使命就是在这 200 年的时间里，坚强地挡在西欧和向西方吞噬的土耳其中间。几乎所有人都忘了，心高气傲、自诩为文明之花的法国在长达 200 年的时间里，一直在纵容并协助奥斯曼土耳其一次又一次地蹂躏和毁坏哈布斯堡铸造的堡垒。

左上：年轻的查理五世，由霍尔拜因绘制。
左下：神圣罗马帝国皇帝查理五世的签名。
右图：教皇利奥十世肖像，由拉斐尔绘制。在利奥十世的教皇任期内，腐朽的罗马天主教会遭到马丁·路德的沉重打击。

在勤于政务的漫长统治岁月中，查理五世逐渐清楚地意识到基督教世界正在解体。这个认知，加上弥漫于他全部身心的个人失败感，是造成他在不懈斗争了30多年后做出退位决定的根本原因。他是皇帝，并且强大到能够任命下一任皇帝；他也是当时世上最尊贵庄严的人，统治着一个地大物博、财富激增的帝国。但这些世俗成就都还不足以留住他退出统治舞台的脚步。年轻时，刚加冕完的他立刻约见路德，因为他希望通过自己的努力统一并净化基督教世界，但这个使命他没有完成。不过，他依然实现了一项伟大的成就，就是他将哈布斯堡家族的地位抬升到了世俗权力和尘世辉煌的巅峰。这个成就是他依靠家族力量实现的，他也对自己尽到了家族责任、实现了家族繁盛而深感欣慰。但是在56岁时他心生退意，不愿再涉足俗世荣辱。

他用近代人的思维模式和解决问题的方式来实现一个中世纪的梦想。提香为他创作了经典的肖像画，画中的查理五世看上去充满智慧、饱经沧桑，眼中透着了悟，不过脸上微露的讽刺与幽默意味冲淡了幻灭的感觉，仿佛有点愉快，又有点倨傲地宽恕了自己曾经的奢华和自大。然而，如果我们想看一看那个亲自面对路德并宣告他违法的查理五世，那个在帕维亚战役中俘虏了法国国王并将他关押长达 8 个月之久的查理五世，那个折磨教皇并令他卑躬屈膝的查理五世，就更应该去看霍尔拜因在提香作画 20 年前为查理五世绘制的另一幅肖像画。霍尔拜因笔下查理五世的脸上看不到苦难，唯有高度的警觉和森严的戒备。画中人物短发圆头，加上长长的鹰钩鼻和前凸的长下巴，无不彰显此人的飞扬跋扈和残酷无情，后来他也正是这样对待他的敌人的。查理五世在此肖像画中的眼神除了透露

此为查理五世一枚玻璃印章上的雕刻。1525 年神圣罗马帝国军队在帕维亚取得胜利。这次大捷导致法国国王弗朗索瓦一世在马德里被关押了 8 个月。

出警觉和冷酷，还能看到梦想和孤独。这两幅经典画作所绘的是同一个人，记录了 16 世纪这个最权倾天下的人在执政初期和统治后期的样子。这两幅经典画作也是对人类追求的有限性和虚无感的绝妙评论，是对人类英雄主义的精彩讨论。之所以这样说，是因为提香笔下这位微露讽刺之色的皇帝当时只不过 48 岁，却已历尽了沧桑，饱受痛风的折磨。他完全有理由怨恨自己的敌人，也完全有理由对自己的个人成就感到骄傲，因为他此时刚在米尔堡一战中对新教诸侯结成的施马尔卡登同盟的军队取得了决定性胜利，他认为自己已将宗教纷争问题彻底解决了。但 7 年后，他终于不再有执念，放弃了这一切。

1521 年，年轻的查理五世在沃尔姆斯帝国会议上与路德面对面交谈时，其实并没有对宗教十分狂热。他和任何人一样清醒地意识到罗马天主教迫切需要改革，教皇利奥十世纵容教会腐败的行为已经使教会名誉扫地到了无可救药的地步。通过拉斐尔绘制的肖像画，我们可以近距离观察利奥十世，就像查理五世和路德看到的那样。查理五世一直留意路德，看着他赶赴罗马，当面指责教皇，看着他胜利归来并将教皇正式宣布开除路德教籍的通谕当众烧毁。他和那些将路德奉为偶像的追随者一样同情路德，同情这个宁折不弯的反叛者，这个公开反抗一个腐败、只会敲诈勒索的异国教皇的人。但是，查理五世自身也同样是权威。他本来愿意热忱地召集一次联合会议，以便检视教会的状况并提出彻底的改革；他本来也认同侍奉上帝的最好方式不是购买赎罪券，他甚至认为忏悔认罪的最好方式不是把所犯罪恶交付给告解神父，而是应该遵从个人良心的指示。但是他的个人看法是一回事，公开质疑教会的本质并完全否认教皇权威却是另一回事。所以，查理五世主动履行了神圣罗马帝国皇帝的命定责任，亲自发表了一番讲话：

> 我是这个尊贵的德意志国家古老的基督教帝统的传承者，是西班牙天主教国王、奥地利大公、勃艮第公爵的高贵后裔。我的先辈都愿为罗马天主教会出生入死，他们誓死捍卫教会，守护神的荣耀。
>
> 我决心追随他们的足迹。那个以一己之力反抗业已延续千年的基督教世界的僧侣，必错无疑。因此，我以我的土地、我的朋友、我的躯体、我的鲜血、我的生命和我的灵魂承诺，我将与他周旋到底，誓死捍卫教会。

查理五世与教皇克雷芒七世的争执。佛罗伦萨韦基奥宫壁画，由瓦萨里绘制。

那个凭借“一己之力”的僧侣被帝国正式下了禁令，被剥夺了法律保护，任何人都可以击杀他而不受法律制裁。路德示威一般地乘车离开沃尔姆斯，但刚一启程便被“截”了下来并被护送到图林根固若金汤的要塞瓦特堡加以保护。“截”他的人是路德的狂热“粉丝”、萨克森选帝侯腓特烈派来的，两年前这位萨克森选帝侯曾在那场惊心动魄的皇位角逐赛中忠诚地站在查理五世一边，拒绝收受任何贿赂。而此刻这位摆袖却金的老人却走到了查理五世的对立面，让早已存在的宗教分裂正式划出了阵营。这场宗教分裂摧枯拉朽，令整个欧洲为之震动，为时超过 100 年，而在这 100 年间，总有一位哈布斯堡人站在罗马教会一边，扮演教会的主力拥趸的角色。

这场战斗绝不是简单的两种宗教思想间的单打独斗。一方面，哈布斯堡家族坚定地站在反宗教改革的最前线，前有查理五世试图阻止宗教改革，后有查理五世的侄孙斐迪南二世在自己的领地上主持反宗教改革运动和三十年战争；另一方面，他们虽然都在为真正的信仰热情战斗，但是国家间的冲突和王朝危机却令他们左支右绌、疲于应付，他们原本的战斗目标因而被严重扭曲，甚至他们的宗教热情都变成王朝存亡和领土扩张的工具。法国虽然也是天主教国家，但弗朗索瓦一世由于竞选皇帝落败而怒不可遏，决定不顾一切削弱哈布斯堡王朝的力量。于是，就在沃尔姆斯会议正式宣告会议决议的同一周内，法国同哈布斯堡王朝宣战，这标志着一个崭新却也是灾难性的未来即将来临。英国也仍然是一个天主教国家，亨利八世素以狡猾著称，当1520年法国为了对抗哈布斯堡王朝而在金缕地与英国谈判结盟时，英国并未全心全意支持法国，两国长期的敌对关系使这场谈判最终成为一场闹剧。1525年，神圣罗马帝国的军队在意大利帕维亚战役中击败法国，将法国国王俘虏并关押在马德里。弗朗索瓦一世抵抗赎金条款长达8个月，这也给查理五世赢得了残酷无情的名声。最终，弗朗索瓦一世同意签署条约。条约规定，法国将包括第戎及历代公爵墓的勃艮第归还查理五世，与查理五世共同对抗奥斯曼土耳其，以及迎娶查理五世的姐姐埃莉诺为法国王后。但弗朗索瓦一世根本没打算履行诺言。身陷囹圄之时，他便已经同土耳其苏丹进行了秘密协商，一回国便迅速组织了一个著名联盟，或称同盟，继续和这位自称为“将会统一基督教世界的人”相抗争。英国、米兰、威尼斯、瑞士是这个联盟的成员，它们得到了新任教皇克雷芒七世（利奥十世的堂弟）的支持。不过，这个同盟很快就解体了。当时，土耳其人已经完全占领了曾经属于基督教世界的塞尔维亚和克罗地亚的首都，使整个欧洲都受到直接威胁，并且情势愈演愈烈，尤其是威尼斯，更不用说哈布斯堡王朝的奥地利领地以及基督教匈牙利王国面对的严重态势了。

1527年，那支两年前在意大利击败了法国的神圣罗马帝国军队陷入了饥寒交迫、囊中羞涩的窘境，士兵们得不到报酬，分不到口粮。军队发生了哗变，逼迫主将率军向罗马进发。将领之一的波旁公爵查理三世也被称为波旁陆军统帅*，原效忠于法国国王，后因战败而抛弃了瓦卢瓦王朝的旧主，转而投身于神圣罗马帝国的事业，也就是哈布斯堡家族的事务。讽刺的是，神圣罗马帝国的军队中有不少德意志士兵是路德的追随者，他们将教皇视为反基督者。1527年5月，军队抵达罗马。身披白色斗篷、神采奕奕的波旁公爵查理三世在第一次冲锋时，即被城墙上射击的火绳枪打倒（本韦努托·切利尼后来曾夸耀说，那支火绳枪是他射的）。波旁公爵查理三世殒命后，就再也无人能控制住那群残忍凶蛮的乌合之众了。无法无天的暴徒像飓风一样席卷罗马城，奸淫掳掠，放火屠城，长达10日

* 波旁公爵查理三世（1490—1527）于1515—1521年任法国陆军统帅（Constable of France），故也被称为波旁陆军统帅（Constable of Bourbon）。

1527年的罗马浩劫。神圣罗马帝国的军队主要由德意志人和西班牙人组成，这次浩劫使这座古老的都城遭受了巨大破坏。

之久，这就是历史上著名的“1527年罗马浩劫”。教皇和众位红衣主教被追得狼狈不堪，一路逃入圣安杰洛城堡避难。

帝国军队之主查理五世远在马德里，并未参与这场劫掠，但将弗朗索瓦一世关押8个月之久的可不是别人，正是查理本人。查理五世此时可谓一代雄主：他拥有意大利全境，而在他之前除了霍亨施陶芬家族最后一位伟大的皇帝，还没有哪位皇帝将领土推至那里；法国也被削弱了；教皇需要依靠查理五世的支持方能维持地位。1530年初，那位被帝国军队逼进圣安杰洛城堡的教皇在博洛尼亚为查理五世举行了隆重辉煌的加冕仪式（罗马经过烧杀抢掠的浩劫已成为废墟，瘟疫肆虐，宛如墓地）。年仅30岁的查理五世已富有天下，西班牙和意大利对他惟命是从，勃艮第的财富为他所用，奥地利的土地世袭稳固，美洲的财富由西班牙征服者源源不断地挖掘并带回，德意志诸侯奉他为皇。看上去，查理五世已攀至无人能及的权力巅峰，受到世人的敬仰。但其实这一切不过如梦幻泡影：在教皇于“1527年罗马浩劫”中公开受辱的前一年，英国已脱离天主教自立门户；法国纵然被削弱了，但实力依然强劲；路德宗如森林大火一般席卷德意志，而查理五世并不愿意也没办法发动德意志内战；除此之外，最关键的是，土耳其军队如达摩克利斯之剑一般悬在维也纳城上空。

摩哈赤战役是土耳其第一次入侵匈牙利的战役。苏莱曼一世率领的50万奥斯曼远征军沿多瑙河北上布达时，在匈牙利平原上遭遇匈牙利和波希米亚国王拉约什二世率领的2.5万人军队的袭击。在烈日当头、干燥难耐、一望无际的辽阔平原上，奥斯曼大军如蝗虫过境。他们手握重兵，将车轮紧密地连接在一起，横扫战场，炮火汹汹宛如电闪雷鸣。匈牙利军队在鏖战中几乎全军覆没，大部分人横尸战场。2000 名士兵被俘，并于第二天被全部屠杀。拉约什二世本人也在此役中殒命。摩哈赤战役的失败是匈牙利日益没落的历史转折点，意味着独立的匈牙利王国的结束，也拉开了哈布斯堡王朝统治匈牙利的序幕。

查理五世的弟弟斐迪南在参加完沃尔姆斯会议后，便奉皇命前往因斯布鲁克管理哈布斯堡家族世袭的奥地利领地，并按照祖父马克西米利安的重要安排，迎娶了匈牙利的安妮公主。同时，安妮的弟弟拉约什二世也遵照与马克西米利安的约定，迎娶了查理五世和斐迪南的妹妹玛丽。哈布斯堡王朝和雅盖隆王朝的双重联姻形成了紧密同盟。双方约定如果拉约什二世死后无嗣，匈牙利和波希米亚王国的国王之位由其妻舅斐迪南承袭。此时，随着拉约什二世在摩哈赤战死，这一刻终于到来了。

波希米亚的王位虽然是由选举产生，但是斐迪南的“选举”很快就通过了。匈牙利的王位则因受到匈牙利贵族的强烈抵抗，获得的过程并不顺利。一直挺身竞逐国王宝座的匈牙利贵族领袖佐波尧·亚诺什在摩哈赤战役后手中仍然拥有不少兵力，他在法国的支持下当选为匈牙利国王。但是斐迪南拥有帝国会议官方决议的加持，他率军夺取了布达并驱逐了亚诺什。这些都发生在奥斯曼军队攻击的间歇时期。土耳其人在中欧宛如蒙古鞑靼在俄罗斯，如入无人之境。他们如潮水般一浪一浪汹涌向前，然后当寒冬来临时就收起金帐，休兵歇马。在摩哈赤战役前夕，奥斯曼土耳其已经贯穿了塞尔维亚和匈牙利东部，但并未常驻。3 年后，也就是 1529 年 5 月，奥斯曼军队再次占领布达并一路西进，兵临维也纳城下，亚诺什也率军参加了此役。主力部队将维也纳重重包围，而先遣队则沿多瑙河和恩斯河河谷北上直至雷根斯堡，所到之处寸草不留。1.6 万名维也纳守城官兵在尼古拉斯·扎尔姆伯爵的带领下拼死守城，奋战了 3 个星期，扛住了 25 万攻城大军。但当时正值初冬时节，10 月 17 日即开始下雪，恶劣的天气驱使土耳其军队收起帐篷，放弃围城，远远退回匈牙利东部。3 年后，即 1532 年，同样的情况再次发生。但这一次斐迪南不像上次那样孤立无援了，正处于巅峰时期的查理五世派出一支多国雄兵驰援弟弟，土耳其人再次撤退，只留下大量零散骑兵到处烧杀抢掠。随后，斐迪南与苏莱曼缔结了一项羞辱性和约，他每年向苏莱曼缴纳

查理五世令教皇克雷芒七世臣服后，于1530年在博洛尼亚安排了自己的加冕仪式。罗马城变为废墟，查理五世成为最后一个由教皇加冕的皇帝。

1529 年苏莱曼大帝率领土耳其军队包围维也纳城。在密密的土耳其军帐中，耸立着圣司提反大教堂。

3 万达克特，从而换取了一纸停战协定，他也因此备受诟病。不过，斐迪南也实在没有更好的解决方案了，他虽然是名义上的匈牙利国王，但超过一半的匈牙利领土却被土耳其人占领，并且大量匈牙利贵族认为接受穆斯林的管辖比接受哈布斯堡王朝的统治更有利。剩下的部分贵族则抛弃领地，逃离旧都，搬到王国最西部，在距离维也纳城仅 60 英里的多瑙河下游、河对岸的边境城市普雷斯堡，建设新首都并重建议会。

哈布斯堡的新中欧帝国从此诞生，斐迪南——奥地利大公、匈牙利国王、波希米亚国王，日后在其兄退位后承袭神圣罗马帝国皇帝之位，他成为这一新生政治力量的领袖。

此时，由狭窄城墙围绕的维也纳仍然是一个边境要塞城市。施蒂里亚的格拉茨、蒂罗尔的因斯布鲁克和波希米亚的布拉格都远比维也纳宜居。这时候距离奥斯曼大军再次攻入中欧还有大约 150 年：直到 1683 年，由大维齐尔卡拉·穆斯塔法统帅的庞大恐怖的奥斯曼大军再次围攻维也纳，在维也纳城外被彻底歼灭后，维也纳人才终于得以伸开双臂，自由呼吸，迟到的城市建设也才终于得以繁荣发展，气势磅礴、伟大恢宏的巴洛克兴盛期建筑也终于得以在维也纳城遍地绽放。彼时的西班牙早已退出列强的序列，几年后哈布斯堡王朝彻底失去了西班牙。

身处马德里宫廷的查理五世，在罗马浩劫之后几年一直都认为自己正在成功地建立一套新的欧洲秩序。查理五世本人性格冷淡、沉稳内敛、朴素无华。自从1526年和葡萄牙的伊莎贝拉结婚后，他一直与妻子恩爱甚笃。他唯一的陋习是饮食铺张豪奢。他很清楚维持“天家气度”对于皇帝而言意义重大，即使常常精疲力竭，在那个时代特有的比赛、盛会、游行、阅兵等活动中，他依然努力维持自己作为核心人物星光熠熠的形象。他的宫廷在某种程度上是世界性的。除了所有的德意志贵族，勃艮第、意大利等多地贵族也都将儿子送来伴驾，随侍查理左右。勃艮第古老的金羊毛骑士团成为神圣罗马帝国独有的国际性象征。哈布斯堡家族成员除了在西班牙，还遍布欧洲各地：查理五世亲爱的姑姑玛格丽特一直在为他牢牢镇守着尼德兰的土地；他的众位姐妹嫁入欧洲各王室为后，法国、葡萄牙、匈牙利和波希米亚、丹麦、挪威和瑞典的王后都出自哈布斯堡家族；他的姨母阿拉贡的凯瑟琳仍然是英国王后；督管维也纳、格拉茨和因斯布鲁克的弟弟斐迪南也依然与他兄友弟恭。1527年，妻子伊莎贝拉为他生下了一个儿子，即他未来的继承人。

面对苏莱曼大军围城，维也纳人在大教堂尖顶上悬挂新月与星星标志，表示誓死守城的决心。

然而，法国依然是一个强大的敌国，而德意志却在宗教分裂的道路上越走越远。

1526年，即罗马浩劫的前一年，帝国会议在巴伐利亚的施派尔召开，此时的教皇党已在与皇权的斗争中无可救药地衰落了。皇帝本人并未出席此次会议，路德派因此得以我行我素，大放异彩。施派尔会议废除了沃尔姆斯敕令中处分路德宗的决议，准许在基督教大会召开前，德意志各地区皆可以自主决定本区域所欲尊奉的教派。那时的路德已成为一个声名赫赫的大人物，获得了德意志许多诸侯的青睐。原因之一是他公开反对意大利教皇和一位太过强大的皇帝。原因之二是经他“改编”后更私人化的宗派更能吸引有头脑的人，尤其是在北方。原因之三是他是一个道德层面的反叛者，那些不想走向绝对君主制的诸侯愿意与他结为朋友，聆听他的意见。原因之四是路德的立场在两年前（即1524年）已发生了变化。他从沃尔姆斯帝国会议上单枪匹马对抗教皇和皇帝的战士，变成一个宣扬世俗君主的人民领袖；也从天主教会的改革倡导者，变成一个要组建属于自己的反天主教会的教会的人，因此他若要团结并管理自己的信众，就需要世俗权威的支持。也就是说他正在建立一个制度化的新宗教，这个新宗教将成为诸侯加强统治权的工具，与诸侯利益一致，因此可以受到他们的保护。1524年，德国爆发了大规模的农民起义，严重的动乱持续到1525年，史称德国农民战争。路德倒向

葡萄牙公主伊莎贝拉，查理五世之妻。此画由提香绘制，作于1539年。提香于1532年在博洛尼亚觐见查理五世，遂成为他的宫廷画师，后来也成为皇帝的朋友。

市民、诸侯和贵族，攻击农民起义，力促诸侯大力镇压农民战争，推开了那些本可能成为他的拥趸的下层民众。总而言之，在第一次施派尔会议后，路德已经可以公开活动了。

1530年，势弱的教皇在博洛尼亚为查理五世举行了神圣的加冕仪式。查理五世随后决定在这场宗教分裂变得彻底不可收拾之前不遗余力地解决它。他召开了第二次施派尔会议。在这次会议上，罗马天主教党占据了绝大多数席位。这次会议正式取消了1526年会议做出的决议，废除了德意志各地区可自主决定所欲尊奉的教派的许可。虽然此时禁止路德宗为时已晚，但是那些信奉了路德宗的诸侯国仍然被要求保护天主教会并向教会捐赠教堂、修道院和学校。另一方面，信奉天主教的诸侯国则正式明令禁止路德宗。

路德及其支持者属于少数派，他们开始正式抗议。这场抗议并非针对罗马天主教教义，而是对帝国会议决议的反抗，抗议它出尔反尔；这场抗议并非教义之争，而是对帝国政治事务的抗议。最主要的是，这是一场针对多数人对少数人在宗教道德上施以高压统治的抗议。那些在抗议文件上签名及拥护抗议文件的人就被称为“抗议者”。“抗议宗”即新教，由此诞生。

查理五世当然不愿放弃。他明白他此时面对的并不仅仅是一个异端者的问题，而是一个由教派争端而引起的大规模反抗权威的运动。这场运动在一些地区演变成暴力活动，教派纷争遍布各地，农民起义此起彼伏。瑞士伯尔尼伟大的宗教改革家慈运理已经在宗教层面上同路德分道扬镳：路德认为在圣餐礼仪式中基督的确是亲自降临，慈运理则认为圣餐礼只是一种象征性的纪念仪式，“只是一餐普通的饮食”。慈运理于1531年去世，但是他留下的宝贵遗产为巴黎年轻的加尔文指明了改革的方向。德意志宗教改革家闵采尔虽然被执行了死刑，农民战争最终失败，但是再洗礼派却幸免于难。在领袖扬·范·莱顿的带领下，再洗礼派攻破明斯特，以此为据点统治了两年，成立了神权政体新锡安王国，实行财产公有制和一夫多妻制。这场轰轰烈烈的宗教改革运动在最初尚且拥有一个敢担当、

第68页图：米尔堡战役中的查理五世，由提香绘制。

第69页图：马丁·路德，由萨克森选帝侯的宫廷画师克拉纳赫绘制。克拉纳赫与路德在萨克森的宫廷中结识，路德的宣传版画就是他设计的。

守秩序并愿意与世俗政权合作的领导人，但是发展到后来却分崩离析，以至于新教诸侯和查理五世都在积极奔走，迫切希望能尽快召开一次基督教全体大会，以制定出一套普遍认同的教义和执行必要的改革。然而，即使是查理五世，也无法令那个曾经被他投入牢狱的教皇言听计从了。机会一次一次失去，时间一年一年过去，宗教会议一场一场举办，却都以失败告终。天主教和新教渐行渐远。为了弥补裂痕，平息争端，查理五世决心满满地力促天主教与新教和解，其实他是在与时代精神对抗。教皇克雷芒七世于 1534 年去世。他的继任者保罗三世费尽心力多方奔走，最终于 1545 年召开了特伦托大公会议，这时距离 1530 年已过去了整整 15 年。

1555 年，在奥格斯堡查理五世与德意志诸侯达成和解，各诸侯国自此有权决定自己尊奉的教派。

特伦托大公会议从1545年开始至1563年结束，包含多场会议，这期间还不时有所中断，总体持续了18年。由于瘟疫，会场后来从特伦托转移到博洛尼亚。会议之所以时常中断，是由于皇帝查理五世和继任皇帝（查理五世的弟弟斐迪南一世）想要使天主教和新教达成妥协，可惜天不遂人愿。这次会议没有成为整个基督教世界的普世大会，而是为往后几个世纪的天主教会确立了制度，明确了教义。即使在会议进行过程中，德意志新教诸侯也联同瑞士和丹麦的新教诸侯一起，以萨克森选帝侯腓特烈为首组建了施马尔卡登同盟，来对抗帝国方面的压力。面对这支正规的军事同盟，查理五世要么退一步，眼睁睁看着德意志一分为二，要么进一步，以武力粉碎它。1546年查理五世对施马尔卡登同盟宣战，次年4月24日帝国军队在米尔堡取得决定性胜利。这一大捷主要归功于萨克森的莫里斯公爵出色的指挥才能。莫里斯本人虽然是个新教徒，但却出于个人雄心而支持查理五世。这场胜利不仅为他赢得了萨克森选侯的身份，还成功地瓦解了施马尔卡登同盟。然而，这场胜利的影响并没有持续太久，因为宗教改革的武装力量已经坚不可摧，一次胜利根本就无济于事。不仅如此，这些武装力量已开始被居心不良的外国王朝利用。莫里斯也许终于想起自己的新教徒身份了，他倒戈变节，与天主教法国缔结了一个不光彩的联盟。消息传到因斯布鲁克时，查理五世正缠绵于病榻，还来不及集结军队，就不得不跨越白雪皑皑的布伦纳山口仓皇出逃。1552年，莫里斯和查理五世的弟弟斐迪南签署了《帕绍条约》，为奥格斯堡帝国会议的召开铺平了道路。1555年在奥格斯堡会议上签署的《奥格斯堡和约》，正式批准所有德意志诸侯国和城邦都有权自主决定所欲尊奉的教派。在《奥格斯堡和约》签署的第二年，白发苍苍的查理五世在布鲁塞尔的布拉班特公爵大厅内宣布退位。此时，他不过56岁，却饱受病痛折磨，毕生梦想破灭，身心疲惫不堪。他已将那不勒斯王国交予儿子腓力，并为儿子与英国的玛丽·都铎安排了婚事。他在身着华服的贵族和骑士的包围下，开始了冗长又复杂的交接流程，将他拥有的一切移交出去。当年，15岁的他就是在这个大厅里跪下接受移交到他手上的统治权。“为什么我的眼泪夺眶而出，先生们，不要认为那是为了最高统治权离我而去的缘故，那是因为我即将离开我出生的国度，那是因为我将和你们——我所拥有的臣民——诀别。”他奋斗和征战了35年，为了实现一个欧洲、一个世界的梦想。而现实是他在离开的时候，留下了两个针锋相对、剑拔弩张的世界。

查理五世一生中最后一段旅行是前往位于西班牙中部的埃斯特雷马杜拉的尤斯特修道院。他在那里度过了最后两年时光。他的隐居生活并不苦闷，而是依旧奢华，在这个小型宫廷中有50余人照料他的起居。他一边继续与痛风搏斗，一边享受着玉盘珍馐——大西洋沿岸的生蚝和鱼、法国的馅饼、尼德兰的野味等。这些山珍海味被精心地包裹在冰块和荨麻中，由骡队运往修道院。他可以饱览群书，可以把玩珍宝，可以寄情于织锦挂毯和名画佳作，也可以流连于自己琳琅满目的钟表收藏。他过着国王一样的生活，却不再担有国王的责任和顾虑。他在这所修道院中度过了一生中最舒适的时光，而修道院外面的世界却烽火依旧。

在1547年米尔堡战役之后，提香曾前往奥格斯堡为查理五世绘制了一幅肖像。画中的查理五世在青灰色阴郁的天空下骑着骏马，披挂铠甲，手持长矛。这幅西方艺术史上的经典名作是对查理五世米尔堡大捷的纪念，但也充满预言意味：战马和长矛都是黑色的，铠甲是灰色的，皇帝神情倨傲冷峻；远方天际丝丝缕缕的霞光以及天穹几抹乌云虽然衬托出一个勇敢无畏的战士形象，但是也表现出了主人公的困惑与迷惘。皇帝纵然得胜归来，却败于一股他不能理解的无形力量。

Abraham · D · B · fe
Liefrinck · ex

4

西班牙的鼎盛时期

腓力二世及其奥地利堂亲

查理五世留下了一个分裂严重的欧洲，也留下了四分五裂的家族遗产。他的弟弟斐迪南继承了神圣罗马帝国的皇位，成为斐迪南一世。他的儿子腓力却成为西班牙国王、那不勒斯与西西里国王、米兰公爵。腓力是弗朗什-孔泰之主、尼德兰财富的拥有者，他统治巴巴里海岸、突尼斯、加那利群岛、佛得角群岛、菲律宾群岛和香料群岛，他还拥有墨西哥和秘鲁、西印度群岛的绝大部分和北美洲大陆的大面积土地。腓力二世比他的皇帝叔叔领地更广阔，也更富有。不仅如此，查理五世还授意他在斐迪南一世驾崩后，继承神圣罗马帝国的皇位。

神圣罗马帝国的皇位问题引起的查理与斐迪南兄弟之间的唯一一次争执，严重到剑拔弩张、毫不退让的程度。从 1551 年下半年直到 1552 年的前几个月，两个人一直在奥格斯堡就此问题针锋相对，争得面红耳赤。在此之前，斐迪南从未对兄长提出过任何要求，这一次却坚持让他的儿子马克西米利安在他死后继任皇帝，他的一反常态着实令查理五世感到又惊又怒。查理五世坚决不肯，他坚持让他的儿子腓力在斐迪南身故后承袭皇位。查理五世的想法是有理由的，随着年岁的增长和德意志分裂的加剧，他不得不接受一个事实，即西班牙才应该是哈布斯堡家族真正的权力基础。查理五世本人超国家化，没有民族或国家的归属感。不

左页图：腓力二世从父亲查理五世处继承了西班牙王位，他在埃斯科里亚尔修道院学到了骄傲矜持、彬彬有礼的西班牙礼仪举止。这幅版画中的腓力二世身着西班牙宫廷服饰。

墨西哥征服者科尔特斯以西班牙强大的军事力量无情地横扫新世界，建立了绝对的帝国权威。

过，国家利益决定新的国际局势：一方面，鉴于西班牙和尼德兰对法国形成合围之势，哈布斯堡家族为了巩固尼德兰，就必须与英国联手；另一方面，当时的英国仍占据加来，也将尼德兰视为防御法国的堡垒。双方一拍即合。于是，1554年查理五世志得意满地安排了儿子腓力与英国都铎王朝女王玛丽一世的婚姻。

查理五世决定晚年隐居西班牙时，就公开表达了他对西班牙重要性的新认识。然而，他的儿子腓力却把西班牙的重要地位视为理所当然。腓力生长在西班牙，本性中透着西班牙贵族的傲慢和矜持。从青少年时期起，他就不是一个有魅力、能给人好感的人，他的堂弟奥地利的马克西米利安却博得了所有人的喜爱。马克西米利安开朗乐观又慷慨，魅力十足，和他那伟大的曾祖父马克西米利安一世一样有着强烈的好奇心。查理五世发现除了西班牙，仿佛全世界都更青睐他的侄子马克西米利安而不喜他的儿子腓力后，不禁恼羞成怒，愈发坚定了让腓力在弟弟斐迪南一世去世后称帝的决心。

腓力沉默寡言，体格单薄，默默无闻，所有见过他的人都不喜欢他，而他看起来也并不在意别人对他的感觉。通过提香为他创作的少年时期的肖像画，我们能明显地看出画中少年神色间强烈的不平，而在那强烈的不平中又隐隐地透出他与自己的不和解，这些都预示了他未来的成长。腓力的脉搏跳动速度无疑很缓慢。他对诸事漠不关心，他的冷酷有一部分来自厉行到极致的习惯性自律。然而，他写给亲眷的信却饱含自然、亲切、温柔的情感，这和他对外界展示的形象正相反。不过，他的私生活无关他人，只是他自己的秘密。他是西班牙国王腓力二世，他的任务、他赋予自己的使命是将自己的疆土变成一个绝对君主制的国家。他和他的父亲一样统治着众多民族，但却并不像他的父亲一样以此为傲，而是认为他拥有的辽阔领土都不过是西班牙的附庸，一切以西班牙事务为重。他是

左上左：霍恩伯爵菲利普·蒙莫朗西。

左上右：阿尔瓦公爵。

左下：埃格蒙伯爵。埃格蒙伯爵和霍恩伯爵都被腓力二世处死，这两人成为尼德兰新教民族主义革命的殉道者。

右图：尼德兰新教徒在城外举行宗教仪式。

一名极其虔诚的天主教徒，用尽一生扩大天主教的影响力，但也只有他才是天主教信仰的真正守护者，所以罗马教会必须对他俯首帖耳，因为作为西班牙国王，他也是基督教世界中至高无上的君主。他的所有行为都会征得神父的允可，但他会死缠烂打、软磨硬泡，确保这些神父无法可施，只能首肯他的所作所为。

当时的国君普遍奉行专制主义，推崇奸诈阴险的暴力举措，但只有腓力二世将“为达目的不择手段”的原则升华成一种哲学。他相当清楚他所做的事是什么。比如，1570 年他下令谋杀尼德兰的埃格蒙伯爵和霍恩伯爵派出的代表蒙蒂尼男爵，随后宣布蒙蒂尼男爵是自然死亡，但对自己信任的手下，他从未将这起谋杀伪装成一场不幸的事故。比如，他可以毫不迟疑地下令逮捕并监禁郁郁寡欢的半疯儿子唐·卡洛斯，甚至在儿子死后对外宣称其死因是在狱中“纵欲无度”。此举真是高明！但唐·卡洛斯很可能是死于谋杀，而幕后主使正是他的亲生父亲。腓力二世擅长此道，也尤为擅长公开忏悔。如果唐·卡洛斯确实是因他而死，他对事实秘而不宣就只有一个原因，那就是他在深思熟虑后确信，大部分正常人都无法理解国王为什么有时会杀死自己的家人。他和同时代的俄罗斯沙皇伊

英国女王玛丽一世，腓力二世的第二任妻子。玛丽一世是一个饱受折磨的女人。她想将心爱的丈夫留在身边，却没能为他生下一儿半女，所以她将精力投入到无情迫害英国新教徒的活动中。

阿尔瓦公爵在尼德兰执行腓力二世的政策，以残酷无情的热忱根除新教运动和尼德兰民族主义。

凡雷帝及其几代继任者简直毫不相像！他和英国的亨利八世也实在是完全不同！

然而，腓力二世并不喜欢谋杀，也不是虐待狂。他只会在长时间的深思熟虑后，出于政治理由而做出杀戮决定，凡是不符合国家利益的都决不姑息，不管正确与否。他既喜欢在故乡西班牙出席一场异教徒审判，也愿意派阿尔瓦公爵到尼德兰镇压革命、处死叛众，实行恐怖统治。简单地说，他认为有时对敌人焚以烈火、掏出内脏最符合国家利益，而有时“示以温和”则对国家更有利，因此他曾想方设法积极阻止他的英国妻子玛丽一世对异端者施以火刑。他的“朕即国家”程度不比法国波旁王朝的路易十四轻，但他凭自己的领悟虔诚地侍奉上帝，认为与其怀罪度日，不如接受缓慢的折磨。

腓力二世留给我们的形象矮小瘦弱、走路缓慢、脸色苍白，总是穿着一身黑衣，衣服上只有不明显的白色小飞边*和袖口处的白色蕾丝这一点点亮色，唯一的饰物就是一枚金羊毛骑士勋章，而且不是悬挂在装饰链上，而是像挂在脖子上的眼镜一样拴在一根细细的黑绳子上。这是一个冷酷无情、残忍恐怖、令人难以理解的形象，同时又是一个暮气沉沉、谨小慎微，同时害怕被精明强干的人接近

---

* 飞边：流行于16、17世纪的白色轮状皱领。

D·IEU·ET·

MON·DROIT

的形象。在这个偏执的时代，这个坚定不移的天主教徒对天主教信仰怀有偏执的狂热。

这其实并不是他的全部形象。腓力二世是第一位真正意义上的职业国君。为了实现西班牙、他自己和上帝的更伟大荣耀，他肩负着统一并巩固疆土的使命。他所做的任何事都是为这个最终目的服务的，他为实现此目的殚精竭虑，犹如一架设计完美的机器在永不停歇地运转。他讲话的声音只比耳语大一点，这样反而更能让人听清楚。他可以挤出一丝“刺骨的微笑”并保持这个表情，这样他就省得皱眉了。他与他最重要的权臣也保持着相当的距离，但这绝不是因为怕他们，他只敬畏上帝，他只是不信任他们罢了，他的理由也很充分，他认为他们一旦有机会就会削弱他的权力。只有他能对上帝负责。他让神职人员随侍左右，将国家所有事务都集权到自己手中，加强中央集权，任用中小贵族，并将他们当作文职人员来对待和培养。

腓力二世惯于算计、深谋远虑，头脑敏锐，还有过人的胆识和非凡的勇气，毫无疑问是全国最能干的人。他的一生都成功地维持了泰然自若的形象。他从不逃避灾祸，而是正视它、审度它，然后收拾烂摊子，建立新局面。例如，1588年他的无敌舰队因为执行增派军队入侵英国的长远计划而遭遇严重的暴风雨天气，舰队和人员受损严重，几乎全军覆没，但他没有抱怨，而是说：“我派舰队出征是与人作战的，不是与天气作战的。感谢上帝，我还有能力再派一支舰队出海。”他也确实这样做了。另一方面，他也不是一个无情之人。他不爱他的第二任妻子英国女王玛丽一世，尽管她很爱他。在玛丽去世后，他试图说服继任女王伊丽莎白一世接受他的求婚。求婚失败后，他便将目光从英国转向了法国，求娶了法国国王亨利二世之女瓦卢瓦的伊丽莎白。此后，他温柔、深情地爱着他的第三任妻子。在画像中，他通常是坐着的，孤僻地将自己幽禁在宏大的埃斯科里亚尔修道院中，在私人房间里的一方小小书案旁思索他的计划，谋划他的宏图，始终波澜不惊。其实，现实中的他还是会经常走动的，但不论去哪里，都一成不变地穿着一件黑色短斗篷，戴着一顶我们甚为熟悉的像毡帽一样的无檐圆顶黑帽

第 80 至 81 页图：英吉利海峡的西班牙无敌舰队。西班牙巨型大帆船舰队载满西班牙步兵准备入侵英国。

子，用来遮挡过早的谢顶。他拥有派头十足、恢宏壮观的舰队以及遍布南北美洲的金银矿藏和奇珍异宝，这与他长期笼罩在阴森晦暗中的漫长统治岁月充满矛盾。他耀眼的个人荣誉始自1557年震惊了整个欧洲的军事成就，那一年强大无敌的西班牙军队在圣康坦战役中击败了由法国与憎恨西班牙的教皇保罗四世结成的联盟。虽然他的英国盟友，即他的王后，丢失了加来，也因此失去了她在欧洲大陆上的最后一个据点，但是腓力二世的获胜已足以迫使教皇和法国国王亨利二世接受议和条件。不过，他不像他的父亲查理五世那么引人注目、肆无忌惮，他完全没有施以报复，因为他认为一个好的天主教徒不应该一意孤行地凌驾于教皇之上。腓力二世不仅是一个伟大的继承者，还凭借自身本事成为一个威名赫赫、强大可怕的人物。

腓力二世的执政时期是西班牙历史上最强盛的"黄金世纪"，但同时也给西班牙埋下了衰落的种子。他的悲剧源于这位职业统治者拥有过人的天赋和过于膨胀的自信；他的悲剧是他没有认识到自己力图打造的是一个绝对专制的政府体制，因此注定给他的人民戴上枷锁，注定阻碍才能的自然发展和情感的自然流露，而这套专制政权一旦交到一个软弱、能力较差的后人手中，就会造成致命的恶果；他的悲剧是他不但不懂建设性的经济学，而且实行破坏性的税收制度。从南北美洲涌入的财富造成了一个财富取之不尽、用之不竭的幻象；西班牙将领的能征善战和步兵的训练有素造成了一个兵来将挡、战无不胜的幻象。而事实上，西班牙的经济情况并不乐观，尽管殖民地的财富源源不断地涌入，西班牙的财政资金仍旧长期短缺，并且随着时间的推移，破坏力极强的英国海军开始频频突袭，严重影响了殖民地财富向西班牙的流动。

最初，尼德兰的财富对西班牙而言比新世界的所有珍宝都要重要。西班牙的高压政策激发了尼德兰人民的极大愤慨，宗教裁判所的所作所为和高层在政治上对尼德兰的排斥让北方富有贵族日益不满。终于，1566年尼德兰多省爆发起义。腓力二世的最初想法是调停矛盾，后来却采纳了新任总督阿尔瓦公爵的建议，暴力镇压尼德兰革命。阿尔瓦公爵残暴无情，对尼德兰革命者进行血腥的杀戮，这种行径不但没有平息反叛，而且成功地摧毁了西班牙长期依赖的经济贸易。很快，一直嫉妒腓力二世权势的英国、法国，甚至包括有同宗情谊的奥地利，开始迅速用各种方式在如火如荼的尼德兰革命中获取好处。即使是欧洲联合舰队在著名的勒班陀海战中彻底击败了奥斯曼土耳其军队（西班牙舰队由查理五世的私生子奥地利的唐·胡安率领）的喜讯，都冲淡不了西班牙军队在北方节节败退、土崩瓦解的苦涩滋味。腓力二世生平第一次失去了平衡。他的目的是必须守住尼德兰，必须镇压革命，而现实是尼德兰也许可以守住，但是只要欧洲其他国家予联合省以援助，那里的革命就无法平息。矛盾的根本原因在于欧洲国家拒绝承认西班牙高高在上、不可挑战的超然地位。鉴于此，欧洲必须受到教训。欧洲需要建立一套新秩序，这个新秩序的最高领袖不是皇帝（奥地利哈布斯堡家族牢牢地攥着神圣罗马帝国的皇位，此时其本质已经是德意志皇帝了），而是西班牙及其伟大的君主。

自此，腓力二世被历史铭记的时期开始了。腓力二世一旦下定决心，就会不顾一切。他开始在欧洲各国兴风作浪、制造麻烦，他无情冷酷、肆意欺骗，导演了一系列阴谋诡计。从 1580 年开始，他连续策划了 3 起行动。首先，他出兵强行合并葡萄牙，为自己戴上了葡萄牙的王冠。其次，他宣布奥兰治的威廉为叛国者并部署了对他的刺杀行动。最后，法国国王亨利三世对胡格诺教派的支持惹得他怒火中烧、暴跳如雷，他便与法国的吉斯家族联手，引爆了损失惨重的法国内战，这一年是 1585 年。同年，尼德兰摄政、帕尔马公爵亚历山德罗·法尔内塞在镇压尼德兰革命的过程中取得了至关重要的突破。亚历山德罗·法尔内塞是查理五世的私生女玛格丽特的儿子，他既是腓力二世的外甥，也是其得力干将。面

奥地利的唐·胡安，查理五世的私生子，勒班陀海战中的英雄。

左图：帕尔马的玛格丽特，查理五世的私生女。她是一位出色的尼德兰执政。
右图：亚历山德罗·法尔内塞，帕尔马的玛格丽特之子。他能力出众，继续完成母亲的事业，一生忠诚于腓力二世。

对尼德兰局势的变化，英国迅速采取了对策，一面派兵援助尼德兰，一面鼓励和支持私掠船在西印度群岛和西班牙大陆美洲*进行反抗西班牙的活动。1588年，在女王伊丽莎白的支持下，弗朗西斯·德雷克爵士奇袭加的斯港，重创西班牙无敌舰队。加的斯港的西班牙舰队本来是为入侵英国准备的，西班牙计划用舰队运送步兵并在途中的荷兰增兵。无敌舰队在加的斯港遭受的耻辱使它进攻英国的计划被迫延期。

这支庞大的海上远征军遭遇的灾祸足以打垮一个脆弱的人，但腓力二世却从容不迫地开始重建无敌舰队，并井井有条地下令筹划新的远征。虽然当时他已经61岁了，但他在制订这些计划以及采取各种行动的时候，仿佛并没有考虑自己的年龄，而事实上，他只剩10年的寿数了，现实也无情地表明，征服伊丽莎白时代的英国的机会一去不复返了。因而，腓力二世将所剩的精力都用到了法国身上。亨利三世的遇刺身亡使西班牙有了支配法国的可乘之机，于是让女儿嫁给第

---

* 西班牙大陆美洲，Spanish Main，在西班牙新世界帝国的语境下，它包括今天的佛罗里达、得克萨斯州和墨西哥的墨西哥湾西岸，以及中美洲和南美洲的北岸。这个词最常与加勒比海的那一段海岸线联系在一起，这段海岸线从巴拿马达连地峡的波托韦洛经过新格拉纳达的卡塔赫纳和马拉开波，到达委内瑞拉海岸的奥里诺科河三角洲。

西班牙国王腓力四世，由委拉斯开兹绘制。他的统治时期实现了文化复兴，但是哈布斯堡王朝在西班牙的权力却遭到严重削弱。

四代吉斯公爵并扶持他问鼎法国王位成为腓力二世此时最大的目标，而横在这个目标之前的只有一个人，即意志坚定、具有非凡勇气的纳瓦拉的亨利，他因亨利三世死后无嗣而顺位继承了法国王位，成为亨利四世。值此关键时刻，西班牙唯一一个可能打败亨利四世的人，即亚历山德罗·法尔内塞，告别了人世。次年，即 1593 年，亨利四世公开宣称改信天主教，得到了教皇的宽恕。巴黎的大门由此为他打开（他正是在这时候喊出了那个名句“巴黎值得一场弥撒”），他也从此开始得以调解法国国内的宗教矛盾，使新旧两教派达成休战协定。

时至此刻，再也没有查理五世的私生子或私生女之子来帮助腓力二世挽回尼德兰了。我们回顾一下，就可以看出尼德兰摄政的更迭名单着实不同凡响。先是帕尔马的玛格丽特成功地在那里统治了 8 年，然后阿尔瓦公爵和雷克森斯在那里遭遇了惨烈的失败，接着奥地利的唐·胡安控制了局面，后来玛格丽特之子亚历山德罗·法尔内塞做得更好。但是，此时法尔内塞的去世让一切都灰飞烟灭。1597 年，西班牙正式宣告破产，腓力二世宣布不再偿还债务。一年后，即 1598 年，腓力二世在饱受病痛折磨后与世长辞。临终时，他仍然穿着黑色小斗篷，头戴黑色帽子，佩戴着金羊毛骑士勋章。他前往天堂，与他在格列柯的名作《腓力二世之梦》中膜拜的人团聚。腓力二世的一生为信仰做出的努力令任何人都望尘莫及，同样，他为信仰造成的破坏和灾难也无人能及。所以，也有人在心中深深怀念他，例如圣十字若望和出身贵族的圣女大德兰，腓力二世甘冒天主教会的怒火而坚决维护他们。

左页图：《腓力二世之梦》，由格列柯绘制。图中面朝左侧跪着的是腓力二世，他跪倒在天父面前，穿着他惯常的黑色衣服，虽忧心忡忡，但却充满坚定的献身精神。

在腓力二世去世后，哈布斯堡王朝在西班牙的统治只延续了一个多世纪，并且已无可称道之处。腓力二世的继任者腓力三世和腓力四世均延续了绝对君主制的体系，但是他们却都将权力完全交付给了腓力二世曾决意冷酷压制的那类宫廷宠臣。腓力三世的主要"功绩"是驱逐了所有摩尔人，但也因此使经济陷入萧条。腓力四世（1605—1665）则在其整个统治时期一直都对蓬勃绽放的艺术感到兴致勃勃。他的宫廷画师委拉斯开兹为他的女儿玛格丽特·特蕾莎公主绘制了一系列神奇的画像，她日后将嫁给神圣罗马帝国的皇帝利奥波德一世。然而，腓力三世和腓力四世都没有逃脱被朝臣左右的命运：前者终生都受到莱尔马公爵的操控，后者则被奥利瓦雷斯伯爵握在股掌之中。莱尔马公爵继续与尼德兰交战，奥利瓦雷斯伯爵则丢失了葡萄牙，割让了鲁西永，甚至使西班牙不得不最终承认尼德兰联省共和国独立。1665 年，腓力四世的半疯儿子"中魔者"卡洛斯二世即位。卡洛斯二世是西班牙哈布斯堡王朝的最后一位国王，无嗣而终。他在 30 多年的生命中唯一感兴趣的事情就是预言自己可能的死期。在他的一生终于结束后，欧洲为空悬的西班牙王位燃起战火，那时哈布斯堡家族只剩下奥地利一宗与法国的波旁家族展开激烈争夺，但最终以失败告终。

值得注意的是，从 1598 年腓力二世去世到 1700 年卡洛斯二世归天，在整个欧洲西班牙一直都被视为一等强国。西班牙的强大之处在于查理五世及其儿子的政治手腕和人格力量，在于由腓力二世亲手打造，并由腓力三世全盘继承的西班牙军队实至名归的巨大声望。随着时间的推进，奥地利哈布斯堡王朝的地位和实力都在增长。但是，当这个中欧帝国缓慢而不动声色地存蓄力量、发展壮大、跻身近代强国之林时，甚至当西班牙已经衰落时，都没有多少人在意奥地利，而是将目光都锁在西班牙身上。

关注西班牙的原因有很多。第一，哈布斯堡王朝的奥地利分支虽然承袭了神圣罗马帝国的皇位，但是他们却视西班牙分支为嫡长一系，充满怀疑与嫉妒。第

第 88 页图：年轻的腓力二世，由提香绘制。此时，他还不是后人更常见的固执、疲倦又多疑的形象。

第 89 页图：腓力二世的西班牙军队以天主教的名义，对尼德兰犯下了数不尽的残暴罪行。

维也纳霍夫堡皇宫前的庆祝典礼，庆祝斐迪南一世的儿子、皇帝马克西米利安二世完成加冕礼，从法兰克福归来。

二，为了加强维也纳和马德里的联系，他们煞费苦心地谋划联姻。斐迪南一世和其子马克西米利安都曾将儿子送到西班牙宫廷接受帝王教育。第三，自从1576年马克西米利安二世去世之后，奥地利哈布斯堡王朝对宗教问题的态度就明显暧昧不清了。在西班牙，马克西米利安一世、查理五世和腓力二世形成了一条出色的承袭脉络，一代代继承者都优秀卓越、能力出众；查理五世的私生子女——奥地利的唐·胡安和玛格丽特，以及玛格丽特的儿子亚历山德罗·法尔内塞，也都继承了家族的优良血统。在奥地利，斐迪南一世一直坚守自己的立场，扮演着兄长查理五世左膀右臂的角色，将维也纳变成了一座美丽典雅的首都，将他个人浓厚的文化兴趣，尤其是对音乐的炽烈热情，在维也纳广为传布。但是，1564年他临终前还是有所犹豫，没有将全部疆土都交给长子马克西米利安继承。因此，马克西米利安固然以长子之尊继承了奥地利、波希米亚和匈牙利，次子斐迪南却掌管了蒂罗尔，三子卡尔则接手了施蒂里亚、卡林西亚、卡尼鄂拉和戈里齐亚。

左图：唐·卡洛斯，腓力二世之子。不幸的他被父亲囚禁，或许他的死也与父亲有关。
右上：皇帝马克西米利安二世及其家人。
右下：腓力二世的签名。出自他写给马克西米利安二世的一封信，信中告知马克西米利安关于唐·卡洛斯的死讯。

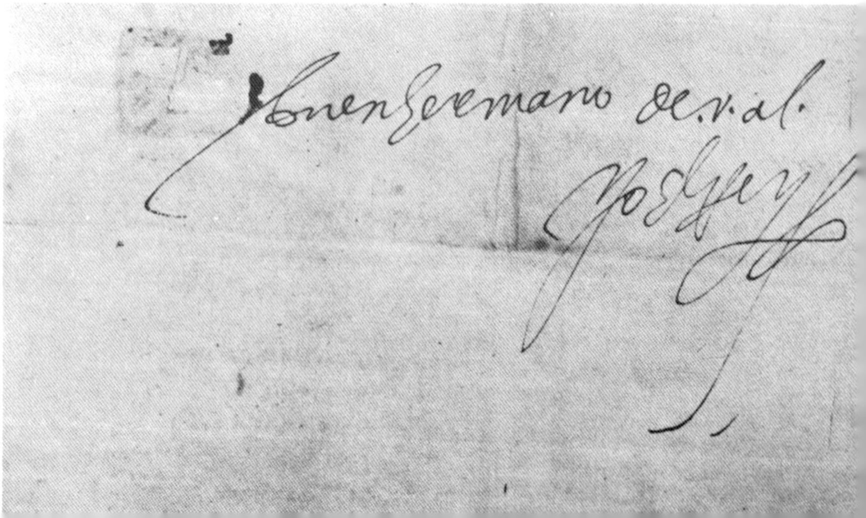

这样的继承安排在一定程度上多加了一层保险，因为斐迪南一世与儿子马克西米利安各执己见，颇有龃龉。第一，马克西米利安是个桀骜不驯的人。第二，他对伯父查理五世将他排除出皇位继承人序列，以及父亲斐迪南一世对此妥协退让感到愤愤不平。更糟糕的是，他虽然因花天酒地而臭名昭著，却有一个充满活力和爱刨根问底的头脑，这样的头脑在他充满反叛精神的刺激下，很快就把他引向了路德宗。他确实对路德宗表现出特别的好感。斐迪南一世则完全不是宗教狂热分子，也早就预备在他的德意志土地上对路德宗施以宽容政策。鉴于查理五世去世后就再也不可能为儿子腓力二世争取神圣罗马帝国的皇位了，德意志诸侯就直截了当地表示，他们不允许一个西班牙人当自己的皇帝。于是，马克西米利安成为斐迪南一世理所当然的选择。不过，斐迪南一世还是正式警告了马克西米利安，不许再和新教纠缠不清，否则他就传位给次子。1562 年，马克西米利安二世公开宣布并庄严起誓：今生今世他都是一个天主教徒。同年，他在法兰克福被选举为罗马人的国王。1564 年，斐迪南一世过世，马克西米利安二世即位称帝。

马克西米利安二世是一个非常好的皇帝。他遵守诺言，一直忠诚于天主教，而这对于他的新教朋友来说也会更轻松。他一生都和他的新教臣民保持极好的关系，还在 1576 年临终前意识清醒的状态下，拒绝接受天主教最后一次圣礼。他的西班牙皇后玛丽亚对此感到绝望。玛丽亚来自马德里，是查理五世的女儿，也就是马克西米利安二世的堂妹，那是个沉闷的姑娘，也是他在叛逆的年龄很不情愿迎娶的妻子。马克西米利安二世在雷根斯堡临终前，他的妻子、妹妹巴伐利亚公爵夫人、儿子马蒂亚斯、教皇使节和西班牙大使都围在他的床前，绞尽脑汁希望能说服他召见神父拯救他的灵魂，但都是徒劳。他拒绝见任何神父，并宣称："我的牧师在天堂。"

这的确是他的肺腑之言。虽然他曾桀骜不驯，过着奢靡阔绰的生活，但他还是相信上帝，也赞同信仰自由。他曾对一位教皇使节口出"冒犯"之言："我既不是天主教徒，也不是福音派信徒，我是个基督徒。"在他统治的时期，奥地利、波希米亚和匈牙利都实行宗教宽容政策。除了和土耳其人有过短暂战争，马克西米利安二世在他 12 年（他去世时 49 岁）的统治期间一直都致力于协调帝国内的宗教纠纷，就像他伯父查理五世曾经做的那样，而在他继承的土地上，宗教气氛则更安详、平和，他比查理五世成功多了。马克西米利安二世受到了良好的启蒙

奥地利的安妮。年轻的她本与唐·卡洛斯有婚约，但由于未婚夫去世，她最终成为年迈的腓力二世的新娘。

教育，是人文主义的坚定拥护者。与当时最具有独立思考精神的新教徒交流思想能够不断启迪他的心灵，而他天生对暴力和威压的憎恶则令他保持开明的态度，尽管他又固执又急躁。他听闻堂兄腓力二世将亲生儿子（不幸的唐·卡洛斯）关押下狱时，简直被吓坏了。1572 年，当他听说他的女婿、法国国王查理九世由于接受了母亲凯瑟琳·德·美第奇的怂恿而允许吉斯公爵策划了圣巴塞洛缪节大屠杀时，他简直难以置信。查理九世也因此深感内疚，从此一蹶不振。马克西米利安给他的朋友萨克森的奥古斯特写道："……这件事既不正确也不合理，宗教问题是不能靠武器或军队来解决的，只能靠上帝的话语，靠基督教徒之间的协定

瓦卢瓦的伊丽莎白。玛丽一世去世后，腓力二世娶她为西班牙王后，并在她身上找到了些许安慰与理解。

和公道。”

马克西米利安二世统治的时期以头脑清楚、通情达理、宽容忍耐著称，但也只不过是欧洲历史中转瞬即逝的一小段插曲。而且，他在维也纳低调朴素的霍夫堡皇宫居住理政时，即使对臣民予以何种安抚、慰藉、宽心和保证，其实也于事无补，只是将麻烦留给了未来罢了。因为尽管他开明豁达并且对宗教十分宽容，但是他仍然把腓力二世的西班牙看作哈布斯堡家族权力的基础，虽然他与他的堂兄没有深厚情谊，但是家族仍然被摆在第一位。这一坚不可摧的信条在哈布斯堡王朝联姻史上产生了一桩相当诡异的婚姻：作为一项国家行为，马克西米利安二世最宠爱的女儿安妮与唐·卡洛斯缔结了婚约。同时，他的两个儿子鲁道夫和恩斯特也被送往马德里，名义上是去接受宫廷教育，但其实最重要的目的是让他们给西班牙人留下印象，融入西班牙宫廷，以便万一有一天他们两个人中的一个有

左图：鲁道夫二世。这幅微型肖像画展现了这位憎恨新教又热爱艺术与科学的皇帝的痛苦与困惑。

右跨页图：布拉格赫拉德恰尼宫。鲁道夫二世居所的娱乐场景。

机会能继承西班牙王位。从1563年开始，腓力二世对儿子唐·卡洛斯是否有能力继承王位一直迟疑不决，致使奥地利和西班牙联姻的最终谈判只能延期。马克西米利安二世在维也纳焦躁不安地等待腓力二世的决定。不久，他未来的女婿被关押监禁的消息便宛如一道惊雷劈来。不到一年，唐·卡洛斯就死了。那段时间对腓力二世来说也无比晦暗，他深爱的妻子瓦卢瓦的伊丽莎白深受继子唐·卡洛斯悲剧的打击，重病缠身并死于难产。腓力二世将悲伤深埋在心底，像平常一样冷漠木然。转瞬之间，他就决定结第四次婚，再生个孩子作为新的继承人。除了奥地利的安妮（他刚逝去的儿子唐·卡洛斯的未婚妻），还有哪个更好的人选呢？安妮年方21岁，"脸色白里透红"。那一年是1570年，43岁的腓力二世娶了自己的堂侄女，即将开始着手新的事业——让自己成为整个基督教世界的君主。开明的马克西米利安二世对此事听之任之，因为他本人也是哈布斯堡家族的一员。

奥地利哈布斯堡王朝的下一代也对西班牙充满眷慕之情。鲁道夫和恩斯特这两个男孩对西班牙"一见钟情"。从此，自相矛盾的场景接连在奥地利宫廷中上演：宽容又开明的马克西米利安二世刚刚成功地将西班牙宗教狂热的糟粕在奥地利宫廷中铲除掉，他的儿子们就又将糟粕带回来。

马克西米利安本人对此感到十分恐惧。他青少年时期也受到西班牙很深的影响，不过很快他就开始对宗教狂热心生憎恶了。但他经历的是查理五世统治下的西班牙，并且查理五世本人首先是一个勃艮第人。而鲁道夫和恩斯特经历的可是腓力二世统治下的西班牙，这两个孩子深深浸淫在西班牙耶稣会的影响之下。在他们回到维也纳后，马克西米利安二世为他们身上的变化感到极为担忧。他们染上的那些西班牙特质——缺乏幽默感，骄傲自大又顽固倔强，很可能给温和、易相处的德意志贵族留下最差劲的印象。奥地利哈布斯堡王朝传承下来的强大魅力一直都是真实坦率、谦逊不做作，并且有能力赢得中小诸侯的信任。马克西米利安二世告诉他的两个儿子要“改变举止和风度”，但是他们依旧我行我素。

1576 年，马克西米利安二世去世，终年 49 岁。他的死是奥地利的灾难，也是欧洲的灾难。他支持的一切在旦夕之间全部消失，随之而去的也有整个帝国内天主教和新教达成普遍和解的最后一次机会。他的儿子鲁道夫继位为帝，成为鲁道夫二世，但实际上不管从哪方面来看他都根本不像一个皇帝。36 年后，鲁道夫二世被迫禅位于弟弟马蒂亚斯。尽管鲁道夫二世是一个相当吸引人的研究对象，但是对他的研究基本都是从病理学角度入手的。他的表现在哈布斯堡家族历史上完全是负面的。他的统治，以及他弟弟马蒂亚斯历时 7 年的统治，使帝国陷入了毁灭性的混沌状态，也拉开了欧洲三十年战争的恐怖序幕。

西班牙的成长经历给鲁道夫二世造成了尤为深刻的影响。他曾住在埃斯科里亚尔修道院，接受严格的天主教教育，牢牢禁锢于西班牙宫廷的保守思想。彼时，国王腓力二世长期的精神危机造成了一段痛苦而绝望的黑暗时期，暗地里引发了一系列暴力活动，直到唐·卡洛斯（鲁道夫二世的准姐夫）的下狱及神秘身亡，以及此次事件导致西班牙王后身体的每况愈下乃至最终死亡，徘徊不去、阴森压抑的恐怖氛围才得以消弭。然而，这样一段经历会给一个敏感、充满无限想象力的少年留下什么样的心理阴影，只有天知道。此外，这个少年还拥有可怜的“疯女”胡安娜的双重血统，一半来自父亲，即胡安娜的孙子马克西米利安二世，一半来自母亲，即胡安娜的孙女西班牙的玛丽亚。最关键的是，腓力二世曾命这个少年承诺，他会在得到奥地利的继承权后根除那片土地上的所有异端，并且还让耶稣会教养他成长。耶稣会是依纳爵·罗耀拉于 1534 年建立的，他于查理五世当选称帝的那一年完成了戏剧般的思想转变，遂创立了这个仿军队建制、纪律森严的天主教修会。耶稣会“俘获”鲁道夫二世，意味着这个修会在历史上第一次无可争议地控制了一个世俗国家统治者的精神领域。从鲁道夫二世开始，耶稣会对奥地利哈布斯堡王朝时弱时强的影响一直持续了 200 年。

鲁道夫二世天生就不是当皇帝的料。不过，他虽然缺乏皇帝应有的统治素质，甚至根本就没有统治的意愿，但他还是固执地坚守帝位的尊严，30 多年后当他的弟弟们正式宣称他不适合为君时，他还进行了艰苦卓绝的斗争。1593 年，他遭受了奥斯曼军队对匈牙利的又一次侵略。1604 年，面对匈牙利全国范围内爆发的起义暴动，他表现出了孱弱无能和优柔寡断的性格特征。事实上，那时他的全部领地都怨声载道。他在宗教上不容异己，针对新教信仰实行高压手段和惩罚措施（但没有效果），将帝国内的新教诸侯折磨得太狠了，以至于新教诸侯认为必须暂时把新教内部激烈的纠纷先放在一边，一致应对来自帝国皇帝的压力。1608 年，在鲁道夫二世的弟弟马蒂亚斯成功掌握了帝国政府并重建了匈牙

右页图：苏莱曼大帝包围布达佩斯。

زبس چهره بسودند بر خاک راه
مصور شد از چهره شان خاک راه
ز شاهان نچه پی بندگی
رسانند پیغام افکندگی

利秩序，但还没正式废黜鲁道夫二世之前，新教徒组建了以普法尔茨选帝侯腓特烈四世为首的新教联盟。天主教方也不甘示弱，于一年后组建了以德意志最强大的诸侯、巴伐利亚公爵马克西米利安为首的天主教联盟，来与之对抗。一时间，战火似乎要蔓延到整个欧洲了。不论是鲁道夫二世、教皇还是耶稣会，都弄不明白欧洲宗教力量的天平为什么大幅度倒向了另一边。在英国、尼德兰、德意志和法国，基督教世界的平衡都发生了转变。英国早就脱离了罗马教会，也成功地抗衡了西班牙的军事威力。天主教信仰的忠诚战士腓力二世也已离世 10 年了。尼德兰已不可控制。德意志一半以上的地区已经成为新教的地盘。最关键的是，法国国王亨利四世，也就是以前的纳瓦拉的亨利，于 1598 年签署颁布了《南特敕令》，平息了法国国内的宗教纷争。这条敕令承认了法国国内胡格诺教徒一定程度的信仰自由，并在法律上享有和公民同等的权利。亨利四世在大臣苏利的辅佐下重振了法国国内的经济，将法国军队整顿成了当时最强大的军事力量，他不愧为当时欧洲最伟大的战士。虽然他为了获得法国王位改变了曾经的新教信仰，但是他一生都坚定地反抗罗马天主教的宗教偏执。他承诺为德意志新教联盟提供帮助，并且准备和新教联盟并肩对天主教联盟作战。然而，1610 年他被狂热的天主教徒拉瓦亚克刺杀身亡。

亨利四世的被刺改变了欧洲历史的轨迹。按照欧洲宗教事态的发展方向，新教与天主教之间迟早会有一场恶战。如果亨利四世没有被刺身亡，奥地利和天主教联盟几乎注定会被彻底粉碎，天主教势力很可能会由此被摧毁，哈布斯堡家族的中欧秩序很可能遭到破坏，西班牙和两西西里很可能成为罗马天主教会所剩的最后两个拥趸。但是，历史没有如果。随着亨利四世的离世，新教联盟露出衰退迹象，天主教与新教间的战争被推后了 10 年。而 10 年后，奥地利和神圣罗马帝国将由斐迪南二世当家，他精力充沛，不知疲惫，给帝国带来了新的动力；帝国军队将由瓦伦斯坦统率，他才华出众，指挥若定。而那时候由路易十三当家、黎塞留执政的法国则被国内问题牢牢缠住，无力再对德意志的宗教问题进行军事干涉了。

第 100 至 101 页图：1571 年勒班陀海战，奥地利的唐·胡安率军在此役中彻底粉碎了土耳其海军。
左页图：奥地利大使在土耳其皇宫中觐见苏莱曼大帝。奥地利人的形象在土耳其画作中显得荒唐可笑。斐迪南一世由于答应每年向土耳其缴纳岁贡以换取和平，长期以来一直遭到诟病。直到 1683 年，土耳其对维也纳城的威胁才最终得以解除。

跨页图：鲁道夫二世摆开宴席，召来宫廷乐师，款待斐迪南大公、卡尔大公和恩斯特大公。

下左：开普勒因被指控为异端而遭到斐迪南大公的驱逐，鲁道夫二世随后为他提供保护。

下中：天文学家第谷从丹麦来到布拉格。

下右：为鲁道夫二世所制的镀金珐琅青铜天球仪。

在1610年亨利四世去世前很早，鲁道夫二世就开始逐渐变疯了。这实在是一件憾事，因为虽然作为皇帝他没有重视朝政，但是他一直都在努力将布拉格建设成一个文化和准科学研究的绿洲，之所以是布拉格而非维也纳，是因为他更喜欢布拉格，甚至将他的宫廷建在了那里。鲁道夫二世是一个热切的收藏家和伟大的鉴赏家，酷爱收藏和鉴赏稀奇古怪、精美绝伦的艺术作品和科学成果。今天保存在维也纳的许多名作都来自鲁道夫二世的收藏：勃鲁盖尔家族、超现实主义画家阿钦博尔多、柯勒乔的经典画作等。鲁道夫二世不厌其烦地资助各门各类的工匠。尤为重要的是，他还满怀热情，出自真心探寻炼金术研究。西方人正是通过研究炼金术，即在耐心分析，追寻魔法石的过程中，才第一次领略到了化学和矿物学的神秘。更让人意想不到的是，这个顽固的天主教徒还是近代天文学的最早资助者之一。丹麦天文学家和占星学家第谷在丹麦国王腓特烈二世去世后移居布拉格，在鲁道夫二世的花园里架设起他自己的观象台。年轻的开普勒也来到布拉格鲁道夫二世的皇宫中，担任第谷的助手。第谷非常合鲁道夫二世的心意，因为他思维敏锐，是一个爱提问、喜探寻的人，极富洞察力，尤其还是个天才的发明家。他通过准确、纯粹的观测数据，判断出哥白尼对地球及天体运行的描述是错误的，但他缺乏得出正确答案所需的独到天分。他可以发明望远镜和其他设备，并将观测数据准确地记录下来，但他的思想仍然有一半深深受制于迷信。事实上，第谷甚至对皇帝愈发严重的精神错乱难辞其咎，因为他对皇帝断言，根据星体占卜，皇帝会死于一个家族成员之手。鲁道夫二世在世的最后几年一步都不曾离开守卫森严的赫拉德恰尼宫。在坐落于河畔山丘上的壮丽辉煌的王宫里，这个已经疯了的皇帝活在自己的世界中，陪伴他的是奇异的飞禽走兽，甚至还有凶猛的老虎和狮子，它们在空旷的画廊和走廊或疾驱快奔，或拍翅漫步。有传言说，鲁道夫二世之死是由于他心爱的两只鹰和一头狮子死了伤心过度导致的。

在这个离奇的环境下，天才开普勒仔细思索太阳系的运行法则。从历史的角度来看，来自新教盛行的施瓦本的开普勒在被鲁道夫的侄子、施蒂里亚大公斐迪南除去格拉茨大学的教职后，竟然受天主教顽固分子鲁道夫二世之聘来到布拉格皇宫，这实在是历史的讽刺。这位斐迪南就是日后的皇帝斐迪南二世，他将在若干年后投身于宗教战争，而战争的爆发正是由鲁道夫的执政失败直接导致的。从科

皇帝马蒂亚斯一世。

学的角度来看，这个郁郁寡欢、精神失常的前任皇帝，他的纪念碑竟然比众位赫赫有名的伟大君主的纪念碑还要不朽，因为他们的纪念碑是用石头做的，而他的纪念碑则是经久不衰的《鲁道夫星表》，这实在是科学的讽刺。《鲁道夫星表》是开普勒在鲁道夫二世去世多日后献给他以表感谢的。通过它，反复无常的人类，无能为力于掌控或预言自己命运的人类，可以窥得宇宙秩序，预言星体的大范围运行。

1612年，可怜的鲁道夫二世告别了人世，他没有子嗣。他的弟弟马蒂亚斯也孑然一身，这在很大程度上是鲁道夫二世的责任：他出于嫉妒，屡次找马蒂亚斯的麻烦，削弱其滋长的势力，阻挠其弟结婚。当然，马蒂亚斯的性格也不招人喜欢，他的野心大于实力，并急切地渴望得到承认，但他最终得到想要的承认后，却又没有能力去证明自己名副其实。马蒂亚斯年轻时对鲁道夫感到无法忍耐，对自己的人生定位又感到无望，这两种情绪驱使他做出了背叛家族的荒谬之举——他主动向尼德兰人请缨，表示自己愿引领他们反抗西班牙。其实，尼德兰的贵族傲气十足，从不渴望被谁引领，他们只是想利用马蒂亚斯的名义罢了。但当马蒂亚斯意识到这一点时已为时太晚。他只能回到维也纳，承受哥哥的羞辱。后来，步入中年的他用武力废黜了哥哥并取而代之。这位新皇高傲自负、能力不足、轻浮肤浅，沉溺在向往已久的权力中不能自拔。他对宗教问题本来就比鲁道夫二世更宽容，在他的首席顾问、红衣主教克莱斯尔的影响下则对新教信仰更加优容。克莱斯尔很聪慧，他能看清新教运动极为强劲这个客观事实，所以他认为不能与之发生正面冲突，认为天主教获胜的唯一希望只能寄托于新教徒内部出现激烈的纷争，至少路德派和加尔文派相互痛恨的程度不亚于他们对罗马的憎恶，两方神职人员常常恶语相向，暴力相胁。反教皇运动的力量除了路德派和加尔文派这两大派系以及波希米亚的饼酒同领派*，还有大量的小型派系。这些各执己见的派系只有遇到罗马发起的强大威胁时才能勠力同心、同仇敌忾，就像以前那个倒霉的新教同盟的命运一样。

但是，克莱斯尔的宗教政策却遭到天主教世界内部的破坏。在格拉茨，一位

* 亦称“圣杯派”，因他们反对天主教的圣餐礼中平信徒只能领饼而不能领酒的规定，主张平信徒在圣餐礼中饼酒同领，故这样被命名。

皇帝斐迪南二世作为反宗教改革急先锋的讽喻形象。

天主教狂热战士获得了至高的力量，他就是鲁道夫和马蒂亚斯的堂弟、施蒂里亚的斐迪南大公，也就是马克西米利安二世的弟弟卡尔大公的儿子。具体情况是这样的，鉴于鲁道夫二世和马蒂亚斯都无子嗣，哈布斯堡家族的未来岌岌可危，将面临可能失去皇位的巨大危机。经过家族内部长时间痛苦的考量，决定让马蒂亚斯的堂弟施蒂里亚公爵、狂热的天主教徒斐迪南出任下一任皇帝。为了给斐迪南铺路，马蒂亚斯于1618年正式指派他为波希米亚和匈牙利的国王，这两个强有力的身份能确保斐迪南在皇帝选举开始后一举夺魁。

斐迪南当时已年届四旬，拥有当世最冷酷无情、最狂热无畏天主教徒的名声。从外表上来看，他有赤褐色的头发和鲜活的面孔，看上去一副谦恭有礼、和蔼可亲的样子。但是，他像堂兄鲁道夫二世一样，将自己的身心都完整地献给了耶稣会。他经常宣称，如果不是生在这样一个煊赫的家族，他肯定会献身于修道院。他也曾不止一次地表示，宁愿和家人一起过每日乞求面包、居无定所、饱受世人冷眼嫌弃和疾言辱骂的生活，宁愿抛弃自己的生命，也不愿真正的天主教信仰遭受攻击时只能袖手旁观。他在英戈尔施塔特大学接受教育，随后回到施蒂里亚接管他父亲承袭的领地。施蒂里亚的人口中有三分之二是新教徒，其中就包括数学家开普勒。斐迪南残暴地驱逐领地内的新教徒，禁止新教徒的宗教活动，拆毁他们的教堂和学校，并下令归还天主教教产。面对雨后春笋般兴起的新教神学院，他在格拉茨和穆尔河畔布鲁克建立了多所耶稣会学院来抗衡。尽管他造成了领地内整体性的人员调整（引入虔诚的天主教徒，取代不幸的新教徒的位置）和社会组织的分裂，但却几乎没有遇到有组织的反抗，因为他深谋远虑，采用了“温水煮青蛙”般的腐蚀政策：长时段内每次蚕食掉一点儿新教徒的权利和特权，直到将他们削弱到已来不及联手发起有效抵抗的程度。

尤为值得注意的是，波希米亚和匈牙利对于接受斐迪南当新国王这一事实采取了默认和不抵抗的态度。对于一个冷酷无情、完全相信自己是上帝的工具的人，斐迪南注定将自己早年压制新教信仰的经历理解为这样一个信号：重振哈布斯堡统治和打击罗马天主教敌人需要的其实仅仅是内心的些许坚定，而这种坚定在他的两个皇帝堂兄身上都是缺失的。后来的事实证明，他的这个信念大谬不然。斐迪南二世秉持这个信念，在继承皇位后继续按照从前的方式行事，最后的结果就是引爆了那场毁灭性的欧洲国家恐怖大混战——三十年战争。

Mons de Hirse
Carle
Focker
Capitein Pincwert gefencklich
Capitein S. Mari erschlagen

5

反宗教改革与三十年战争

斐迪南二世

三十年战争开始时，西班牙哈布斯堡王朝仍然是哈布斯堡家族体系内的长房嫡系，势力强劲，而三十年战争结束时，西班牙已日暮途穷。尽管腓力四世仍然是哈布斯堡家族名义上的族长，但是家族的权力中心实际上已从马德里永久性地转移到了维也纳。因此，斐迪南二世的统治标志着奥地利哈布斯堡王朝的巩固，奠定了奥地利作为大国的基础，意味着奥地利被铸造为天主教信仰的坚强堡垒。

1618 年秋，皇帝马蒂亚斯年老体弱，忧心忡忡，只想避免麻烦。可是天不遂人愿，堂弟斐迪南当选为波希米亚和匈牙利的国王，激起了波希米亚的武装起义。那时，马蒂亚斯只余下一年便会与世长辞。早在斐迪南当选波希米亚和匈牙利国王时，即远在他出任皇帝之前，他就以天主教为名组织了收复德意志全境、终结异端的“十字军”。正是他的“十字军”日后恶化成一场全欧洲范围的大规模战争，或称一系列的征服战争和领土扩张战争。三十年战争给德意志全境带来了破坏和毁灭、屠杀和劫掠、瘟疫和饥荒，使独立的自治城市商业衰败、贸易凋敝，使波希米亚的发展延缓了两个世纪，导致德意志最终永久分裂为壁垒分明的北方新教和南方天主教，也形成了天主教法国对天主教西班牙的优势地位。最后一次统一天主教帝国的尝试失败了，斐迪南二世所有的希望也都破灭了。但是，

左页图：三十年战争的战火在整个德意志肆虐，甚至波及周边地区，造成惨重的伤亡，使中欧的社会发展走了几个世纪的弯路。

布拉格“掷出窗外事件”。

他于 1637 年去世时留下的奥地利却在日后成为欧洲权力结构中的一根柱石，继续坚挺了两个半世纪；他也几乎在国境内建立起一个多民族国家，弱势的少数民族能得到更多的安全保障，远超他们在专制主义中央集权政体下可能受到的伤害，不过这些都是当时的斐迪南二世不知道的。

波希米亚武装起义源自神圣罗马帝国皇帝干涉波希米亚国内的新教事务。1609 年，鲁道夫二世签署文件《陛下书》（*Letter of Majesty*），满足了波希米亚新教徒所提的宗教信仰自由的要求，但是斐迪南在登上王位后不久就撕毁了这道敕令，此举成为三十年战争的导火索。对此，波希米亚人的反抗宛如一幕著名的喜剧，剧名就叫作“掷出窗外事件”：布拉格的新教徒代表冲进赫拉德恰尼宫，将斯拉瓦塔和马丁尼茨这两名帝国大臣及一名书记官共三人从二层的一个窗口扔出。三人挣扎时曾扒着窗框向圣母玛利亚求救，一名新教反叛者大喊：“现在求你们的玛利亚救你们吧！”三人摔到楼下的庭院里。过了一会儿，新教反叛者朝窗下望去，发现这三个不幸的家伙不但活着，而且正一瘸一拐地费力逃走。那名反叛者不禁满怀敬畏，不可置信地高呼：“上帝啊，玛利亚果真帮他们了！”其实，这三人是落在了一个灰堆上才幸免于难。

虽然实际上新教各教派差异仍然显著，但是新教徒已经达成了一致，确立了共同的目的：只有这一次，波希米亚各个纷争不休的新教利益集团（加尔文派、饼酒同领派、捷克民族主义者）联合到了一起，全面反抗神圣罗马帝国政府。然而，他们的同盟能长久吗？红衣主教克莱斯尔持否定态度，并建议皇帝马蒂亚斯居中调节。马蒂亚斯予以认同，但斐迪南则认为强权即公理。这位狂热的天主教徒怒火中烧，傲慢抗命，断然采取了行动，在霍夫堡将克莱斯尔逮捕并关押在蒂罗尔的一座城堡中。随后，斐迪南以完美的礼仪，冷静沉着地向他的皇帝堂兄表明，从此以后他会管好波希米亚。马蒂亚斯让步了。“掷出窗外事件”发生于1618年3月，此时已是7月。到了8月，两支帝国军队分别开入波希米亚，攻占布拉格，镇压叛乱。此次任务看上去并不困难，因为德意志的新教诸侯普遍不太热衷于波希米亚事务。唯有年轻的普法尔茨选帝侯腓特烈五世决心干预。积极怂恿他的人有两个：一个是他的妻子，英国斯图亚特王朝詹姆斯一世的女儿；另一个是他的首席顾问大臣安哈尔特的克里斯蒂安。安哈尔特的克里斯蒂安雄心勃勃、诡计多端，但有点聪明过头，而腓特烈五世渴慕荣耀，但实际上却能力不足。他的普法尔茨选侯国分为上普法尔茨和下普法尔茨两部分：上普法尔茨与波希米亚接壤，迫使神圣罗马帝国军队的自由移动受限；下普法尔茨包括莱茵河区域，可阻断西班牙军队在意大利和尼德兰之间的联络通道，战略位置十分重要。此时腓特烈五世挺身而出，在诸侯的新教联盟和波希米亚起义中取得了显赫位置。他的第一个举措就是招募雇佣兵首领曼斯费尔德伯爵为自己效力。曼斯费尔德雇佣兵团所处位置优越，机动性极佳，此刻正遭受神圣罗马帝国的禁令，行将解散。战火迅速燃起，帝国军队攻占布拉格的图谋遭到了挫败。1618年整整一个冬天，各利益集团通力协作，力图协商出一个能以不动干戈的方式保护帝国利益的解决方法，尤以最富有和势力最大的巴伐利亚选帝侯马克西米利安和萨克森选帝侯约翰为首。

1619年3月20日，皇帝马蒂亚斯驾崩，斐迪南二世顺利地继承了神圣罗马帝国的帝位。此刻的波希米亚，以城镇居民和农民为主的温和派在秋季动乱中遭受的苦难最大，他们渴望和平。面对温和派的情形，极端派几乎立即采取了行动，在战争中愈发奋勇向前。战争的形势非常危急，双方下一步的军事行动一触即发。斐迪南二世决定快速结束麻烦，因而提出只要叛军停止叛乱行为，他就会

左图：普法尔茨选帝侯腓特烈，被戏称为“冬王”。
右图：英国公主伊丽莎白·斯图亚特作为普法尔茨选帝侯腓特烈的妻子，成为波希米亚王后。

慷慨让步。但是波希米亚起义军怀疑皇帝，坚守不退。整个战争的形势很快就发生了意想不到的扭转。摩拉维亚和奥地利的大部分省份曾在皇位空悬时期成功反抗了帝国意志，因此群情激昂，再加上波希米亚起义的鼓舞，很快前呼后应，纷纷公开叛乱。当将领图尔恩伯爵率领一支未收到报酬因而有点不情愿的波希米亚新教军队包围维也纳时，看起来维也纳好像会向这支装备精良的军队大开城门。但是斐迪南二世面对逆境和灾祸有着无人匹敌的平静和勇气，他坚决反对接受一切要求。当霍夫堡在炮火连天、硝烟弥漫中被一发发炮弹击中时，他跪倒在十字架前，向他“唯一的倚靠”求取安慰。他始终会向他那唯一能赐予他忠告的天父索求指引，此刻他也很乐意在需要的时候为了正义事业献出凡间生命。气急败坏又胆战心惊的奥地利王室很快就派代表团前来，愤怒地要求他屈服并答应叛军的要求。斐迪南二世温文尔雅、彬彬有礼地倾听代表团的意见，几乎听入迷了，似乎心情十分愉快，然后他断然拒绝了代表团的要求，没有任何回旋余地：向新教叛军投降对他而言太荒谬了。恰在此时，仿佛戏剧中的情节一样，马蹄声在楼下庭院的鹅卵石地面上哒哒响起。他那“唯一的倚靠”没有抛弃他：在最危急的时刻，斐迪南的弟弟蒂罗尔的利奥波德派了 400 名骑兵前来相救，援军来的正是时候。

1620 年，42 岁的斐迪南就是持着这种心态，勉为其难又沉着冷静地开始了镇压新教徒的残酷“十字军”征战。其实，如果有人向他祈求宽恕并愿意听凭发落，他还是愿意宽恕的；但对于那些坚持错误绝不悔改的人，不论是谁他都会毫不留情地命令“十字军”一往无前，扫清叛逆。这位战士挺身而出，坚决捍卫背负十字架的基督耶稣和圣母玛利亚，他的身上越来越具备圣父的特质。他坚定的行为令德意志诸侯开始考虑更换皇帝人选，因为即将到来的可怕冲突着实令他们不堪其扰、惴惴不安。斐迪南却毫不动摇，无所畏惧地参加了选举。他还是当选了。不过两天后，新教的捍卫者、普法尔茨选帝侯腓特烈五世也被新教叛军推举为波希米亚国王并在布拉格正式加冕。

腓特烈五世是个和蔼可亲、处事得体的人，他性格顽固倔强，但身体却比较羸弱。作为新任国王，他和他的英国妻子一起从普法尔茨选侯国的首府海德堡搬到了布拉格，但当时他预见不到此举可能造成的后果。如果腓特烈五世是一个天生的领袖，又或者他是一个娴熟的外交家，他都有可能打消新教诸侯的嫉妒和怀疑，并争取到他们的支持，也有可能说服年轻的法国国王路易十三，让他知道虽然法国是天主教国家，但是这时候却应该和新教一方联手一举将哈布斯堡王朝的力量荡平。然而，腓特烈五世既不是一个领袖，也不是一个外交家，他拥有的支持者少之又少，甚至可谓没有。尽管当匈牙利人揭竿而起，加入波希米亚起义的浪潮时，斐迪南确实有过一段难熬的日子，但是天主教势力很快就团结在了哈布斯堡王朝周围，共同镇压这个不被帝国承认、自命不凡的新教国王。因此波希米亚事实上被孤立了，帝国军队在巴伐利亚老将军蒂利伯爵的带领下，逐渐包围了布拉格。

随之到来的就是 1620 年 11 月 8 日在布拉格郊外白山的一场恶战，后来被称作白山战役。蒂利伯爵率领的天主教军团击败了波希米亚国王腓特烈五世的新教军团。白山战役的战败使波希米亚欣欣向荣的新教运动和民族主义运动遭到沉重打击，将捷克民族的独立事业延后了 300 年之久。此时，三十年战争刚刚拉开序幕，但是直到战争结束以及之后的很长一段时间，这场发生在布拉格郊外一个普普通通山坡上的战役都是血腥和残酷的代名词，那是作为欧洲强国的奥地利哈布斯堡王朝对新教军队进行的无情屠杀。

F
D

之后，布拉格尽在斐迪南二世的掌握之中。可怜的腓特烈五世被戏称为“冬王”，开始了流亡的日子（他的选侯称号和普法尔茨领地都被转封给了巴伐利亚公爵马克西米利安）。波希米亚和摩拉维亚的新教军队在勃兰登堡和萨克森两大新教选帝侯都袖手旁观的情况下被彻底击败。由于取得了对内战争的胜利，斐迪南二世开始着手捷克奥地利化的进程。波希米亚的选举自由被正式取消，王位宣布为世袭占有，新教信仰遭到全面禁止。12 名幸存下来的叛军首领很快被逮捕、审讯并被宣判死刑。斐迪南二世天生是一个慢条斯理、平和轻松，同时又能为明确的长远理想不屈不挠、勇敢前进的人（他早年对施蒂里亚和卡林西亚新教运动的镇压就是最好的例子），杀戮并不能让他感到快乐。在霍夫堡，当被处决的波希米亚叛党名单呈递给他签字时，他一开始怎么都签不下去。他盯着那份文件看了又看，一把把它推开，随即在地板上踱步，过了一会儿再转回来望向它，然后快步走出房间，抹去额头上的汗水。这一举动令他的臣僚目瞪口呆。但是很快他又重新振作起来，急切而详细地与他的告解神父们商谈，恳求上帝给予他指示，并在得到神谕后签了字。在 200 英里以外的布拉格，斧头应声落下。在横跨于伏尔塔瓦河的查理大桥上，12 个叛军首领的头颅被高高地钉到了桥头高耸的哥特式大门上。

波希米亚的土地开始被大规模地重新划分和售卖，新教贵族的全部土地都落入哈布斯堡王朝之手。如果斐迪南二世是一位富有的国王和皇帝，他应该保留住这片广阔的土地，或将它们出租，或经谨慎考虑而将之封予有价值的支持者，不论是作为奖励，还是作为抵押物以换取严格约定的支持。但是斐迪南二世并不富有，他只能很不情愿地决定出售土地，以低廉的价格尽可能吸引买家。竞价者从欧洲各地蜂拥而至，波希米亚天主教会固然占据了绝对优势，列支敦士登亲王也成功地给自己竞买到了 20 块独立的土地。随着新买家的涌入，财大气粗又实力强劲的波希米亚和摩拉维亚贵族出现了，他们几乎和独立王国的国王一样统治着自己富饶的领地，并且在未来屡屡忘记哈布斯堡王朝曾经的恩惠，以及对这个家族应尽的义务，甚至发展到向当时的哈布斯堡皇帝索取赎金的地步。天主教贵族

第 116 至 117 页图：白山战役是捷克民族的灾难。

右页图：身佩盔甲的斐迪南二世。

阿尔布雷希特·瓦伦斯坦则是在这场土地售卖中获利最多的人之一。这个野心勃勃的军人和才华横溢的政治家是三十年战争中神圣罗马帝国的军事总指挥，是一支真正独立军队的主人，但却被怀疑图谋王位，因而蒙受耻辱。来自北欧的新威胁出现后，他又作为唯一一个有能力应对的人而被皇帝召回。来自北欧的威胁即瑞典国王古斯塔夫·阿道夫。这位瑞典国王的出现宛如一场复仇的怒火，要将斐迪南二世有望实现的梦想焚烧殆尽。

不过瓦伦斯坦的故事属于三十年战争历史的一部分，留待后文再述。至此，斐迪南二世即位为帝后的第一场斗争，即同波希米亚新教起义的斗争，应该已随着白山战役中波希米亚的战败而画上了句号。然而，斗争并没有结束，因为腓特烈五世拒绝向皇帝道歉，拒绝向他求得宽恕。英国和西班牙出乎寻常地计划帮助腓特烈五世夺回普法尔茨领地，重归海德堡，将他实际上置于西班牙的保护之下，因为西班牙需要一条经由普法尔茨，连接意大利和尼德兰的自由通路。但是腓特烈五世的决心在妻子的怂恿下愈发坚定，他根本不想考虑这个计划，他逃亡到荷兰海牙，加入了奥兰治的威廉的武装力量。威廉当时正在为抵御西班牙军队做准备，因为他知道随着12年休战协定的结束，西班牙将在1621年发起猛攻。腓特烈五世打算在这个荷兰人的帮助下靠自己重新夺回普法尔茨。运气也着实眷顾了他一次：那个极富才华的雇佣兵曼斯费尔德伯爵虽然由于支持新教叛乱而被帝国驱逐，但是手中仍然有一支训练有素、完好无损的雇佣兵团集结在比尔森。这个雇佣兵已失无可失，他在全德意志征兵，拼凑成了一支大军，他愿意为腓特烈五世而战。

1622年，腓特烈五世发起了一次重大攻击。虽然勃兰登堡和萨克森这两个选侯国仍然作壁上观，并且在未来9年内都采取了置身事外的态度，但是腓特烈五世这边已经人才济济：在威斯特伐利亚有不伦瑞克的克里斯蒂安，在巴登有乔

第120至121页图：《伯利恒虐杀婴儿》（局部），又译《对无辜者的屠杀》，由勃鲁盖尔绘制。此画作运用伯利恒大屠杀的宗教传说，将阿尔瓦公爵在尼德兰的暴行公之于众。此作品系鲁道夫二世在布拉格的藏品。鲁道夫二世的统治不可避免地导致了三十年战争中更恐怖的暴行。

左页上图：蒂利伯爵，由范·戴克绘制。

左页下图：瓦伦斯坦公爵，由范·戴克绘制。这两位令人生畏的军事首脑在欧洲近代史上发挥了重要作用。

瑞典国王古斯塔夫·阿道夫，野心勃勃的他率领可怕的瑞典雄师，成为皇帝斐迪南二世遇到的最强大的劲敌。

治·腓特烈，加上已将军团开入阿尔萨斯的曼斯费尔德伯爵，腓特烈五世此时已经拥有4万兵马，与蒂利伯爵和西班牙军队相抗衡。

1625年，英国向西属尼德兰派遣了一支远征军，更为重要的是已在荷尔斯泰因占据了立足之地的丹麦也加入了反对哈布斯堡王朝的新教联盟，共同向神圣罗马帝国发动了进攻，新教一方一切都进展顺利。但是蒂利伯爵可谓举步维艰，而萨克森和勃兰登堡仍然犹豫不决、持续观望。此时，波希米亚贵族瓦伦斯坦辉煌的军事生涯终于开始了。瓦伦斯坦身为波希米亚大片领地的总督，坐拥巨大财富，曾随军参与镇压匈牙利起义。此刻他向斐迪南二世提出了一系列要求，希望能够筹集自己的军队并对军队事务有绝对权力，这些要求悉数得到了批准。瓦伦斯坦的军队所向披靡，与蒂利伯爵协同作战扭转了战局，击败了丹麦。这时候只剩下唯一一股威胁，就是北方蓄势待发准备南攻的新生力量瑞典对德国波罗的海海岸的虎视眈眈了。

瑞典国王古斯塔夫·阿道夫骁勇善战，在过去20年为谋求波罗的海的海上霸权，曾先后同丹麦、俄罗斯和波兰进行战斗并取得了胜利，他还通过军事改革将瑞典军队变成了欧洲一股拥有精锐战斗力的队伍。此刻为了防止神圣罗马帝国超越瑞典，取得在波罗的海的优势地位，这个北欧强国决定出兵。古斯塔夫·阿道夫对信奉新教的勃兰登堡和萨克森进行诱惑、恐吓和威胁，试图让这两个选侯国公开支持新教联盟，反抗天主教神圣罗马帝国皇帝，毕竟在过去12年的战争中，他们根本没有动过斐迪南二世的一根汗毛。古斯塔夫·阿道夫之所以加入战争，大部分的原因是因为法国外交的胜利。法国外交政策由红衣主教黎塞留主导，一方面精妙绝伦、极富远见，另一方面又显示出极端狭隘的目的性：法国政策的出发点和宗教全无瓜葛，完全是为了扩大法国领土和削弱哈布斯堡王朝的力量。出于此目的，在解决了国内的麻烦之后，法国开始入侵意大利。

瓦伦斯坦十分了解这位瑞典国王，既尊重他又惧怕他。而西班牙人则正相反，他们看向瑞典人的眼神充满了卡斯蒂利亚人高傲的蔑视。在西班牙人看来，瑞典人只不过是卑贱的北方蛮族，他们的五级舰也许在与蛮族同类作战时具有优势，但是却不入马德里人的眼。所以，当瓦伦斯坦刚刚集结全部兵力预备迎战瑞典军队时，马德里的腓力四世就要求神圣罗马帝国皇帝斐迪南二世尽快将瓦伦斯坦派往意大利了，因为在西班牙人看来，德意志的战争已经结束了。腓力四世如此提议还有一个原因，就是他那位飞扬跋扈的首相或说“主人”奥利瓦雷斯伯爵与被派往意大利同法国作战的西班牙名将斯皮诺拉私人恩怨不小，因为斯皮诺拉敢于和奥利瓦雷斯唱反调。因此斯皮诺拉接到了不需要前赴意大利的通知，因为瓦伦斯坦自会搞定一切。

斐迪南二世是腓力四世的堂亲，他是不会反对腓力四世及其背后的西班牙的威望和力量的。他命令瓦伦斯坦迅速派遣3万将士奔赴意大利，并放弃指挥权，让军队接受西班牙人的指挥。瓦伦斯坦断然拒绝了，那是他自己的军队，他需要动用这支军队的全部力量镇守波罗的海海岸，不让瑞典军队上岸，因为一旦瑞典在德意志境内登陆，灾祸就会蔓延开来。面对瓦伦斯坦明目张胆地违抗君令，早就对瓦伦斯坦嫉恨在心、对其意图深表怀疑的天主教诸侯群起逼迫斐迪南二世撤销瓦伦斯坦的指挥权。迫于诸侯的压力，斐迪南二世解除了瓦伦斯坦的职务，尽管痛苦却又别无选择：一方面，他需要这个骁勇善战的将才；另一方面，他不能确定瓦伦斯坦会乖乖地离开，他担心瓦伦斯坦会反戈一击，指挥自己的军队向帝国军队开战。斐迪南二世的担心并不夸张，因为后来瓦伦斯坦确实心怀叵测、背信弃义，实施了各种各样的阴谋诡计。但若此时这样做，瓦伦斯坦会失去太多：他需要保存自己在波希米亚的领地，需要那片领地成为他的财富后盾。所以，他奉命离开了。

瓦伦斯坦察觉到的巨大灾祸迅速开始蔓延。1630年，古斯塔夫·阿道夫率领瑞典军队全速前进，先蒂利伯爵一步抵达波罗的海海岸并成功登陆。骁勇善战的瑞典军队突飞猛进，仿佛向西、向南画了个半圆，横扫莱茵兰诸省，随后迂回东进，大军长驱直入，如利剑般插入巴伐利亚和奥地利。勃兰登堡和萨克森选帝侯终于下定决心，选择站在胜券在握的瑞典国王一边，对神圣罗马帝国宣战。如果这两个选侯国早一点与瑞典军队联合，欧洲历史很可能就会少一段恐怖残酷的日子，即1631年5月蒂利伯爵的军队制造的马格德堡浩劫。马格德堡浩劫被后世记载为这段黑暗岁月里最大的污点，这座新教城市被天主教军队洗劫一空，付之一炬。马格德堡浩劫是三十年战争中最邪恶的屠杀，这场极端残暴的屠戮被深深烙在人类的记忆中，这是欧洲自阿尔比教派战争大屠杀之后又一次野蛮残暴的浩劫，再下一次则是希特勒时期，彼时欧洲仿佛已命丧于粗野和残暴之手。其实，这场屠戮并非蒂利伯爵下的命令，他一直在尽力阻止屠杀。在暴行现场，当屠杀白热化的时候，有人亲眼看见他从一个死在他脚边的母亲怀里抱起仍然活着的婴儿并悉心照料。但这次浩劫依然玷污了这个虽不杰出但沉着冷静、勇敢无畏的战士的名声，也败坏了斐迪南二世的声誉，因为他难辞其咎的宗教战争是这场暴行的根源。当时的实际情况是为了赶在瑞典方面登陆和整顿完毕之前就抓住古斯塔夫·阿道夫，蒂利伯爵下令向波罗的海海岸全速行军，抢先攻下马格德堡，并让他那支饥肠辘辘、精疲力尽的军队迅速进城，将这座城市变成防御和军需基地，而他手下的士兵却疯狂地烧杀抢掠，将整个城市变成人间炼狱。从此以后，每当瑞典军队攻城略地，各个城池弃城投降、求取宽容时，瑞典人都会高声吼叫"马格德堡之慈悲"，以便提醒自己铭记蒂利伯爵的大屠杀，然后再次端起武器。

在马格德堡事件后，帝国军队要迎战的敌人包括瑞典、两大新教选侯国、联合省强大的联合兵力，以及虎视眈眈、充满敌意、时刻准备分一杯羹的法国。蒂利伯爵不得不奋起应战。1631年9月，蒂利伯爵的军队于布赖滕费尔德会战中被瑞典军队击败。在这场会战中，帝国军队按照惯常的方式排兵列阵，即骑兵排在两翼，步兵位于中间；而瑞典国王发明了棋盘式阵法，让步兵排成一个个方阵，骑兵队伍列于各个方阵之间的纵横过道中。面对古斯塔夫·阿道夫的阵法，神圣罗马帝国军队如坠云雾，完全不知所措。瑞典军队的阵法看似松散，但其实机动灵活，可以随心所欲朝任何方向转弯和移动。最终瑞典军队赢得了压倒性的

1632年的维瑟尔巴赫战役在瑞典和神圣罗马帝国间进行。瑞典军队在这场战役中采用了相对灵活的棋盘战术。图中的帝国军队以树林隐蔽自己。

胜利，而蒂利伯爵所率领的神圣罗马帝国的军队则遭受了惨重的失败。7个月后，即1632年4月，相同的一幕在莱希河战场上再次上演，那里距离700年前奥托大帝所打的那场拯救西欧于马扎尔人之手的经典大战的位置不远。这一次是蒂利伯爵本人遭受了致命伤。

瓦伦斯坦再次受命于危难之际。同年11月，瓦伦斯坦与古斯塔夫·阿道夫在吕岑展开决战。虽然瑞典军队取得了会战的胜利，迫使瓦伦斯坦撤出了战场，但是主帅瑞典国王却在战斗中阵亡了。瓦伦斯坦成了战场上的大人物，但此时的战场形势已发生了很大变化。征服欲望强烈的武士国王古斯塔夫·阿道夫在这场漫长的宗教战争中至少曾经是新教联军的领袖人物，但到了1632年，在三十年战争持续了24年后，这场宗教战争的本来目的丢失了。三十年战争进入了全欧洲混战阶段。各大雇佣兵团纷纷操戈，为攫取战利品而战。德意志诸侯不论信奉新教还是坚守天主教，都为了军事扩张而加入战团。法国在黎塞留的领导下出兵加入混战，由两大名将蒂雷纳和昂吉安公爵（即后来的“大孔代”）率军，欲摧毁西班牙并在德意志的混乱局势中浑水摸鱼。瓦伦斯坦好似一个独立的诸侯，只要有好处，则不论敌友皆可合作，因此招致维也纳宫廷的怀疑和愤怒，在皇帝眼里已成为帝国的叛徒。没人知道这个人究竟要做什么，因为他古怪、保守、贪婪，而且充满怨恨、令人难以理解、不切实际（他也是一个出色、开明的统治者）。1634 年，瓦伦斯坦被刺身亡。帝国军队的实际领导权落入一位勇敢年轻、才华出众的西班牙王子手中，他和斐迪南二世的儿子（很快就会成为斐迪南三世）一起，用实力表明哈布斯堡家族不仅能在宫墙内发号施令，也能在战场上指挥若定。

1637 年，斐迪南二世与世长辞。去世前，他的作战目的已经由曾经的为了信仰征服德意志而变为保全他的世袭领地及西班牙。他并没能亲眼见到战无不胜的西班牙军队出人意料地在 1643 年于罗克鲁瓦被法国军队打得一败涂地；他也不用背负 1648 年三十年战争结束时缔结的和解协议所带来的耻辱。通过签署《威斯特伐利亚和约》，瑞典获取了后来被称为普鲁士的部分领土；萨克森获得了卢萨蒂亚地区；勃兰登堡是日后普鲁士的核心，得到了极大的扩张；巴伐利亚与上普法尔茨合并，巴伐利亚公爵成为第八选帝侯；正式承认尼德兰联省共和国脱离西班牙，成为独立国家；正式承认瑞士为独立国家；法国得到了梅斯、凡尔登和图勒等要塞城市以及整个阿尔萨斯。

西班牙毁于奥利瓦雷斯的傲慢贪婪及腓力四世的软弱无能。西班牙虽然仍然占据尼德兰的一部分领土（即日后的比利时），并拥有大片新世界殖民地，其宫

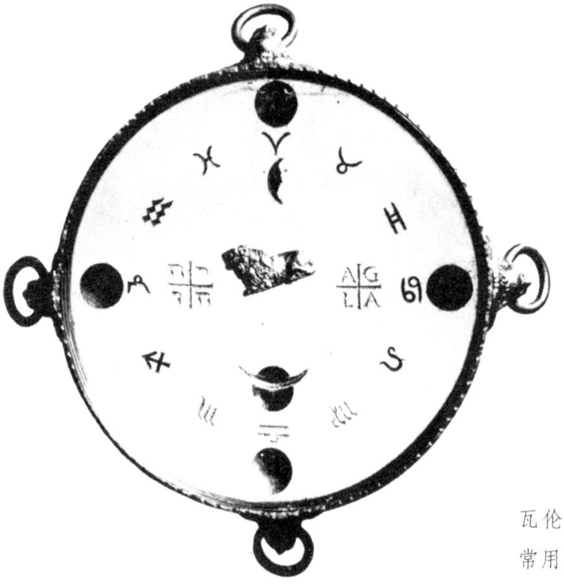

瓦伦斯坦的十二宫图。这位将军经常用占星术卜测自己的命运。

廷也仍然浮华显赫、壮丽辉煌，但是它却从此退出了强国之林。一方面，法国此时拥有欧洲最精良的军队；另一方面，神圣罗马帝国已分裂成 300 多个独立小国，瑞典的古斯塔夫·阿道夫已战死沙场，普鲁士尚未出现，俄罗斯刚刚摆脱"混乱时代"的无政府状态，奥地利最终颜面扫地，宗教宽容的原则在哈布斯堡王朝领地外的德意志各地正式实施。在这样的局势之下，谁能与法国争锋？谁能阻止法国主宰这片经过 30 年兵荒马乱后人口减少、毫无生机、饱受蹂躏、日益没落的欧洲大陆？答案唯有奥地利，但是信奉天主教的奥地利不可能与新教英国联手。新格局尚需时日方可形成。

6

维也纳之围和路易十四的进犯

利奥波德一世、约瑟夫一世、查理六世

斐迪南三世若生在祥和时代，应该是一个好皇帝。斐迪南三世智慧超群，没有继承父亲斐迪南二世满腔的宗教狂热，反而倾向于宗教宽容。他在战场上头脑冷静、临危不惧。1634 年，他与他的西班牙堂弟联手，在诺林根战役中表现出色，一举击败瑞典军队，其精明骁勇可见一斑。但是斐迪南三世的执政时期却宛如两次重大历史运动中间的临时休止符，或者说是喘息休整期，整个历史的乐章在这一时期开始重新定向。从 1637 年到 1643 年，即斐迪南三世当选皇帝后的最初 6 年，他一直在想方设法终结那场已经失去所有意义的三十年战争。他愿意对新教徒做出大幅让步，却由于法国和瑞典下定决心要羞辱神圣罗马帝国而只能作罢。之后便是长达 5 年令人精疲力尽的谈判，谈判期间炮火声仍然连绵不绝，最终震撼欧洲的三十年战争终于在 1648 年以《威斯特伐利亚和约》的签署而告终。斐迪南三世在人生的最后 9 年主要致力于奥地利缓慢而困难的战后重建，直到 1657 年他去世，维也纳城仍然荒凉萧条、前景黯淡。

在欧洲西端，腓力四世统治下的西班牙虽然在战场上一败涂地，但是国家的军事装备依旧精良。腓力四世作为统治者纵然一无是处，但他却是一个鼎鼎大名的艺术资助者。这段时期的西班牙会聚了委拉斯开兹、牟利罗以及众多其他大小

左页图：皇帝利奥波德一世的小雕像，作者是马蒂亚斯·施泰因勒。这位君王相貌丑陋，称帝也是迫不得已，不过教养极佳。他成功地维持了神圣罗马帝国与日薄西山的土耳其之间的平衡。

利奥波德毫不留情地惩罚匈牙利新教叛党。

画家，也吸引了不少诗人。诗人洛佩·德·维加此时虽已谢世，但他的艺术精神却永葆生机，剧作家卡尔德龙也正处于一生创作的巅峰时期。这段时期的西班牙辉煌灿烂，整个社会充满活力，没有任何迹象显示这一切将在短短几年后化为乌有。然而，直至那一天真正到来，维也纳人心中西班牙光辉高大的形象也依旧颠扑不破，以至于直到很久以后，奥地利才终于发现自己与西班牙的角色已经转换了。

奥地利哈布斯堡王朝一直以来都坚持与西班牙哈布斯堡王朝联姻的政策，希望用错综复杂的婚姻关系来维持哈布斯堡家族这两个分支间的紧密联系。奥地利的斐迪南三世就曾将女儿玛丽亚·安娜许婚给了她的西班牙舅舅腓力四世为妻。但到了 1648 年，即和平之年，奥地利再次提出的婚约却未能实现。斐迪南三世此时已经死了两任皇后，他打算让自己的继承人，那个也叫斐迪南的长子迎娶腓力四世的女儿、西班牙公主玛丽亚·特蕾莎。然而，从维也纳出发的新人亲友团刚刚抵达马德里，就迎来了一道晴天霹雳——婚约告吹。腓力四世蛮横地将女儿玛丽亚·特蕾莎许婚给了年幼的法国国王路易十四——法国波旁王朝和西班牙哈布斯堡王朝握手言和了。维也纳自此只能自求多福。

原本有望成为西班牙女婿的斐迪南不久后死于天花，年仅 21 岁。斐迪南三世深受长子早亡的打击，3 年后也撒手人寰。他的继承人人选落到了次子利奥波德身上。此刻的利奥波德看上去前途一片暗淡，法国对他成为斐迪南三世的继承人表示怀疑，对他显露出鄙夷和不屑，因为他们分不清利奥波德是表面上才华不堪、智慧不济、魅力不足，还是他是真的愚蠢笨拙、思维迟缓。于是，法国再一次瞄准了神圣罗马帝国的皇位。这次争位是由黎塞留的继任者、足智多谋的马扎然主持的，他们采用贿赂、哄骗诱惑和暗地里威胁的方法，为年幼的路易十四谋取皇位。利奥波德最后勉强赢得了选举，法国人则再一次失败了。1658 年，18 岁的利奥波德一世出任新皇，那时比他大两岁的路易十四则已开始了令世界为之惊诧的辉煌事业，但后来他将懊恼与利奥波德生在同一个时代。

可怜的利奥波德根本无心于皇位。他相貌丑陋、身材矮小，而且骨骼发育不良，牙齿由于坏血病而脱落，眼睛还重度近视，哈布斯堡家族独特的嘴唇畸

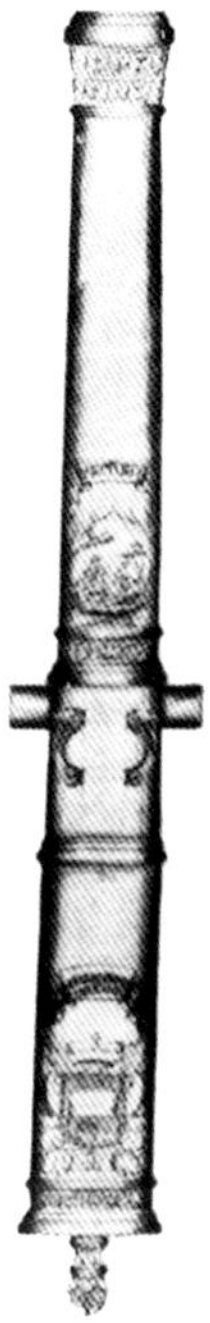

上图：利奥波德 12 岁时设计的大炮。哈布斯堡家族非常关注子孙在战争方面的教育。

下图：利奥波德作曲手稿中的一页。音乐是他的最爱。

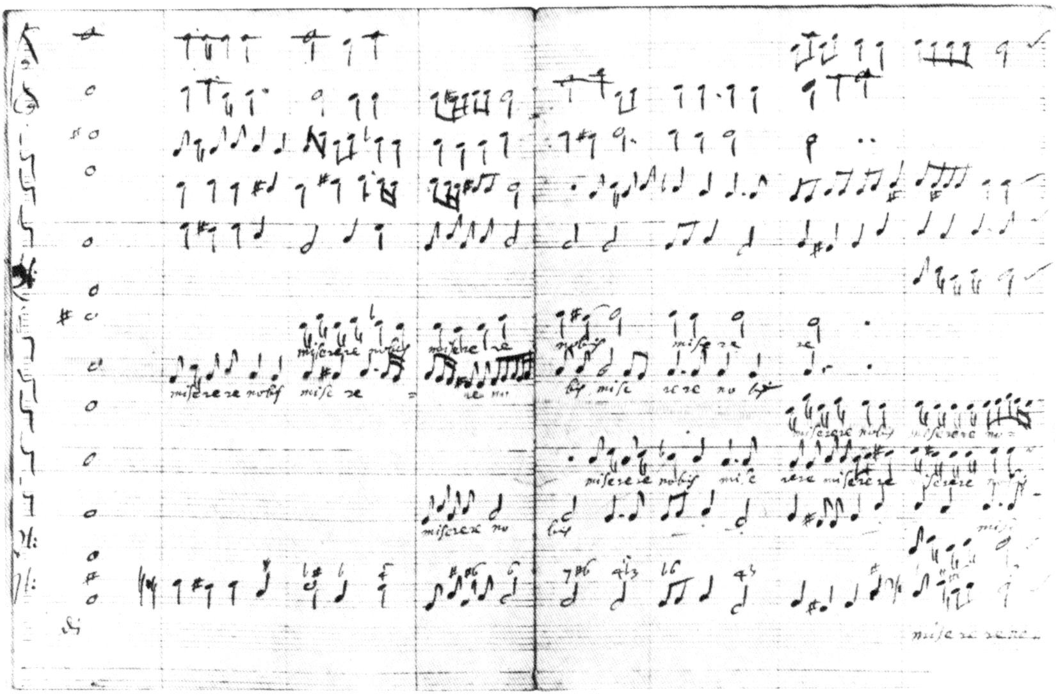

形和下颌突出的毛病在他身上表现得极其明显，使他简直像讽刺漫画中的人物一样。他有着病态的羞怯，他的个人意愿其实是在修道院生活：事实上他从幼年时期开始就是被安排有朝一日要进入教会的。但是人算不如天算，利奥波德一世不仅注定会戴上神圣罗马帝国的皇冠，还将肩负起两大历史使命：一是将奥地利从三十年战争的战祸中带出，走上新的历史轨道；二是保卫神圣罗马帝国不被两个最强大的对手——路易十四时代志得意满、傲慢强大的法国，以及对欧洲发起最后一次也是最猛烈的一次侵略的奥斯曼土耳其——侵犯。维也纳就是在如此多的矛盾和斗争中获得了重生，成为辉煌的传奇之都。

利奥波德完全没有展现出任何光辉，看起来毫无耀眼之处。他犯过严重的错误，接连不断地在战争中指挥不力，有时又没能抓住乘胜追击的有利时机，致使他的统治遇到过各种困难。他是个彻头彻尾的顽固分子，对待新教徒严厉苛刻；他在位期间，统治制度僵化古板，以至于被他的匈牙利臣民疏远；他还没有一丝与人打交道的天赋，将自己长期隔绝在宫中，僵守一套从马德里搬来的严肃庄重的繁琐礼节，总是穿着西班牙式的黑色衣服和红色长袜。然而，藏在世人目光背后的利奥波德却是快乐和迷人的。他将一切能够挤出的时间都投入到钟爱的音乐上，自弹自乐，谱出的曲子相当精妙。他还尤好阅读，并且勉强能称得上是个炼金术士，他也热爱绘画。

鉴于西班牙公主玛丽亚·特蕾莎许嫁给了法国国王路易十四，利奥波德的长兄斐迪南又亡故了，于是马德里和维也纳安排了另一桩联姻：由利奥波德迎娶腓力四世的小女儿玛格丽特·特蕾莎公主，也就是利奥波德的外甥女。* 西班牙为了让身处维也纳等待完婚的利奥波德熟知未婚妻每个成长阶段的变化，特意安排宫廷画师委拉斯开兹为这位西班牙公主从童年开始，在每一阶段均为她绘制肖像画并送往维也纳。这些画像堪称一套神奇的系列画像，画家将那位少女严肃、空洞的形象永远留在了画中。真实世界中的玛格丽特·特蕾莎公主则于 15 岁完婚，利奥波德一直对她亲切体贴，她一共为丈夫生了 5 个孩子，在 22 岁最后一次分娩时不幸去世。

---

* 玛格丽特·特蕾莎的母亲奥地利女大公玛丽亚·安娜是她的父亲西班牙的腓力四世的外甥女，也是利奥波德一世的亲姐姐。因此玛格丽特·特蕾莎公主既是利奥波德一世的外甥女，也是他的堂妹。

解除维也纳之围，摧毁土耳其大军，由格菲斯绘制。

利奥波德终其一生（包括他后来又经历的两次婚姻）都在自己的内心与命运之间做痛苦的选择。违背初心和掌控权力这两件事对他造成了长期困扰，甚至胃痛也因此常年缠绕着他，令他无比痛苦。甫当皇帝的他曾将执政大权交给了臣僚们，但后来在一次与法国的战争期间，一位他很尊重的贵族政要背叛了他，从此他只得将帝国的权力牢牢地抓在自己手中。后来他虽贵为皇帝，但其个人存亡以及维也纳的脱困重生都需要依赖德意志诸侯的援助。尽管如此，当一切风云散尽之时，他依然坚守皇帝的威严，他的身上尽显了哈布斯堡家族典型的固执和天生的精明，他继承了家族血脉中的从容不迫和从灾难中及时恢复镇定的能力，这所有的一切让他能从自己犯下的错误中挺过来。他曾努力凭借自己一人之力支撑着帝国，但奥斯曼大军与法国勾结，再度大举入侵中欧、围困维也纳，使得利奥波德也力有不逮，不得不看清命运的轮盘，依靠那些一直都不愿出兵的德意志诸侯。他们终于感觉到了耻辱或者他们开始惴惴不安了，总之终于联合起来勤王。再后来，利奥波德参与了在已经成为英国国王威廉三世的奥兰治的威廉的倡导下成立的反法同盟，反法同盟同时令马尔伯勒公爵和欧根亲王的军事才华大放异彩。

这幅版画描绘了1679年维也纳大瘟疫中一间医院的场景。在当时那几年危急的岁月里，维也纳人不仅遭到瘟疫的蹂躏，还饱受围城的痛苦。

整个欧洲17世纪后半叶的历史都是被“太阳王”路易十四大规模的对外扩张所主导，也是由之决定。那是极端无礼的君主个人统治所造成的恶果，即便是辉煌灿烂的凡尔赛宫也难掩其过，相反凡尔赛宫越辉煌灿烂越能突显其过。他的一生招致了整个欧洲的挥戈反抗，“帮助”子孙后代摧毁了一片富饶灿烂的土地。利奥波德发动的战争都是对“太阳王”军事活动的直接回应，从这个意义上可以说，近代奥地利之所以发展为帝国，大部分是由于那位想将神圣罗马帝国从欧洲地图上擦除的法国君主不断对它发起欲壑难填的嚣张行动所致。利奥波德的麻烦中有没有哪些是自找的，则只有天知道：毕竟正是由于利奥波德及其谋臣们顽钝固执又没能力预想到后果，才两次将匈牙利人逼得起义，并招致了土耳其的军事行动。不过，另一桩战事确然是“太阳王”路易十四的邪恶阴谋：那个名义上也是基督徒的法国国王为了谋取法国的私利，不惜在整个欧洲挑拨离间、引起战争，甚至积极支持穆斯林一次针对同是基督教徒的神圣罗马帝国皇帝的军事行动。然而，也正是因为“太阳王”的邪恶阴谋，才确保了当利奥波德以皇帝之名号召德意志诸侯勤王时，得到了他们有力的响应，即便响应的速度不是很快。

一系列非决定性的小规模战斗爆发后，第一次生死存亡的时刻出现在1683年。正如一个半世纪以前苏莱曼大帝时代发生的事情一样，奥斯曼帝国再度大举入侵多瑙河平原，大军势不可挡，所到之处一片荒芜。25 万精兵在大维齐尔卡拉·穆斯塔法的统帅下，于 7 月抵达维也纳城下。维也纳告急。

土耳其人算不上有德行的真正军人。他们烧杀抢掠乃至屠城，并不是因为被战局或胜利冲昏了头，也不是因为醉酒闹事导致暴乱，而是纯粹出于乐趣和天生的冷血。例如，佩希托尔茨多夫是维也纳城外的一个小镇，为躲避战火，镇上的居民和从周边农村涌入的难民设置了临时的街垒路障，并集中到教堂里避难。土耳其人烧毁了这个小镇，然后派一个使者到教堂向避难者传话，许诺只要支付一定数额的赎身费即可安全离去。在已成废墟的中心广场上，穆斯塔法帕夏高坐于一块红毯上，下令教堂的钥匙和难民的赎身费必须由一个纯洁的金发少女献上，该少女还必须高举白旗，头戴花冠。于是，镇长家 17 岁的女儿被选中，按要求前去土耳其军前求降。自以为获得生路的难民争相奔出教堂，但是他们刚一现身，就被缴械并逮捕。帕夏下令当场将男人全部屠杀，那位不幸的求降少女则留给他自己虐杀，剩下的妇孺被带回土耳其作为奴隶卖掉。下奥地利随处可见这样的场面：大维齐尔的雄兵在城镇外围驻扎，有些还是大城市，城中尽是雕梁画栋，带有花园和动物园的宫殿，土耳其骑兵四散到周边的农村，烧杀抢掠。

土耳其不仅是维也纳的威胁，更是整个欧洲的威胁。卡拉·穆斯塔法曾发誓，直到他的马蹄踏入罗马圣彼得大教堂的马棚中休憩，他才会停止西进的脚步。但是尽管局势已如此险恶，德意志诸侯却仍在对是否要联合起来抗击奥斯曼大军而犹豫不决。这股威胁的始作俑者是凡尔赛宫中那个基督徒国王“太阳王”路易十四，此时此刻他正在刚刚迁入的富丽堂皇的凡尔赛宫中享受贵族的簇拥，举行荒唐的仪式，沉湎于华美的舞会、宴席和其他庆祝活动。

利奥波德并不是一个骁勇善战的君主，他的父亲斐迪南三世在诺林根战役中出生入死的事迹在他身上是不可想象的。我们不知道他是否惧怕死亡，但是他被捕或死后帝国的前景却是他至为担心的事。土耳其大军逼近维也纳城时，他正坐在他那沉重的旅行马车中，沿着尚未铺好、仅有车辙的路，率领大家仓皇失措、狼狈不堪地逃离这座帝国首都，沿多瑙河谷经过林茨，直奔帕绍。这对那些畏惧战争、尚有能力在客运或货运马车中找到一席之地的人来说无疑是一个信号，他们追随皇帝在恐慌混乱的夜晚狂奔。但其实利奥波德并不只是逃跑，他有他的目的。他在雷根斯堡召集了一次帝国会议，还得到了那位到处散布赎罪承诺的教皇的训诫作为支持，努力集结了一支有影响力的作战力量，交由临危不惧、骁勇善战的洛林公爵查理指挥。此时德意志诸侯国大多已从三十年战争的创伤中恢复过来了，他们也组成联军，开到战场，听从洛林公爵查理的集中调遣。同时，伟大的波兰国王扬·索别斯基也亲率一支军队从克拉科夫出发了。

但是在众多狂奔而来的驰援军队抵达之前，维也纳仍然只能孤军奋战。尽管利奥波德携宫眷和达官显贵逃离了首都，但是仍然有大量难民从城外农村涌入维也纳城，使城市人口极大膨胀。然而，人口虽然骤增，但是训练有素的守城部队却兵力不足。幸运的是，除了有一支由施塔尔亨贝格伯爵所率领的职业守城军以外，还有一批普通的市民集结起来接受训练，组成了一支民兵部队。此外，由鲁道夫四世创建的古老大学的学生也在校长的带领下建立了战斗组织。守城力量格外英勇，不但成功完成多次夜袭，而且将土耳其士兵捕捉回来调查情报，更重要

1683 年围攻维也纳时土耳其军队普遍使用的军帐。

的是他们还能从土耳其军营巨大的仓库和畜牧场中“顺手牵羊”抢回粮食和牲畜。

即便如此，经历了3个月连续不断的炮火轰城后，维也纳堪比铜墙铁壁的防御工事也摇摇欲坠了。同时，城内给养的断绝也使守城力量饱受饥饿的威胁。人们眼看着奥斯曼军中众多工兵精力充沛、充满耐心并有条不紊地在城墙下挖掘攻城的壕沟和地道，而守城的防御力量却渐渐力不从心。一次又一次，敌军突破霍夫堡的外崖，蜂拥至崖下干涸的护城河中；一次又一次，在护城河内准备席卷而上、攀登城墙的敌军被守城将士英勇驱逐。9月初，这座城市被一场远胜以往的巨响震动，随着沉重轰鸣的爆炸声响起，城墙终于被攻破了。战斗完全进入了殊死搏斗、绝望悲壮的阶段。又经过了四五天疯狂的临时防卫后，大结局似乎即将上演。然而，就在那时，奇迹出现了。俯瞰城市和多瑙河的林木茂盛的卡伦山似乎在突然间被火矢和篝火照得通明：扬·索别斯基率领的波兰大军终于与洛林公爵查理率领的萨克森、波希米亚、巴伐利亚和斯瓦比亚的联军会师了。多股援军大举挺进，攻占了卡伦山的制高点。从山顶向下看去，维也纳森林、平原和维也纳城都一览无余，卡拉·穆斯塔法正在那里，躺在一群姬妾中间酣睡。

激战很快就结束了。当9月12日的第一抹晨曦出现在天际时，神圣罗马帝国军队的指挥官已听到了弥撒的声音。土耳其军队为了迎战从天而降的帝国援

波兰国王扬·索别斯基。他率领一支波兰军队驰援维也纳，他的援手对神圣罗马帝国战胜奥斯曼土耳其帝国至关重要，但却没有换回多少谢意。

军，不得不面朝山坡方向列阵，但这样一来他们就几乎完全暴露给维也纳城的方向了。下午，奥斯曼大军溃退，所有金银珠宝、一些丝绸布匹和珍禽异兽都没来得及带走，最重要的是他们留下了贮藏的食物、整个牲畜场和无数顶军帐。土耳其人上气不接下气地狂奔，一路马不停蹄、丢盔卸甲，远远逃入匈牙利腹地。

这就是波兰军队如何与德意志联军肩并肩作战，挽救奥地利以及其他众多地区的故事。但是，波兰人没有收获多少感谢。利奥波德一直在战场不远处的后方，他从林茨乘船沿多瑙河向南，紧跟在他那进击的大军后面。取得这次重大胜利两天后，他已经回到了破坏严重的霍夫堡。扬·索别斯基在施塔尔亨贝格宫参加了一次感恩弥撒，出席了一次宴席，随后便调遣军队驻扎到维也纳城东南的施韦夏特。波兰士兵在那片通往匈牙利的平坦原野上休整待命，一方面是为了防止军队暴乱和抢劫；另一方面也是让军队远离遍布城外战场的人、马、骆驼等尸体，以免尸体腐败，感染活人。不过还有一个原因，就是扬·索别斯基理应受到感谢。但是，应该怎么感谢他？鉴于皇帝是永远不会把他的将军当作平等人物来对待的，那么最适合表示感谢的地方应该是战场。所以，最终的结果是扬·索别斯基依照协议率军后撤到施韦夏特，然后利奥波德从维也纳出发，扬·索别斯基从施韦夏特出发，两人迎面而行，在中途会面。没有出现这两人拥抱的场景，并且当那位在勤王一役中立下汗马功劳的波兰国王向皇帝行礼时，利奥波德甚至连帽檐都没有扶一下，而只是用拉丁文诵读了一段感谢致辞，然后便转身驰回了维也纳。

扬·索别斯基则与洛林公爵查理继续驰赶并再次击败土耳其军队。双方的战斗持续了很多年。

利奥波德继续当他的皇帝，仿佛什么事情都没有发生，但其实一切都已经不同了。这位“穿着红袜黑衫的矮小绅士”被敬为欧洲的救主，开始充满一腔新的自信面对未来；那种自信蔓延到整个帝国，使文化活动和建筑艺术骤然繁荣。最引人注目的是大规模高水准的城市建设如火如荼地展开。在随后的50年里，维也纳由一座拥挤狭窄的防御型城市变成了一个辉煌灿烂的建筑艺术之都，当城墙最终消失时，这里已经成为世界上最美的城市之一。当然，这些变化并非一蹴而就，大部分伟大的建设工程都是在利奥波德去世后，他的两个儿子的统治时期进行的，即约瑟夫一世的6年统治（1705—1711）加上查理六世的29年统治（1711—1740）。但是，艰苦卓绝的场地清理工作却是在利奥波德时期完成的。最精彩的是，当时各国各地鼎鼎大名的建筑师正是在这时候不约而同集中到维也纳的，仿佛在最恰当的时间凭空出现一般。他们吸收了意大利人此前带到奥地利的巴洛克风格，那些意大利人在奥地利、德意志南部和波希米亚经历了三十年战争的废墟上，重建了伟大的巴洛克教堂和修道院，并为这些建筑注入哥特风格的深邃和庄严，使建筑整体变得更加凝重有力。这些伟大的建筑师有伯恩哈德·菲舍尔·冯·埃拉赫、卢卡斯·冯·希尔德布兰特、雅各布·布兰道尔等。

这一新兴的文化气氛并不局限于建筑、雕塑和绘画领域。利奥波德本人尽管与耶稣会关系非常密切，但却冷静地意识到他的帝国不仅需要信仰，还需要科学，因此这个古怪的矮小男人大力推行大学和图书馆的建设工作。此外，他还拒绝将自己的孩子交给耶稣会教育，此举着实震惊了那些与他关系密切的耶稣会幕僚。

利奥波德虽然性格谨慎、镇定冷静并且固守礼仪，但隐藏在这一切背后的却是一个不屈不挠、热爱探求的头脑。他不仅视野广泛，还受过良好的教育，而且他很实际。利奥波德推行了法律法规的系统性改革，在首都建立了一支常规警察队伍，还为维也纳引进了道路照明系统，这也是帝国内第一项公共服务和公共事业。最重要的是，他还响应时代需求对军事领域进行了全盘改革。曾经的作战队伍多为小型而机动的临时部队，由雇佣兵或被迫服役的市民组成，依靠乡村供养，指挥官事实上相互独立。从前那套作战方式已在不经意间一去不复返了。到17世纪末，神圣罗马帝国在与法国的大战中投入战场的兵力可达10万人，他们编队整齐、组织严密、纪律严格，供应物资及武器装备均存放在战略性设防的仓库或弹药库里，行动也都受到精心策划的计划控制。1705年，即布伦海姆大捷后的第二年，利奥波德逝世，他为和平时代留下了一支7.4万人的常规军事队伍，一旦有需要便可迅速增兵扩军。

这支大军的指挥官是萨伏依的欧根亲王。他是那个时代最伟大的两位军事家之一，或许也是最富智慧的参谋。欧根亲王个头不高，身材瘦弱，想法如利刃般犀利，眼神如鹰般锐利。这个乐观阳光的人在最适宜的时刻和最恰当的地方站出来，仿佛注定要淋漓尽致地施展自己的天纵英才。讽刺的是，他原本出生在法国的勋贵之家，父亲是萨伏依-苏瓦松总督，母亲曾为路易十四的情妇，后因毒杀亲夫而失宠。他曾要求进入法国军队为法国国王效力，却由于身材矮小、其貌不扬以及骇人听闻的家庭背景而遭到路易十四的拒绝。因此他虽然是个法国人，可是一生都在奥地利度过，并效忠神圣罗马帝国皇帝。在维也纳围城战中，他在洛林公爵查理麾下战斗英勇，从而赢得了赏识。之后他继续追随洛林公爵查理东征西战，并在1687年帝国军队取得的摩哈赤大捷中发挥了重要作用——正是在那片战场，1526年苏莱曼大败匈牙利国王拉约什二世。疲惫不堪的匈牙利终于向神圣罗马帝国的哈布斯堡家族屈服了：匈牙利的王位从此不再由选举产生，而由哈布斯堡王朝世袭。

在东方的战事中，欧根亲王也多次克敌制胜。1697年，他在第一次独立指挥作战的森塔战役中以少胜多，出奇制胜，大败奥斯曼军队，为帝国军队取得了辉煌的胜利。森塔大捷也迫使奥斯曼土耳其求和，于1699年签订了《卡尔洛维茨和约》，将奥斯曼帝国占领的匈牙利领土全部割让给奥地利。后来在1717年，他在第二次奥土战争中亲率大军攻克贝尔格莱德，为自己的军事生涯又添一笔重彩，不过那时利奥波德一世已与世长辞了。欧根亲王辉煌的一生留下了大量丰功伟绩，不愧为历史上最伟大的军事家。

除了解除土耳其人的威胁，利奥波德还有两个至关重要的任务，即羞辱野心勃勃的法国并粉碎路易十四的自负，以及让奥地利崛起为强大的军事力量。奥地利能够凭借实力发展军事力量并与其他强国结盟，其实与神圣罗马帝国的神秘感无关或者关系极小，而大部分要归功于维也纳政府在战略战术、物质资源和武装力量方面的指挥得力。

结盟的机会来自奥兰治的威廉与法国国王路易十四斗争的勇气和决心。奥兰治的威廉于1672年就任荷兰执政，凭借其勇猛果敢、坚忍不拔和不懈努力，让荷兰在法国野蛮的侵略下保持安全。他称不上是优秀的军事家，但他运用高超的外交策略和优秀的战略部署让法国始终处于战事中。1688年，英国发生光荣革命，英国议会邀请威廉登陆英国，并于次年宣布立詹姆斯二世的女儿玛丽及女婿威廉为国王，威廉由此成为英国国王威廉三世。英荷两国被划到了同一个人的名下，成为反法同盟的主力。同盟参与国还有神圣罗马帝国（即奥地利）与德意志

三十年战争以1648年在明斯特签署的《威斯特伐利亚和约》而告结束，这幅画由特尔·博赫绘制。

第144至145页图：镀金的匾牌，饰有从鲁道夫一世到斐迪南三世的哈布斯堡皇帝肖像。

左图：伯恩哈德·菲舍尔·冯·埃拉赫，维也纳巴洛克时期一位伟大的建筑家。这是一枚青铜奖章上的菲舍尔自画像。

右图：萨伏依的欧根亲王、马尔伯勒公爵和奥兰治的威廉组建了极为成功的反法大同盟，共同对抗法国国王路易十四。

几个诸侯国。9年后，法国同反法同盟中的英国、荷兰、神圣罗马帝国和西班牙缔结了《里斯维克和约》，终结了大同盟战争。根据和约，路易十四将洛林归还洛林公爵，被迫放弃除斯特拉斯堡以外，1679年以来侵占的所有领土；保持荷兰独立；承认威廉三世为英国国王并放弃对詹姆斯二世的支持。

大同盟战争落幕后，威廉又策划了另一项杰作。他知道西班牙哈布斯堡王朝的最后一代国王，即悲惨的卡洛斯，随时都可能死去，而卡洛斯一旦去世，则势必会引起一场有关西班牙王位继承权的争夺战。威廉三世不遗余力缔造的反法大同盟正是为这一天提早做准备。虽然威廉于1702年就去世了，但是他所倡导的反法大业已经奠定：英国不能容忍法国独霸欧洲，因而与荷兰共同支持奥地利的

左页图：利奥波德一世。

查理大公继承西班牙王位，先后加盟的还有普鲁士王国和大部分德意志诸侯国，以及丹麦、葡萄牙和萨伏依等。西班牙哈布斯堡王朝的末代国王于1700年11月咽下最后一口气，死后无嗣。路易十四立刻撕毁和约，宣布其孙安茹公爵腓力为西班牙国王，并让腓力迁居马德里。此时反法大同盟已做好战斗准备，克制法国的不世将才也已诞生：一位是从森塔战役中得胜归来的欧根亲王，另一位则是在胆识和想象力上都堪与欧根亲王匹敌，甚至或许还过之的马尔伯勒公爵。这两位名满天下的军事家精诚合作，创造了军事联盟方面前所未有的主帅并肩作战的历史。马尔伯勒公爵在多次成功击败法国军队后与欧根亲王商定了一次精心策划的联合行动：由马尔伯勒公爵率军从尼德兰向南横扫，两军在巴伐利亚会师（巴伐利亚与法国结盟，也投入了这场战争），由此便可阻挡正向维也纳大举进发的法国-巴伐利亚联军，确保维也纳无虞。1704年两位将领密切合作，在多瑙河沿岸的布伦海姆大败法国-巴伐利亚联军，彻底打碎了法国军队"不可战胜"的神话，这两位将领也都为自己曾亲自救援对方而感到满意。

利奥波德于次年去世，此时的安茹公爵腓力仍高坐于马德里王宫的王位上。但早在1703年，利奥波德就公开宣称他的小儿子查理大公为西班牙王位的合法

利奥波德一世之死，作者是一位业余画家，但对皇帝很忠诚。

约瑟夫一世，利奥波德一世的儿子和继任者。约瑟夫一世可谓一位理想君王，可惜因天花去世，仅统治了6年。

继承人，并让17岁的年轻大公乘坐全新的马车穿越欧洲，带着一支豪华完备的骑兵队伍，全速向巴塞罗那行进。查理大公的马车车漆是代表西班牙王室的黄白二色，当之无愧是一座车轮上的西班牙宫廷。

新一任神圣罗马帝国皇帝是利奥波德存活下来的儿子中的长子约瑟夫一世。约瑟夫一世金发碧眼，健壮魁伟，在假发的衬托下款款有型、俊美无俦，简直是一个从天上下凡的完美之人；他还慷慨亲切，勇敢无畏，对艺术和科学乃至战争都有着十足的热情。他不仅继承了神圣罗马帝国的遗产，还使帝国进入繁盛之期，几乎把奥地利打造成了一个崭新的国家，他几乎太完美了，以至于不像真的。他作为奥地利大公，曾在父亲利奥波德一世的军中英勇作战，表现出众。作为皇帝，他深知将领独立思考的重要性，所以从不干涉他们的行动。这位皇帝将精力集中在平民政府改革上，只可惜他在位时间太短暂了。尽管马尔伯勒公爵和欧根亲王一路高奏凯歌——欧根亲王创造了都灵大捷，马尔伯勒公爵获得了拉米伊和奥德纳尔德的战功，两人还共同缔造了马尔普拉凯战役的胜利，但是身处维也纳的约瑟夫一世却发现自己成了父亲利奥波德一世所造恶业的受害者。匈牙利人又一次掀起了反对新任哈布斯堡国王的武装起义，这次的形式是农民战争。匈牙利农民战争不仅让西里西亚和摩拉维亚的许多地区荒芜破败，还穿过了奥地利边境，使一支可怕又危险的人民之师兵临维也纳城下。约瑟夫一世本来决定在匈牙利实施宗教宽容和社会调解政策，他费尽心力地劝说匈牙利人，表明自己的立场，但却徒劳无功，因为匈牙利人不相信来自哈布斯堡家族的承诺。无奈之下，约瑟夫一世只能诉诸战争，对这场大规模争取匈牙利民族独立的运动进行无情镇压，终于使匈牙利再次完全屈服于哈布斯堡王朝的统治之下，又一次恢复了匈牙利哈布斯堡王朝的威严。但大出战败的马扎尔人意料的是，随之到来的竟然不是苛政，而是一段大度慷慨、姿态谦和的和平时期。自从哈布斯堡家族出任匈牙利国王以来，骄傲倔强又反复无常的马扎尔人似乎有史以来第一次可以去畅想一个有希望的未来。

一切都太顺利了，仿佛不像是真的。事实也确实给匈牙利人的头上泼了一盆冷水，因为在奥地利与匈牙利签订和约 3 个月后，33 岁的约瑟夫一世就因感染天花而撒手人寰。

此时，西班牙王位继承战争也即将落幕。新成立不久的托利党执政下的英国决心维持和平，于是 1710 年，即奥德纳尔德战役后两年，马尔伯勒公爵被召回并解任。约瑟夫一世的弟弟查理大公在西班牙的夺位之战中虽然战况欠佳、胜算不大，但是他始终在期待法国最终战败，期待自己以西班牙新任国王的身份得到欧洲诸国的承认。然而，约瑟夫一世的驾崩打乱了一切既定安排。查理大公被召回，继承其兄约瑟夫一世的波希米亚和匈牙利的王位及神圣罗马帝国皇位，称查理六世。在这样的情况下，如果查理六世再在西班牙王位继承战争中胜出，他将会以一人之身统一西班牙和神圣罗马帝国，哈布斯堡王朝将势力过大，成为欧洲新的威胁。这个可能出现的局面使英国和荷兰无法平静接受，它们遂改变了态度，不再支持查理六世获取西班牙王位的要求。1713 年，法国、西班牙与反法大同盟诸国在荷兰的乌得勒支分别签订了一系列条约，统称为《乌得勒支和约》。根据和约，承认波旁王朝的腓力为西班牙国王，条件是他本人及其继承人不得兼任法国国王，该条约让“太阳王”从他丢脸的战争中挽回了不少声誉。但是西班牙被迫将西属尼德兰、那不勒斯、米兰和撒丁岛割让给奥地利；英国从西班牙取得直布罗陀和梅诺卡岛，从法国获得新斯科舍、纽芬兰、哈得孙湾和西印度群岛的圣基茨岛等，并得到了极富价值的在西属美洲殖民地专营奴隶贸易的特权，即西班牙政府颁发的贩奴许可证。和约中还有两项内容对欧洲历史造成了根本性的影响：一是萨伏依公爵得到了西西里（他后来又用西西里和奥地利交换了撒丁岛），并被许诺了国王头衔，撒丁王国在未来条件成熟后统一意大利全境的历史道路从此被铺平；二是由神圣罗马帝国皇帝正式将勃兰登堡选帝侯封为普鲁士国王，并获得欧洲诸国承认，作为对勃兰登堡选帝侯坚守反法大同盟的报答，这项条款对后世影响更大。《乌得勒支和约》签订后两年，路易十四去世。

奥地利哈布斯堡王朝不论是否拥有西班牙都是伟大的，但却不再拥有伟大的统治者了。约瑟夫一世如果能长寿，几乎肯定能成功将哈布斯堡王朝分散的领地统一成一体，会在奥属尼德兰和意大利设立适当的政府，会将奥地利、波希米亚、摩拉维亚和西里西亚的领地集中成一个经济繁荣和社会发达的整体，甚至还可能将匈牙利带入一个以宗教宽容、制度开明为特征的实际上的中欧共同体中。当然在此过程中，他必须立场坚定地打压大领主的各种花招和借口，并削弱各封建领地的特殊性。只要不卷入不必要的战争，他就有足够的想象力和人格力量去实现这一切。所谓“必要的战争”指的是必须将土耳其人赶回巴尔干的那类战争，而这一时期唯一一场“必要的战争”发生在查理六世统治时期，即 1717 年的贝尔格莱德之战，此战标志欧根亲王的军事生涯到达了巅峰。

不幸的是，查理六世的身上完全没有他哥哥所拥有的素质。查理六世虽然看上去仪表堂堂、庄重肃穆，但是本人要温和得多，也更有人情味。他对音乐热爱痴迷，对朋友有情有义，对子女悉心关爱，这些都和哈布斯堡家族的许多皇帝一样。他能在逆境中保持尊严（但那场逆境是他自找的），也能在临终时开个大玩笑。如果他继承的是一个稳步发展的国家，那么他将会是一个建功立业的国君。但是哈布斯堡家族的奥地利彼时尚未稳定，仍需要大量极富想象力的建设才能实现这一点。查理却没有这样的能力，他非常悲观，对未来充满恐惧，就这样沉浸在自己内心的黑暗中。失去西班牙的事实给他的心理造成了严重的创伤，他一生都没能让自己走出来。接到哥哥突然去世的消息后，他离开巴塞罗那赶赴维也纳，走之前，他承诺会很快回到西班牙，并让他年轻的不伦瑞克妻子留下摄政。然而，他却再也没能回去。不过终其一生，他都将自己视为一位西班牙国王，他在维也纳的宫廷中强调西班牙礼仪，这种氛围在他父亲利奥波德一世的宫廷中也

很浓厚。他让一群同样相信西班牙是全世界最伟大国家的谋臣簇拥在自己周围。最后，在不得不承认西班牙已完全不可挽回后，他开始在维也纳以北不远的多瑙河畔小镇克洛斯特新堡大兴土木，在古老的奥古斯丁修道院一侧兴建了宏伟壮观的皇家居所，旨在打造一座“奥地利的埃斯科里亚尔修道院”。但是，那项工程一直都没有竣工。那是一座宫殿，一个隐居之所，也是一个陵墓。修道院的铜穹顶宏伟壮观、巍峨耸立，在修道院的宝库里保存着一顶神圣罗马帝国皇冠的复制品和一顶奥地利大公国冠冕的复制品。

这种黯淡的心境一直萦绕在查理六世心头。有一类人，他们虽然不无能力，但却不能顺其自然，也不能在需要奋起应对问题时相信自己有解决问题的活力、本能、头脑和运气。查理六世就是这样一个人。他心中的阴霾挥之不去，也许是因为他目睹兄长无子而终，也许是因为西班牙从他手中失去的事实对他的打击实在太大，令他深感震惊、愤慨和屈辱。查理六世因此变成了这样一个鲜活的实例，他哪怕拥有无上荣耀，但内心依然被“皇位没有继承人时怎么办”这个问题深深困扰。因此查理六世刚即位就开始执着于必须为自己、女儿（如果他没有儿子）守护住哈布斯堡的世袭领地。他的顾虑是有道理的，哈布斯堡王朝的领土种类繁多、性质多样、地形复杂、位置分散，一旦现任君主突然去世，则只有天知道是否会有人跳出来，高举某个看上去振振有词的理由来索取属于哈布斯堡的任何一块土地。而且约瑟夫一世留下了两个女儿，只要这两个女孩中有一个活到结婚，她和她的丈夫（不论是谁）在继承权上都将排在查理六世的女儿之前。所以为避免重蹈西班牙的覆辙，查理六世的精力从即位开始就没有放在统一哈布斯堡王朝分散的土地并进行经济建设上，也没有放在建立一支中央军队来震慑未来可能的侵略者上，而是悉数焦虑地投入到向各国大举行贿中，这是他自己给自己赋予的使命。不论是敌是友，他都一视同仁地贿以重金，以换取欧洲诸国一个保证：承认哈布斯堡家族世袭领地的不可分割，承认查理六世指定的继任者享有统治权。结果就是在这个大小领主根本不用对皇权、教权和家族忠诚的时期，在这个领主可以泰然自若、不加掩饰地为己牟利的年代，那些受贿的君主就像查理六

左页图：皇帝查理六世。他总是身着西班牙宫廷的华丽服饰，沿用西班牙宫廷礼仪，假装身处西班牙宫廷中，以此凭吊失去的西班牙王位。

上图：萨伏伊的欧根亲王建立的美景宫是维也纳巴洛克时代的伟大建筑物之一。图为美景宫的花园和柑橘园。

右图：约翰·伯恩哈德·菲舍尔·冯·埃拉赫设计建造了宏伟的圣卡尔教堂，以此对维也纳脱离了瘟疫的苦厄并解除了土耳其军队的威胁向上帝表达感谢。

世预期的那样做出了保证，安心收起了贿金，反正这不需要他们付出任何代价，着实令奥地利大下血本。然而，当应兑现承诺的那一天到来之时，他们纷纷不假思索，心情愉悦地撕毁了保证。

查理六世费心换取的重大成果即为1713年《国事诏书》，那是一系列煞费苦心的外交活动所结出的一枚毫无意义的果实。如果查理六世在谋求这份令他殚精竭虑的《国事诏书》的同时，能指明神圣罗马帝国政府对西班牙的合理政策，能对英国及荷兰这两个曾经的盟友、当时的海上强国表现出和解态度，能对欧洲其他地区表现出坚定而正确的立场，并能在国内实施行政改革和财政紧缩政策，他的这项做法可能还算有意义。在那个以背信弃义和贪得无厌为特征的年代，这个孤傲浮华、头脑迟缓、谨慎到胆怯地步的君主，本应以一个“对国家安全问题愁眉不展、偏好书面协定、行为怪异甚至颇具危险色彩的政权巩固者”的形象载入史册，但是他却无可救药地前后矛盾、变化无常。他将大部分精力都用于寻求终

从欧根亲王的美景宫前厅和花园眺望17世纪末的维也纳。美景宫是奥地利著名建筑师希尔德布兰特的设计杰作。

极安全，但同时也一次又一次地将安全本身抛到九霄云外。他梦想荣归西班牙，至少在西班牙事务中获得绝对利益，这种执着令他疏远了英国和荷兰这两个昔日的盟友，也使他卷入与法国的一场伤亡惨重的战争。他希望争取到萨克森选帝侯对《国事诏书》的承认，但他的举动却直接导致神圣罗马帝国被卷入波兰的王位继承战争。他决心在东方战场上获得胜利，以此弥补与法国发生冲突而失去意大利的损失，他渴望向刚浮现在国际舞台上的俄罗斯表示亲善，这两种心理驱使他与土耳其进行了一场没有必要的战争，由此导致了帝国不仅失去了欧根亲王在上一次战争中取得的最辉煌战果，还造成了帝国军队的覆灭和他的国家在事实上的破产。

这段历史讲述了一个尊贵又平凡的统治者至为悲惨的故事。查理六世将自己错当成了伟大的政治家和战争领袖，不仅固执地拒绝聆听那个时代最有才干的幕僚欧根亲王的建议和敦促，反而甘愿听从一群愚蠢、自负、无知，还常常腐败的禄蠹的聒噪。那群人眼中的西班牙还是一个多世纪以前的西班牙；那群人全都低估了法国从战争中自我恢复的能力；没有人对英国有哪怕最低程度的认识，也没有人明白与那个强大的海上强国维持紧密联盟关系对奥地利来说至关重要；所有

维也纳国家图书馆的内景，由约翰·伯恩哈德·菲舍尔·冯·埃拉赫设计，其子督建。

人都对欧根亲王妒火中烧，极尽挑拨怂恿之能事，鼓动皇帝对那位才智过人的军事家心生嫉恨。

与此同时，维也纳蓬勃发展，成为一个辉煌耀眼的首都。在这个大规模建设时期，大贵族之间展开竞争，在城内为各自府邸的华丽恢宏一较高下，在城外为各自规模更大的夏宫的富丽堂皇而一争高低。霍夫堡皇宫得到了改造，菲舍尔父子建造了美轮美奂的宫廷图书馆和西班牙骑术学校。欧根亲王在一座俯瞰维也纳城的山上为自己建造了气势磅礴的美景宫。查理六世为菲舍尔的杰作圣卡尔教堂投入了大量资金，作为对维也纳城终于幸免于1713年猖獗的大瘟疫的感恩，也是对自己的颂扬美化。维也纳著名的音乐传统也是在此时奠定的。意大利的影响仍然不可小觑，查理六世对此功不可没。除此之外，他还喜欢装腔作势的巴洛克歌剧和富丽堂皇的化装舞会。就这样，帝国的国家建设在斐迪南二世时期奠定的基础之上，经斐迪南三世的量入为出、利奥波德一世的成功铺路，到约瑟夫一世时本着时代精神在理性化和内部扩张的过程中继续展开，但到了查理六世时期，却随着建筑和娱乐工程等大型项目的次第发生而走向衰落。但即便财政已陷入困境，查理六世宫廷华丽辉煌的程度也没有减少分毫（其直接雇员就达 4 万人），他奢靡的消遣娱乐和对狩猎的无限热情也丝毫没有节制。他那狂热的狩猎游戏对农民的庄稼地造成极大破坏，但他根本不管自己的行为是否会令那些不幸的人们付出代价。

最终，查理六世最大的恐惧成了真：他没有一个儿子活到成年。于是，轮到他的女儿 23 岁的玛丽亚・特蕾莎登上政治舞台了。玛丽亚・特雷莎从未受过君主教育，不仅没有得力臂助，还受到她父亲留下的那批轻浮无用的废物臣僚的阻碍牵制。她的丈夫洛林公爵弗兰茨・斯蒂芬虽然为人和蔼可亲，但在军事上和政治上都缺乏才干。查理六世不知道的是，他的这个女儿将在未来控制住国家的破产和混乱，在半个欧洲的暴力侵略下，将她继承的家族遗产从衰败解体的边缘拉了回来，奠定了奥地利大公国成为近代国家奥地利帝国的基础。

7

近代奥地利的诞生

玛丽亚·特蕾莎

年轻的玛丽亚·特蕾莎继承的奥地利国库空虚，缺兵少将，还没有事实上的中央管理机构，更糟糕的是，她还没有识见明敏、智虑周详的顾问能臣。玛丽亚·特蕾莎年仅23岁就继承了哈布斯堡王朝的全部领地，矗立于帝国的权力中心。但她继承的与其说是一个“帝国”，毋宁说是很多块土地，并且这个“帝国”在她父亲的手中已滑向崩溃的边缘，处境岌岌可危。甫当大任的玛丽亚·特蕾莎没有接受过君主教育，唯一依仗的只有自己的青春美貌、对上帝的信仰和独特的性格。她性格十分刚强，不要说别人，就连她自己也难以欣赏。当她从一位老臣口中得知帝国的真实情况时，她真可谓泰然自若、仪态完美。而之后当身边只剩下她最要好的女官时，她才痛哭失声。

但她所能听到的“噩耗”其实远远不及真实情况的一半糟糕。当时的情况是即使邻国全部高举和平主义的旗帜，奥地利的状况也已经足够恶劣了，更何况这些邻国实际上都如饿狼般虎视眈眈。奥地利面对的威胁除了心怀不善的法国、西班牙和普鲁士，还有她的堂姐夫、巴伐利亚选帝侯卡尔·阿尔布雷希特。法国、西班牙和普鲁士虽然都曾在查理六世的《国事诏书》上签字，承诺会尊重和维护神圣罗马帝国的完整性，但是此时却在精心制订瓜分神圣罗马帝国的计划。而玛丽亚·特蕾莎却对它们的情况一无所知。巴伐利亚选帝侯卡尔·阿尔布雷希特则

左页图：玛丽亚·特雷莎女大公，时年23岁。这是她在成为奥地利女大公之前的样子。

直接否认了玛丽亚·特蕾莎的继承权。在此情况下，德意志诸侯利用卡尔·阿尔布雷希特作为反对玛丽亚·特蕾莎的旗帜，给予他大量支持。玛丽亚·特蕾莎则被两位至亲拖了后腿：一个是她的父亲查理六世，这位先皇晚年推行的恶政引起了诸侯的广泛不满；另一个是她的丈夫弗兰茨·斯蒂芬，这位洛林公爵被认为受到法国控制，遭到诸侯的普遍怀疑。其实这并非实情，真正受法国控制的人实际上是卡尔·阿尔布雷希特，凡尔赛宫试图利用他永久性地粉碎奥地利。

不过，第一道晴空霹雳却来自一个令人完全意想不到的方向——普鲁士王国首都柏林。年轻的普鲁士国王腓特烈二世即将初试身手，拉开普鲁士长期扩张史的帷幕。他将打碎欧洲旧的势力平衡，书写一生的丰功伟绩，并成为那个时代最伟大的战士。

腓特烈二世仅比玛丽亚·特蕾莎大4岁。玛丽亚·特蕾莎成为奥地利女大公时，腓特烈二世即位不到6个月。这位年轻的普鲁士新王并没有引起众人的重视。腓特烈二世仍为王储时，常常与他残暴强硬的父亲腓特烈一世针锋相对，激烈争吵。腓特烈二世曾被父亲囚禁，之后逃跑失败，被判处死刑。尽管他的死刑后来被撤销了，但是他却被迫从牢房窗口亲眼目睹自己的密友被处决。那次痛苦的经历令他毕生难忘。在那之后，他就将自己封闭在莱茵斯堡内，终日沉浸在哲学的海洋中，潦草地写下糟糕的诗句，还练出一手吹奏长笛的娴熟技巧。他创作政治理论文章，对与德意志有关的一切事项都漠不关心，反而大肆歌颂法国文化，并与伏尔泰结下了深厚的友谊；伏尔泰也对自己的这位王室崇拜者百般奉承。当时没有人对腓特烈展现出的恬淡不争表示怀疑，但这个无神论者和理性时代的创始人一直在故意误导众人，实际上他十分重视个人荣誉，并满心计划着让经济贫瘠、土地分散的普鲁士实现领土扩张。他的父亲腓特烈一世是一位穷兵黩武的战士国王，对校阅军队情有独钟，把军事训练的严酷推向极致。腓特烈一世将从欧洲各地搜罗来的身高伟岸的人编为一个特殊的掷弹兵团，但是他对这支战斗力彪悍的精良之师过于爱惜，甚至舍不得让他们参加实战。腓特烈二世则看上去几乎是欧洲最没有军事头脑的王储，他可没有这样的思想禁忌，他认为士兵就

右页图：玛格丽特·特蕾莎的肖像画，由委拉斯开兹绘制。玛格丽特·特蕾莎是西班牙国王腓力四世最小的女儿。她在15岁时嫁给了利奥波德，22岁去世。

16

ien von Tirggn
83

是要上战场的。他是一名精明睿智、计谋深远的赌徒，能将整支军队都压上赌桌；他毫无顾虑地将背叛视为一种外交武器和战争手段；他还是一个天才，尽管这个事实在很久之后才体现出来。

命运安排了玛丽亚·特蕾莎与腓特烈二世出生在同一个时代。腓特烈二世是一个可以微笑着向你发起攻击的人，是一个对形势突变只会感到高兴的人。在他看来，奥地利被交到一个没有经验并且身边只有一群软弱无能的酒囊饭袋的年轻女孩手中，无疑是将一块肥肉送到他的嘴边。这个理所当然的认知令他在日后付出了至为惨痛的代价。因为他所谓的“年轻女孩”虽然看起来羞涩虔诚、快乐热情，宛如洛可可时代初期最完美的装饰物，但她的内心其实坚硬如钢。对腓特烈二世而言，没有什么比她的这种表里不一更不公平了。1740 年 12 月，腓特烈二世信心十足地发起了一场小规模的突袭，正是这场战役，注定了他将耗费一生的时间进行殊死战斗并付出鲜血和财富的惨重代价。20 余年后，他仿佛迎来自己一生的结局，两场旷日持久的战争也令普鲁士滑向了灭国的边缘。腓特烈二世的夙敌、俄罗斯女皇伊丽莎白突然病逝——那也是历史上另一起重大的偶然事件，才使普鲁士奇迹般地死里逃生。不论如何，普鲁士终究是被挽救了，而且变得前所未有地强大，腓特烈二世也获得了军事史上的不朽英名——“腓特烈大帝”。

腓特烈二世发起的第一次小规模突袭所图并不大，他并不是一个狂妄的人。在得知以法国为首的欧洲列强都对奥地利虎视眈眈、伺机攫取之后，腓特烈二世决定先发制人，将毗邻普鲁士，更易得手的西里西亚从奥地利的版图中切下来。西里西亚土壤肥沃、农业发达、矿产丰富、人口众多，是奥地利乃至德意志最富庶的省份之一。在腓特烈二世的特使抵达维也纳，并用优美的词藻奉承玛丽亚·特蕾莎的同时，普鲁士军队在夜幕的遮蔽下发起了进攻，此时距玛丽亚·特蕾莎继承奥地利尚不足 3 个月。奥地利面对侵略猝不及防，玛丽亚·特蕾莎的臣僚满心恐惧，颤抖地探听巴伐利亚和西班牙对此事件做出的反应，焦虑地等待法国表露态度。普鲁士军队由近 3 万名训练有素的新兵组成，奥地利方则只

第 162 至 163 页图：1683 年的维也纳解围之战，作者是一名无名画家。

左页图：萨伏依的欧根亲王。他应该是当时最伟大的军事家了。他在被路易十四拒绝后前往维也纳，效忠于哈布斯堡皇室。欧根亲王强大的指挥能力使他在对土耳其的战争中大放异彩，他还与马尔伯勒公爵联手，在西班牙王位继承战争中痛击法国军队。

有 6000 名守军。双方并未发生阵地战，普鲁士军队似乎没有遇到抵抗就通过了西里西亚。奥地利军队的指挥官是爱尔兰裔的杰出军人马克西米利安·冯·布劳恩，他面对压境的普鲁士大军表现出色，使奥地利军队得以完好无损地保存了战力，以备随时发起进攻。

普鲁士的土匪行径并未使这位年轻的女王沮丧失望，反而令她义愤填膺。她释放了在土耳其战争中由于战败而被她父亲查理六世投入监狱的一批将领，并将其中十分得她丈夫欢心的奈佩格封为元帅。玛丽亚·特蕾莎命令奈佩格召集一支新军开入西里西亚，并于春季将普鲁士人赶回老家，在她看来，奈佩格得胜势所必然。她同样也指望英国会遵守在《国事诏书》中所做的承诺，积极援助资金和军队。然而，很快她就发现，她任命的这位元帅和先皇遗留的那批软弱无能的顾问大臣并无二致。普奥双方主力的第一次正面遭遇是 1741 年 4 月在波希米亚爆发的莫尔维茨会战，那是一场势均力敌、难分高下的硬仗。当奥地利骑兵击溃普鲁士的两翼部队时，初次指挥大战的腓特烈二世惊慌失措地交出了指挥权并退出战场休息，因为他以为这场战役已经不光彩地一败涂地了。但是，他撤早了。令他没有想到的是，普鲁士步兵在他以为注定战败之时依旧岿然不退，他们身着深蓝军装，如铜墙铁壁一般矗立在硝烟中。这场战役是这支操练精准、军容整肃的新军在欧洲战场上的首次亮相，它将于未来 200 年在欧洲战场上叱咤风云。

与此同时，玛丽亚·特蕾莎发现英国这个盟友态度暧昧，并不积极。英国对奥地利一个省的存亡毫不关心，对兵发西里西亚也毫无兴趣，英国渴望保存奥地利只不过是为了利用奥地利抗衡法国。更何况英国国王乔治二世还担心一旦引发普鲁士对英国的敌意，他心爱的汉诺威就可能成为普鲁士的侵略目标。总而言之，英国政府不惜任何代价避免参与到任何可能与法国发生重大冲突的欧陆战争中。

但是，法国已经在寻衅备战了。法国军官贝勒咄咄逼人、渴求荣誉，他向年迈的红衣主教弗勒里和他恣意享乐的主子路易十五展开游说，让他们相信粉碎并瓜分奥地利的机会已经来临，而且普鲁士已经伸手了，法国必须抓紧时间从中得利。法国的计划十分美好：积极支持巴伐利亚的阿尔布雷希特，并沿多瑙河迅速南下，先占领林茨，再攻破维也纳。哈布斯堡王朝将仅残存部分古老的世袭领地，而阿尔布雷希特则出任皇帝；届时欧洲格局将风云变幻，巴伐利亚和萨克森的领土将得到扩张；西班牙和撒丁岛将占据意大利的部分土地，普鲁士的范围也会扩大。不过，贝勒认为这些都不足为虑。中欧将不再有霸主，法国也会通过外交手段时刻确保不会出现危险的政治军事联盟来挑战法国的霸权。到那时，法国身后将不再有强敌，它将不容置疑地称霸欧陆。最后它将无后顾之忧地和英国算一算总账，将这个老对手彻底从大西洋上抹去。

这些都是不怀好意的敌国下的赌注，也是敌人的一场黄粱美梦，但是这场梦被那位 24 岁女王的过人胆略和战斗精神粉碎了。玛丽亚·特蕾莎没有有形资源，也没有经验丰富、办事得力的顾问大臣在侧，她只是一个人傲然挺立。或命令，或恳求，或哄骗，或劝告，她总是想方设法将自己的坚定意志灌输进那些老臣的胸膛里。起初她是为西里西亚而战，不过她终其一生再也没能将之夺回；接下来是拼尽全力将法国和巴伐利亚的军队挡在维也纳城外，继而将他们赶出布拉格；最后是在意大利击败西班牙和法国。她是为了自己的家族遗产而战，是为了公平与正义而战。她对这场战争的性质或范围毫无概念，她只有一个简单的念头，就是殊死抵抗那些无耻粗野、背信弃义的侵略者，誓死保卫父辈留下的家业。奥地利王位继承战争（1740—1748）在她眼中无异于守卫西里西亚的战争，七年战争（1756—1763）在她看来无非是夺回西里西亚的战争。在她看来，最大的敌人自始至终都是普鲁士，是腓特烈二世。但是从本质上看，这两次战争都属于世界历史中一个剧烈变动的阶段：从加拿大到波兰，从意大利到尼德兰，从莱茵河到孟加拉，这场巨变的范围波及全球。在此过程中，英国将打压法国并建立庞大的海上帝国，奥地利则将被打造成一个制度明确、国力稳固的欧洲强国。

无论从性情上还是从认知能力上，玛丽亚·特蕾莎都没能看清这两次大战的本质（不只是她），她也没有时间做此分析。她朝不虑夕，经济窘迫，得过且过，眼前的敌人是她要考虑的一切。她鞭策军队将领，敦促他们在实战中打破 18 世纪的战争惯例，放弃缓慢而庄重的调遣部署和老套陈腐的围攻战术，代之以出兵迅速、出其不意和冷酷无情。早期为她效力的除了布劳恩，还有一位非常优秀的将军克芬许勒。当克芬许勒率领神圣罗马帝国军队与法国-巴伐利亚联军在慕尼黑鏖战时，有一个时期的形势看上去令人感到前所未有的绝望。玛丽亚·特蕾莎写给克芬许勒的信完全不是在命令，而全然是一个女孩子的恳求口吻，随信还附了一张她和襁褓中的长子约瑟夫的画像：

左图：约瑟夫·克芬许勒-梅奇伯爵。右图：1763年签订的《胡贝图斯堡和约》标志着七年战争的终结。此图展示了玛丽亚·特蕾莎与普鲁士国王腓特烈二世极富寓意的会面。

亲爱、忠诚的克芬许勒：

在你面前的是一位女王，她知道自己遭到了友邦的遗弃；你还能看到她的王位继承人，你觉得这个孩子未来会如何？久经考验的真正的国家忠仆啊，你最亲切的女王把她的私人画像赠予你，同时也将她的一切权力和资源交予你，真的是“一切”，她的国家拥有的一切和能做的一切……愿你的功绩和你那位安息在天堂的师长欧根亲王一样辉煌灿烂。

她也会下命令，并且对此越来越娴熟。1741年4月奥地利在莫尔维茨战败后，玛丽亚·特蕾莎面临法国、巴伐利亚、萨克森和西班牙的共同威胁，因此别无选择，只能与腓特烈二世达成秘密休战协议。腓特烈二世本人吞并西里西亚的目的已达到，因此也非常希望中止战争来消化自己的战利品，让新盟友继续去对奥地利施压。这位年轻的女王第一次英勇独立的举动就是在那年夏天当巴伐利亚军队开向维也纳时，向匈牙利发出了著名的求救呼吁。

玛丽亚·特蕾莎不顾一众德意志顾问大臣的强烈反对，勇敢地转向了匈牙利人。那时的匈牙利人像往常一样在酝酿一场反叛。在匈牙利的布拉迪斯拉发，玛丽亚·特蕾莎头戴王冠、顶蔽华盖，完成了加冕仪式。她很快决定，赢得反侵略战争的唯一希望就寄托在这批反复无常、经常发生骚乱的匈牙利人身上了，必须将他们争取到自己一边。既然匈牙利人总是固执地坚守权利并努力谋求更多特权，而她又不能通过武力让他们臣服，她就决定迎合他们的骑士精神和民族骄傲，从而获得他们的支持。于是，她没有将他们视为下等臣民，而是将他们看作平等的合作伙伴。她将自己置于渴求怜悯和仁慈的位置，婉言请求他们的武力援助。那是一个令人难忘的场景。在匈牙利议会的隆重大会上，这位年轻的新任匈牙利女王发表了热情洋溢的讲话：

> 匈牙利王国的存亡到了最危险的时候！咱们的人民、咱们的孩子、咱们的国王已危在旦夕！被全世界遗弃的匈牙利人民啊，咱们唯一的武器就是自己的忠诚、自己的军队和久经考验的英勇……

匈牙利人回应了。虽然他们并不想变成哈布斯堡王朝俯首帖耳的顺民，但是此刻既然一个走投无路的哈布斯堡国王、一个悲伤流泪的美丽女子以诚恳的态度提出了交易的机会，开始在匈牙利历史上第一次正式表示承认匈牙利享有特权，他们将会努力与她并肩作战，达成这场交易。匈牙利议会决定为玛丽亚·特蕾莎提供军队，用他们的生命与鲜血与奥地利军队共同抗击外国的入侵。这支匈牙利

金斯基亲王，一个非常富有、自私、傲慢但能力极强的波希米亚大贵族。年轻的女王玛丽亚·特蕾莎设法收服了他，让他为自己效忠。

军队虽然事实上起到的作用不大，但足以扭转现状。在匈牙利历史上，这样的事情仅此一次；为了玛丽亚·特蕾莎，这样的事情也是仅此一次。此时，距她成为奥地利的统治者尚不足一年。在此之前，面对先皇时代那些年迈的顾问大臣，她一直都畏首畏尾，怯懦软弱。这时候，她破茧成蝶了。她感受到了自己的力量，感受到自己有能力号召忠诚义举，鼓励民众奉献，激励战斗精神。从此刻起，她开始发号施令，指挥若定；从此刻起，她再也不会踏下高高的指挥塔。很快世人就会看到，这位年轻的女王除了唯唯恳求，还会表现出强硬和冷酷。

玛丽亚·特蕾莎开始无视那些胆小如鼠、年老体衰的臣僚，开始将更加坚强不屈的人才尽力留在自己身边悉心栽培。然而，这样的人才寥寥无几，而且她还要战胜这些贵族骨子里的不忠和自私，他们的一切都得自哈布斯堡家族，却甚少给予回馈。金斯基亲王就是其中之一。金斯基家族是波希米亚大贵族，富可敌国，他曾因担心家族领地受损而试图避免与普鲁士作战。虽然他是一个目空一切、极难相处的角色，但是玛丽亚·特蕾莎还是给予他独特的信任。在获得匈牙利军事支援一个月后，巴伐利亚、萨克森和法国的三支军队在布拉格会师，而此时腓特烈二世因为担心这支强大的联军会不利于西里西亚而再次投入战争。奥地利四面楚歌，所有人都陷入了绝望，玛丽亚·特蕾莎的丈夫也沦为一名败军之将。但是，年轻的女王是这样写信给金斯基的：

> 所以布拉格丢了……
>
> 金斯基，现在咱们情况危急，只有勇气才能拯救波希米亚王国，拯救我这个波希米亚女王。因为一旦失去了波希米亚王国，我就会变成一个可怜的公主。我自己已经下定决心了：我要押上我的一切来挽救波希米亚，不管是输是赢……这可能会造成破坏和荒芜，20 年都不足以恢复过来，但我必须守住这个国家和这片土地，为此，在我的全部军队和所有的匈牙利士兵都牺牲之前，我绝不屈服，寸土不让……你会说我很残忍，你是对的。但我知道，今天我为了守住疆土而犯下的一切残忍行为，总有一天我会有能力以一百倍来补偿。我会这么做的。但是现在我拒绝去怜悯。我信任你，依靠你……

此时她仍旧只有 24 岁，仍然是那个会给丈夫弗兰茨·斯蒂芬写信，告诉他

左上：1743年，玛丽亚·特蕾莎在布拉格加冕为波希米亚女王。这一天标志着她在奥地利王位继承战争中获胜的希望达到了一个峰值。

左下：玛丽亚·特蕾莎的丈夫洛林公爵弗兰茨·斯蒂芬的加冕仪式在法兰克福进行。1745年，他在卡尔·阿尔布雷希特死后成为神圣罗马帝国皇帝，玛丽亚·特蕾莎最大的心愿因此得以实现。

右图：巴伐利亚选帝侯卡尔·阿尔布雷希特，即皇帝查理七世。1745年，他在就任皇帝后不久就去世了。他的离世让玛丽亚·特蕾莎少了最大的一个威胁。

当他不在身边的时候，她“好像一只小狗”一样感到心神不宁的女孩。但是她已经开始成长了，她将会在未来的岁月里跻身欧洲历史上最伟大的统治者之林，成为近代奥地利的缔造者。

用这样的文字描写一位以自己的名字命名一个历史时代的杰出统治者，无疑有些奇怪。“玛丽亚·特蕾莎时代”是优雅和奢侈的代名词，以洛可可风格脱生于巴洛克艺术为起点，以叩响浪漫主义时代的大门为终点，被后世久久传颂。然而，从另一方面而言，“玛丽亚·特蕾莎时代”诞生于各国统治者皆奉行玩世不恭的大时代，诞生于复杂曲折、拐弯抹角、无休无止的外交活动和孤注一掷的挣扎求存之中。

在这场奥地利王位继承战争所引发的欧洲大战中，名义上法国是巴伐利亚的后盾，英国是奥地利的盟军。在此次大战的第一阶段，命运的天秤一直在剧烈摆动。法国军队被逐出布拉格，险些全军覆没，却完成了一场史诗般穿越欧洲的冬季行军，虽然牺牲了数千名士兵，但是保存了作战实力。巴伐利亚的阿尔布雷希特被加冕为波希米亚国王，后又当选神圣罗马帝国皇帝，即查理七世，而就在他当选皇帝的同一天，他的巴伐利亚首府慕尼黑被奥地利军队攻陷了。奥地利军队在意大利对西班牙军队作战顺利，布劳恩还率奥军深入了普罗旺斯。英国后来终于积极参战了，乔治二世在千钧一发之际带领英军在代廷根战役中击溃法军。但很快在 1745 年，英国就因查尔斯·爱德华·斯图亚特在法国的支持下将旗帜竖立在了苏格兰而再次陷入詹姆斯党叛乱，直到一年后英军在卡洛登战役中彻底粉碎了詹姆斯党，才终于解除了斯图亚特王朝复辟的威胁。同年，即 1745 年，骁勇善战的法军将领萨克斯元帅在丰特努瓦战役中为法军取得了辉煌大捷，导致法国征服了奥属尼德兰。普鲁士于 1742 年签署《布雷斯劳和约》后就退出了战场，但很快又再次投入战争，直到 1745 年圣诞节签署《德累斯顿和约》后才彻底从战场上消失——西里西亚仍牢牢被它占有。玛丽亚·特蕾莎始终不甘休，在一段时间内，她甚至可以想象到奥地利取得彻底胜利的场景了，因为 1743 年她已经可以前往布拉格接受成为波希米亚女王的加冕礼了。1745 年 9 月，她的胸中更是燃起了勃勃雄心：由于皇帝查理七世在 1745 年 1 月去世，神圣罗马帝国的皇冠再次“公开竞售”，而这一次她成功地为丈夫争取到了皇位。弗兰茨·斯蒂芬成为神圣罗马帝国皇帝，即弗兰茨一世。

但是，玛丽亚·特蕾莎畅想的彻底胜利的场景并未出现。随着这场经年累月的战争陷入胶着状态，重新夺回阿尔萨斯和洛林，占领那不勒斯的梦想也破灭了。最终，到了 1748 年，即便是玛丽亚·特蕾莎也愿意休战了。奥地利、法国、英国等国在亚琛签订和约，宣告了奥地利王位继承战争的终结。从《亚琛和约》的内容来看，这场战争基本没有必要发生：腓特烈二世夺得西里西亚，获得列强的一致承认，几乎成为 8 年来战争唯一看得到的成果。但事实上，这场战争给玛丽亚·特蕾莎上了一课，既让她深深地理解了政治的奥义、外交的逻辑和行政管理的规则，也让她认清了自己。那一年她已经 31 岁了。8 年的统治经历和战争已经充分暴露了奥地利在经济和军事上的衰落，也让她明白了奥地利只有进行一场彻底的改革才能保持住大国的地位。她已经开始着手推行改革措施了。从此时至未来 8 年，她将勤于政务，肩负使命，将她继承的家族遗产转变为一个强大的集权国家。

玛丽亚·特蕾莎精力充沛又快乐阳光。即便在鏖战的 8 年间，她还是生了 5 个孩子。长子约瑟夫是她期盼已久的继承人，父亲查理六世去世时她腹中所怀的就是这个孩子。之后又有了两男两女，但其中有一个夭折了。将来，她还会再生 7 个孩子。她在一生之中一共生育了 16 个子女。她立志做一个好妻子，反过来也对丈夫的要求很高，十分嫉恨他寻花问柳的作风。她强烈憎恶婚姻不忠的行为（在这方面她确实和时代不太一致），为了打击偷情的大臣和百姓，甚至设立了荒唐滑稽，绰号为“贞洁委员会”的机构。这个机构的职责就是对那些性道德达不到她所认为的高标准的女性进行抓捕和惩罚。仅就这一件事情而言，就能看出她的荒谬。至于其他方面，即便物换星移、露往霜来，她都是快乐的代名词。在她一生中经历的第一次长达 8 年的战乱期间，虽然压力与紧张如影随形，但是她却从没有停止对跳舞、打牌和各类节日庆典的享受；虽然同半个欧洲鏖战的她发现支付军队支出已令她捉襟见肘，但是她却仍遵照 18 世纪的习惯，将心思放到了宫殿建造上。在她的授意下，美泉宫被改建和扩建成一座拥有 1400 间房舍的皇家寝宫，美轮美奂、极端奢华。英国人因此多有不满，他们责备玛丽亚·特蕾莎没有将英国援助奥地利的资金用在战略物资上，而是全都浪费在华而不实的建筑展览上。对此，她诚心诚意地回复，她没有这么做：英国的援助悉数都投入到了战场上，建造美泉宫的钱她是管犹太人借的……

回望她的执政早期，简直无法想象一个涉世未深、未经训练、娇羞怯懦、局促不安的年轻姑娘是怎么应付那么多千头万绪的麻烦的。她只有一边对那些先皇遗留下的顾问大臣虚与委蛇，一边求贤若渴、唯才是举，积极寻觅和招揽新人。而唯有找到合适的人才，她才能放松地长舒一口气。从这样的行事方式，我们也能看到她不屈不挠的坚毅性格和聪慧过人的敏锐判断。

她很快就找到了第一个人才，即出身于葡萄牙贵族世家，长期为奥地利王室效力的塔罗卡伯爵——后来被晋封为席尔瓦公爵。塔罗卡伯爵是一个精明强干、思维缜密、天赋异禀、明智博学的外交家，他性格宽厚，能让身边的人感到放松，辅佐在玛丽亚·特蕾莎身边，宛如父亲。玛丽亚·特蕾莎在继承王位后不久便向他表示，希望他随侍左右并向她直言一切因他人的故意奉承和她自己的固执任性而被隐瞒的事实真相："告诉我我错在哪里，让我认清……这对于一个统治者而言是最需要的，因为愿意这么做的人寥寥可数，甚至阒无一人。阻止他们这么做的通常是敬畏之心或对个人利益的考量。"她如此表示着实令塔罗卡伯爵瞠目结舌。但是，塔罗卡伯爵接受了这份任重道远的委任，不辍地坚守了自己的职责。尽管他经常对玛丽亚·特蕾莎及其顾问团的政策不以为然，尽管身边总被嫉贤妒能、阴谋算计的朝臣环伺，他仍在长达30年的时间里持有她的信任，一直到他去世。

最初，他首要关注的事情是如何抑制年轻女王充沛的精力和高昂的情绪，如何帮她安排好每日的行程，以避免她在白天浪费过多时间在工作细务上，在晚上耗费过多精力在宴饮狂欢上。后来当她缔造的辉煌伟业开始在她的口中变得索然无味时，当她对世俗事务感到心灰意冷时，正是他帮她走出来，劝她放松，努力重温年轻时的快乐。一直以来，塔罗卡伯爵都扮演着一个告解神父的角色，安静地倾听她倾诉私衷；一直以来，他都殚精竭虑地帮她克服傲慢自大的倾向，这种倾向在她中年时期出现，随着她发现自己已成为帝国中毋庸置疑最强大的人和最有能力的人而不断滋生。她成长着、发展着，走过了那个险些令她变得粗戾的阶

右页图：这两幅图展现的是18世纪维也纳人举办纪念典礼的场景。上图：玛丽亚·特蕾莎的銮驾经过三位一体纪念柱。该纪念柱设立于1679年，为了纪念维也纳人民摆脱大瘟疫。下图：约瑟夫二世的新娘来归，队伍盛大华丽，由马丁·范·梅滕斯于1760年绘制。

弗兰茨一世和玛丽亚·特蕾莎及他们的11个孩子。二人育有16个子女。

段，度过了那个险些使她走上刚愎自用的君主之路的时期，终于重新找回初心。个中原因固然离不开她拥有的良好理智和与生俱来的谦恭品德，但塔罗卡伯爵的付出也功不可没。他们之间的关系非常特别，其亲密程度宛如年轻的维多利亚女王和墨尔本勋爵：维多利亚女王依赖墨尔本勋爵，墨尔本勋爵则回馈以导师般的关怀和指导。不过，塔罗卡伯爵不是墨尔本勋爵，玛丽亚·特蕾莎也与维多利亚不同：塔罗卡伯爵没有墨尔本勋爵的权势，玛丽亚·特蕾莎则一直到塔罗卡去世都始终依赖他。

玛丽亚·特蕾莎选中的第二个人才是她的私人医生、荷兰人赫拉德·范·斯韦滕，她将他封为宫廷图书管理员和维也纳医学院院长。虽然范·斯韦滕的医术水平谈不上手到病除（在那个时代谁又当得此誉呢？），但他却是一个襟怀坦荡、博闻强识的人。他师从近代医学之父荷兰莱顿大学的赫尔曼·布尔哈弗，将维也纳医学院缔造成为欧洲的医学院典范。范·斯韦滕曾悉心治疗玛丽亚·特蕾

第176至177页图：18世纪中期的维也纳，由贝尔纳多·贝洛托绘制。
左页图：中年的皇后玛丽亚·特蕾莎，由马丁·范·梅滕斯绘制。

莎最爱的妹妹、洛林亲王和尼德兰总督夫人玛丽安娜，因而被玛丽亚·特蕾莎感激不已。尽管玛丽安娜仍旧香消玉殒了，但是玛丽亚·特蕾莎却具有用人不疑的胆识和气魄。在任何时代，一个提出大刀阔斧改革现状建议的外来人才都免不了遭到各类质疑与反对，而玛丽亚·特蕾莎却冒着鼎沸的非议，不顾奥地利医学界和其他人士的群起攻击，坚定地支持他，并将他带回维也纳，为他安排一切。范·斯韦滕很快就成为玛丽亚·特蕾莎生命中的一个灵魂人物。如果说塔罗卡伯爵是她的知己，那么范·斯韦滕就是她在奥地利摸索启蒙之路的引路人和支持者。玛丽亚·特蕾莎本身其实对抽象思想和任何形式的哲学全然不以为然，她的内心极端虔诚，对古老的天主教信仰坚定不移，对理性时代那些抽象空虚、枯燥乏味的内在理论深闭固拒。在她看来，一切与思想有关的事情都应该属于教会的范畴，尤其是她素所钟爱的耶稣会。但天主教会对范·斯韦滕可谓深恶痛绝，因为他虽然是一个好的天主教徒，但是他却采用科学的方式接触上帝，用开放的思想思辨神学。在鼓励和保护范·斯韦滕的过程中，玛丽亚·特蕾莎逐渐瓦解了她所固守的地基。通过先任命他为宫廷图书管理员，后为首席审查官，她逐渐将国家的大门向那些令她畏缩的“理性主义”新思想打开。这也揭示了她性格中的另一个特点：既然她模模糊糊地理解了新思想的必要性，纵使她本人坚决拒斥这些新思想，她依然通过范·斯韦滕给它们留出了一个安置的空间，让它们得以尽情滋长。

玛丽亚·特蕾莎选中的第三个臂助是她的国务总理威廉·冯·豪格维茨伯爵——一个有超凡勇气、不屈不挠精神、务实远见却又不太讨喜的人。冯·豪格维茨的任务是将大量支离破碎的封建土地建设成一个相对中央集权的国家。玛丽亚·特蕾莎对改革本身一点兴趣都没有，但就像她在执政之初就发现她迟早要找到一批更好的顾问替换掉先皇遗留的顾问一样，她也很快就意识到奥地利要想保持强大，就必须让“那帮成事不足、败事有余的家伙”就范，就必须对“阻碍她掌握实权的制度”进行改革。“那帮成事不足、败事有余的家伙”指的是那些因哈布斯堡家族先祖而发迹和辉煌，却几乎不予报答和回馈的大贵族。这些大贵族各自经营着广袤的领地，仿佛小型自治王国的君主，不但不交税，而且在战时应尽义务时却只在符合自己利益的范围和程度内出力（只有很少的贵族会提供人力和物资，大部分贵族都作壁上观）。“阻碍她掌握实权的制度”指的是哈布斯

左上：赫拉德·范·斯韦滕，玛丽亚·特蕾莎的医生，他在皇后的鼓励下对维也纳医学院进行了改革。

左下：威廉·冯·豪格维茨伯爵，他主导的军事和财政改革改变了奥地利作为一个军事国家的整体局势。

右图：出身于葡萄牙贵族世家的著名外交家塔罗卡伯爵（后来的席尔瓦公爵）。作为皇后的知己，他其实相当于她的第二个父亲。

堡家族世袭领地内立法捍卫各自地方利益、民族利益或行省利益，却决不考虑其他利害的地方议会和省议会。年轻的女王认为当务之急是需要筹建一支可靠的常备军，为了给政府提供充分的军备资金，各地方议会必须提高上缴用于军事预算的税收份额。为了实现这个目标，建立一套中央集权的官僚体制则迫在眉睫。为了确保军队有受过训练的军官，政府有受过训练的官员，则必须建立学院和学校来供应人才。这一系列改革和建设环环相扣，井然有序。此外，还有另一项改革。这个对军旅、财政、行政、教育或穷苦人的生活一窍不通、未经世事的年轻女孩，这个从出生就被一群阔绰又傲慢的贵族环绕、挥霍无度的姑娘，这个怀揣“现状是上帝授意的”这个不容置疑的信仰、虔诚的天主教徒，从骨子里觉得体制出现了严重问题。她确定农民这个庞大群体，即她臣民中的绝大部分人口，一定隐藏了人才，值得她去发现和培养。但是在这个体制中他们却被当作消耗品、炮灰、牲畜和奴隶，这不仅是一种浪费，也是一种不公，一种错误。

这就是冯·豪格维茨内政改革的现状基础。关于人才选拔条件，除了玛丽亚·特蕾莎模糊暗示的执行力、公正心和人情味，他还补充了行政能力和工作经验这两项要求。讽刺的是，他个人的行政经验是他出任奥属西里西亚残部总督时积累的。那段时期，他得以沉思普鲁士军事制度和社会体制的运作方式，想象将吸取的经验运用到自己的行政管辖范围内会出现什么效果。他即将在玛丽亚·特蕾莎坚定有力的保护下将这套普鲁士制度推广到奥地利全境，尽管此时需要面对大贵族对改革政策的强烈不满和憎恨。只有拥有特权的匈牙利不在这场伟大的改革范围内。

冯·豪格维茨是一个稳重谨慎、智慧超群、不屈不挠的人。他不仅是一个天生的管理人才，还是哈布斯堡帝国产生的第一位伟大的公务员。此外，他还熟谙经济学（亚当·斯密比他小 23 岁），并且拥有担任西里西亚残部总督的资历，能近距离观察普鲁士的运作方式。这些都是他得天独厚的优势。

冯·豪格维茨伯爵推行的第一件事情是军事和财政改革。按照他的计划，需要一笔军备资金来筹建一支随时听候皇帝调遣、由 10.8 万人组成的常备军。这笔资金数额约为 1400 万基尔德（荷兰货币单位），而当时的岁入为 4000 万基尔德。根据改革制定的办法，这笔钱将从财政税收中支出。各地方议会和贵族将不再像从前一样只在他们认为合适的时候为帝国军队供应资源，而是定期向中央政府支付现金，并由中央政府对这笔钱进行管理和支配。这样一来，地方议会与国家讨价还价的能力就被大大削弱了，地方和省级的行政官员也越来越多地直接向维也纳而非本地议会负责。具体到税收，规定以个人不动产的价值为基础，该价值由专家委员会或税级评定官决定，收入按约定资本价值的百分之五计算。关于这笔收入，不论是抽象的还是实际的，贵族必须支付百分之一，农民则要支付五十分之一。

这样的改革无疑具有革命性和颠覆性。贵族认为让他们纳税简直不可思议，因为贵族是代表皇帝治理领地并在战时守卫疆土的人，而农民和商人需依靠封建领主的保护才能生存，所以农民才理所当然是赋税的长期承担者。这时候，保护的提供者也被要求按期交税了。

纳税范围包括哈布斯堡家族世袭领地内的所有贵族，唯独匈牙利不在纳税范围内，因为即使是玛丽亚·特蕾莎也做不到这一点。虽然贵族群体怨声载道，交税交得极不情愿，但是原则已被牢牢确立。此项财政改革尽管造成了巨大的哗然，但奇怪的是几乎没有遭到有组织的抵抗。赋税规定得到了有效执行，通过向贵族征税，国家财政变得稳定。玛丽亚·特蕾莎手中很快就掌握了一支真正牢靠的作战部队，那是一支无坚不摧、具有高度凝聚力的力量，那支力量在下一个世纪不断增强，终于成为这个涵盖德语、匈牙利语、捷克语、波兰语、斯洛伐克语、罗马尼亚语、意大利语、斯洛文尼亚语、克罗地亚语等多语种国家中的一股重要的统一力量。众多民族的士兵会聚在这支队伍中，其服务对象不是各自的国家和民族，而是哈布斯堡王朝，只有哈布斯堡王朝才是他们唯一效忠的对象。用神圣罗马帝国的末代皇帝弗兰茨二世的话说，不需要“爱国者”，只需要“爱我者”。

在新式军队和新式军官学校出现的同时，一个新的军官群体也应运而生，战斗技能在这个新群体中比古老的血统更重要。不过这也只是理论上，实际情况并不总是如此。一些贵族，诸如列支敦士登亲王，早在过去的战争中就因自愿做出巨大贡献而实至名归了，此时在新的军事制度下凭借扎实的军事素质再次扬名，不逊以往。在贵族之外，新的军事制度还产生了一批职业军人，如道恩、劳东和拉齐，这些军事英杰将在下一次战争到来时，将奥地利雄师的战斗力淋漓尽致地展示在欧洲诸国面前，那就是1756—1763年的七年战争。玛丽亚·特蕾莎本人一直都对一件事耿耿于怀、愤恨不平，那就是身为女性，她不能叱咤沙场。她深以自己的新军为傲，经常造访新建的永久营地，出席各式军事演习。但当这支新军第一次迎来真正的战争检验时，却发现纸上谈兵远比实际操练容易，仅靠皇帝在冯·豪格维茨草拟的政令上御笔一挥，的确很难完全战胜积累了几个世纪的惰性和惯性。然而，转变虽然缓慢，但却实实在在正在发生，当第二次实战来临时，这支奥地利新军以优良的成绩令所有人刮目相看，以至于普鲁士国王腓特烈二世都惊呼：“这些奥地利士兵根本不是原来那些人！”

除了财政和军事改革，行政、教育和司法领域也迎来了新面貌。奥地利和波希米亚土地上的行政机构开始合并，逐渐向一个更有效、更集权的国家靠拢。教育得到极大发展，高级中学以及军官和公务员的培训机构越来越多地涌现。最重要的是通过皇后的大笔一挥，奥地利实现了行政和司法的正式分离。1749 年不仅是这场伟大改革的发轫之年，更是预兆了一部新法典即将诞生：从 1752 年起，规定民事权利的《特蕾莎法典》历经寒暑，终于在 1766 年宣告完成。1778 年《刑法典》也公之于众，成为 1811 年奥地利法典的基础，彼时这位推动改革的皇后已经去世 31 年了。

玛丽亚・特蕾莎的最后一项伟大发现是发掘了她的“迪斯雷利”——考尼茨-里特贝格伯爵文策尔・安东，后来他成了亲王。考尼茨在童年时曾想成为一名神父，不过后来决定从政。他如彗星般升起，从 1753 年玛丽亚・特蕾莎任命他为外相起，直到 1794 年去世，这颗彗星一直在轨道上稳健运行。这位历史上知名的疑病症患者比他的“伯乐”皇后多了 14 年寿数，而且他在玛丽亚・特蕾莎之后的两朝皇帝统治时期也一直任职，直到再下一任皇帝斐迪南二世时才终于离世，可谓四朝元老。他是当时无可匹敌、成就最卓著的外交家，也跻身世界历史上出类拔萃、举世瞩目的外交家行列。但关于考尼茨尚有两个问题存在争议：第一，他的政治才能是否与他的外交手腕相匹配；第二，他敏捷清晰的头脑和果敢大胆的决策是否遮蔽了他充分认识到历史不确定因素的眼睛。在近 30 年的外交生涯中，考尼茨都是玛丽亚・特蕾莎在 18 世纪强国政治迷宫中的探路者，是她绝对依赖的引路人。直到她统治的末期，考尼茨在她眼中的形象才出现了些许污点。之后，在他开始为玛丽亚・特蕾莎之子，即与她联合执政的约瑟夫二世效力时，他苦心孤诣地使奥地利卷入了肆无忌惮的领土扩张游戏——第一次瓜分波兰，以及荒唐滑稽、卑鄙无耻的巴伐利亚王位继承战争，由此狠狠伤了她的心，因为这般行径在她眼中可谓寡廉鲜耻，背叛了她一直努力支持和争取的国际道德。

考尼茨从一开始就是个不讲道德、肆无忌惮的人。但 1744 年玛丽亚・特蕾莎在最开始注意到他时，却并没发现这一点。在 27 岁的玛丽亚・特蕾莎眼中，这位出色的外交官只比自己大 5 岁，比那批先皇遗留的宫廷顾问要年轻 40 岁，但在能力、想象力、敏锐性和洞察力等任何方面比那些“老古董”加在一起还要

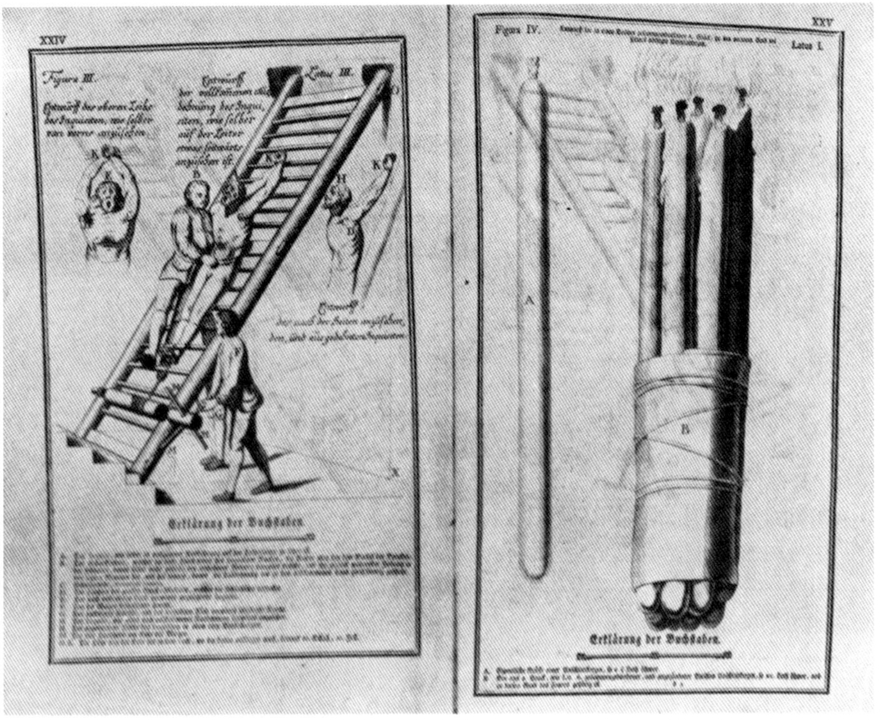

18 世纪的奥地利酷刑手册。玛丽亚·特蕾莎推动了法律和刑法改革,《特蕾莎法典》和《刑法典》开明进步，具有划时代的意义。但是她始终拒绝废除酷刑，直到晚年才改变态度。

强 10 倍。他能看清权力的本质，也知道应该如何利用它。更厉害的是，他还很清楚如何将弱点变成长处。此外，在那个言行失检、腐败横行的时代，他却少有地谨慎小心、清正廉洁。当然，他人性中的弱点同样突出，例如虚荣、疑病症、在女人问题上很愚蠢等，但玛丽亚·特蕾莎却是一个对人性弱点有着世界上最独特见解的女人：在她眼中，考尼茨身上的弱点与他的实际能力和对现实的认知力相比都是无伤大雅的。她非常钦佩他大胆的外交蓝图，信任他的内外政策，对他由信赖发展为偏爱。

普鲁士需要镇压，富饶的西里西亚需要收复，考尼茨不仅对玛丽亚·特蕾莎内心这两个最深切的愿望予以有力的政治上的支持，还指出了唯一一个实现这两个愿望的方法：这不仅意味着在奥地利策划一场外交革命，也预示着在欧洲列强间掀起一场颠覆传统均势思维的“伙伴交换”。在普鲁士国王腓特烈二世出现之前，法国一直是哈布斯堡王朝的宿敌，此时也依然是一个强大的敌人。英国是法国的世仇，因此也是奥地利的天然盟友。但英国只是在与法国争夺海上霸权或争夺殖民地以缔造殖民帝国时，才会利用奥地利在欧洲大陆上牵制法国。一场奥地利王位继承战争已经证明英国并不会为奥地利收复西里西亚或攻打普鲁士而尽举手之劳。只有在迎战来自法国的主动威胁时，英国才会努力作战。因此，玛丽亚·特蕾莎若想打击新生的普鲁士力量，则至少要建立一个欧陆联盟。但在此时奥地利与法国势如水火的情况下，尤其是在法国与普鲁士结盟的情况下，这无异于天方夜谭。

奥地利抛弃英国，转而与老对头法国缔结数个世纪以来第一个最终成立的盟友关系，这个惊人的想法可不是简单的会议议题，伦敦、巴黎、圣彼得堡和柏林的政策制定者甚至想都没有想过。对于维也纳而言，这也是闻所未闻、令人匪夷所思的。时代指定考尼茨想到了这个问题，也指定已经觉察到自身力量的玛丽亚·特蕾莎真正讲出了这样一句话："很好，去巴黎吧！我任命你为我的大使，看看有什么你能做的。"

1750 年，考尼茨被派往法国出任大使，带领一支礼仪完备、阵容豪华的扈从队伍造访了凡尔赛宫。在巴黎期间，考尼茨行止起居宛如一位小国国君，到处展现他高超外交艺术的风采。3 年内，他一直不动声色、静观态势，但是敌对了

玛丽亚·特蕾莎很幸运地拥有一批能臣辅佐左右。道恩将军（左）和拉齐将军（中）几乎使普鲁士军队全军覆没。考尼茨伯爵（右）是一位叱咤风云、纵横捭阖的外交官，在长达 40 年的时间里操纵奥地利外交，还成功赢得了蓬皮杜夫人的信任。

数百年的两个大国确实没有直接接触的可能性，他唯一能做的不过是笑脸迎人，隐藏旧日的仇恨，引起法国人对普鲁士的腓特烈二世的怀疑，并在此过程中努力与法国人为善。1753 年，玛丽亚·特蕾莎将看来一无所获的考尼茨从巴黎召回。她对他仍有着无尽的信任，任命他为内阁首相。在皇后的保驾护航下，考尼茨大刀阔斧地将所有政府要务都攥入自己手中。当时驻维也纳的各国外交官几乎没人能够理解这个新任首相：他言行轻浮，古里古怪到了一定程度，将愤世嫉俗挂在嘴边，还是个伏尔泰信徒，并且迄今为止一事无成。然而，就是这样一个人，无论是性格还是观点都和他完全相悖的帝国女主人对他的评价，却比任何人都高。不过纵然他不断装疯卖傻，他出色的思维能力却使他难掩锋芒。而且，他将很快证明这种思维能力与刚强坚定的性格、矢志不移的意志和锲而不舍的耐心是相辅相成的。他为自己构想的那幅伟大的世界图景坚持不懈地努力，又奋斗了 3 年。在此期间，他一边继续维持与英荷诸国的友好往来，一边谋求时机将法国和俄罗斯拉入自己编织的外交网络。他别无选择，唯有静候时机。但是他深信英国或普鲁士或这两个国家一起，迟早都会犯错，而届时他定会知道该如何从中得利。1756 年年初，期待已久的机会终于出现了。

犯错的是英国。英国国王乔治二世一直担心法国意图吞并他的珍宝——英国国王在欧洲的世袭领地汉诺威。由于盟友奥地利不承诺在汉诺威受到威胁时积极提供帮助，时任英国首相的纽卡斯尔公爵决定直接向普鲁士国王腓特烈二世提出共同防御的建议。同年，两国签署协约。于是在法国国王路易十五眼中，普鲁士在一夜之间就从一个不稳定的盟友摇身变成了一个危险的敌人。对东普鲁士蓄谋已久的俄罗斯也深感遭到了盟友英国的背叛。考尼茨期待已久的机会终于到来了。在他的计划中，只要法国能在 1756 年签署的法奥防御同盟中保持中立，奥地利就可以联合俄国痛击普鲁士，而英国将对此无能为力。而实际情况远比考尼茨想象到的最佳状况还要好，因为路易十五一直就对腓特烈二世好感阙如。此时面对英普共同防御的协定，路易十五深感遭到了普鲁士的欺骗，故而反应十分强烈。当然更重要的原因是，那时他已处于情妇蓬皮杜夫人的深深影响下。蓬皮杜夫人权倾一时，她十分喜欢“女元首”的角色，而考尼茨早在出使巴黎那段“无所事事”的时光中就成功赢得了她的信任。

欧洲历史上延续了几百年的传统政治格局很快出现了翻天覆地的变化，古老的联盟关系发生了大逆转，几大强国互相进行了盟友交换。奥地利和法国两大曾经的死敌站到了一起，它们与俄国携手，共同对抗新近结盟的英国、荷兰和普鲁士。两个全新的阵营蓄势待发，只要出现一点火花，就能点燃一场欧陆大战。这簇火花是由腓特烈二世点燃的。腓特烈二世对现况深感不安：普鲁士事实上处在强敌环伺的包围圈中，祸福难料。他必须确保西里西亚的安全，并要打开一条可随时秘密入侵波希米亚的通路。1756 年 8 月 29 日，普鲁士军队开入萨克森，不宣而战，七年战争最终爆发。

以上便是七年战争的序幕。对于奥地利来说，这场残酷的战争自始至终都是第三次西里西亚战争，目的是不惜一切代价打败普鲁士，收复西里西亚。对于英

路易十五的情妇、任性固执又举足轻重的蓬皮杜夫人。

国和法国而言，这场战争是英法长期海上霸权和贸易及殖民地争夺战中的高潮。七年战争结束后，最大的赢家英国成为海外殖民地霸主，开始书写“日不落帝国”的辉煌传奇。法国被迫将整个加拿大割让给英国，并从印度撤出，永远失去了海上强国的地位。奥地利恢复了欧洲强国的地位，却永远失去了西里西亚。俄国巩固了在东欧的势力，从此开始以主要仲裁者的身份活跃在欧洲舞台上。普鲁士浴火重生，终成帝国境内能对奥地利造成威胁的第二大国，给奥地利王室在德意志的地位留下了隐患。

普鲁士得以浴火重生，主要归功于腓特烈二世的雄才伟略，他带领普鲁士突破了当时发展的极限。1757 年 6 月，普鲁士军队在科林战役中与玛丽亚・特蕾莎新任命的陆军元帅利奥波德・道恩所率奥军开战，遭受惨败，普鲁士速胜的希望破灭，普军铜墙铁壁、永无过失的神话从此被打碎。腓特烈二世随后反击，取得了罗斯巴赫和洛伊滕战役的大捷。然而，好景不长，1758 年秋普鲁士军队在霍赫基尔希再次被道恩元帅所率奥军击败，指挥奥军作战的还有劳顿和拉齐——两位军事才华与道恩不相上下的将领。1759 年夏，普鲁士军队在库纳斯多夫战役中大败于俄奥联军之手。腓特烈二世的末日似乎已经来临。俄奥军队的一致行动将精疲力尽的普鲁士军队击溃，几乎将腓特烈二世送入万劫不复之境，但是这支联军未能避免历史上联军通常犯的错误——他们开始内讧。一举击败普鲁士的机会就这样失去了。在接下来形势令人绝望的 3 年，腓特烈二世依靠自己内心巨大的内驱力、强大的精神恢复力和决不言败的信念继续坚持作战。英国军队在不伦瑞克的斐迪南指挥下在明登战役中击败法国军队，相当于救了普鲁士一次；腓特烈二世超人般的努力也数度拯救普鲁士于水火，例如他在托尔高和利格尼茨两次战役中大胜奥军，也多次在战场上成功逃跑。1761 年，法国实际上已退出战争，但奥地利和俄国仍士气高昂。普鲁士的经济遭到严重破坏，腓特烈二世本人也已深陷一种自杀般的情绪，一心只求战死沙场。他看上去已是在做困兽之斗，只有奇迹才能阻止他的最终灭亡，也只有奇迹才能阻止普鲁士作为一个独立大国的崩溃。然而，奇迹真的发生了：1762 年 1 月 5 日，俄国女沙皇伊丽莎白一世骤然去世，这一宛如神意的事实将腓特烈二世从死亡边缘拉了回来。伊丽莎白一世从执政之初就决心摧毁普鲁士，消灭腓特烈二世，其决心之强烈堪比玛丽亚・特蕾莎。伊丽莎白一世驾崩后，新沙皇是年轻的彼得三世。彼得三世其人神志不清，常伴有病态的幻想，他的皇后是德意志安哈尔特-采尔布斯特公国的公主，也就是后来的叶卡捷琳娜大帝。彼得三世在位时间只有短短数月，之后在他可怕的年轻妻子的默许下遭到宫廷侍卫的谋杀。叶卡捷琳娜夺位称帝，是为叶卡捷琳娜二世，她推行开明专制体制，才干与名气闻名海内外，被尊为“启蒙时代的女皇”和“俄国的塞米勒米斯”。彼得三世对普鲁士国王腓特烈二世的崇拜近乎痴迷，伊丽莎白一世去世后，彼得三世当即下令俄军退出战场并与普鲁士议和。这一命令可谓挽救腓特烈二世于千钧一发之际，为普鲁士赢得了喘息之机，也使普鲁士在七年战争的战火下不至于亡国。后来普鲁士浴火重生，经历几代君主的励精图治，终于在19世纪后期统一了德意志，并在20世纪上半叶以前所未有的规模入侵俄罗斯。

玛丽亚·特蕾莎已然心力交瘁，忍无可忍。她深知这整场战争完全出乎她的意料。她将会在往后的日子里为那些不该做而做了的事和该做而没有做的事痛苦自责。其中一桩“不该做而做了的事”就是“出于骄傲而发动战争”。在奥地利王位继承战中她的军队如猛虎般英勇厮杀，那是因为她被逼如此，除了负隅顽抗外别无他法存活。在七年战争伊始她告诉自己，自己的行为不过是出于正当合理的理由来收复那块因遭到普鲁士无缘无故、背信弃义的突袭而从哈布斯堡家族世袭领地中被剜去的珍贵土地，事实也确然如此。在维也纳看来，七年战争无疑是一盘精心设计、组织缜密的计划的果实，将为人诚实、心地善良、道德高尚的玛

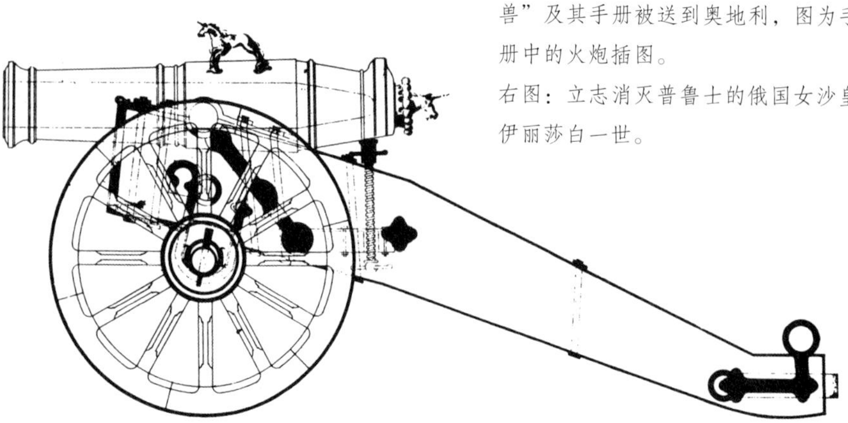

左图：七年战争中，俄国火炮“独角兽”及其手册被送到奥地利，图为手册中的火炮插图。
右图：立志消灭普鲁士的俄国女沙皇伊丽莎白一世。

丽亚·特蕾莎卷入战争，这场战争随着不断接近尾声，也逐渐被混乱和欺骗充斥。玛丽亚·特蕾莎在战争爆发时曾真诚地表示她无意通过武力收复西里西亚，这项任务很可能会由她的后继者来完成。后来，她改变了想法。然而，考尼茨的大胆设计令她兴奋和倾倒，因此在他的哄骗和诱导下，在她转变想法后的很长一段时期内，她依然持有这样的言论。与她曾经遭受的背叛相比，她对英国盟友所撒的谎和她自我辩白时的虚伪都是可以被原谅的。不过，这位杰出的女性或许更希望按照她自己的道德标准来评判自己：她的道德标准很高，比同时代的任何君主都高得多。然而，在七年战争前夕，她不仅完全认清了自己的巨大能量，还因这股力量而变得有些趾高气扬。她变得焦躁不安，性格也日渐粗俗，跌落到自己的道德标准之下。但值得注意的是，她的身体里仍然储备足够的能量，让她能在日后再转变回来，找回初心和本我。她对大规模的苦难、杀戮和破坏拥有不可推卸的责任，因此她决定余生除自卫外都将远离战争。在结束七年战争的《胡贝图斯堡和约》签订后，她仍有 17 年的寿数，她也确实做到了对自己的承诺。

8
改革之君
约瑟夫二世

玛丽亚·特蕾莎在七年战争爆发时年仅 39 岁，正处于权力巅峰。在七年战争结束后两年，只有 48 岁的她却遭遇挚爱丈夫的骤然去世，这对她而言无异于世界末日。没有人能说清弗兰茨·斯蒂芬对于玛丽亚·特蕾莎而言意味着什么。玛丽亚·特蕾莎拥有一种异乎寻常的天赋，她可以看清与她最亲近的人身上的缺点，而不会因此对他们减少一丝一毫的爱意。她在很年轻的时候就发现自己深爱的丈夫完全没有领导才干。弗兰茨·斯蒂芬优柔寡断，做事慢条斯理、过分谨慎，不论是率军征战沙场还是把握国家大计，他都缺乏气吞山河的气势和得心应手的天资。她很快还发现这个男人并不专一，但她隐忍了他的不忠行为，还为他一共生了 16 个孩子。弗兰茨·斯蒂芬在战场上的“处女秀”造成了灾难般的后果，她因此不再让他接触战事，而是支持他在擅长的金融领域进行发展（他为她挣到了一笔巨大的私人财富），还鼓励他在艺术和科学方面发展爱好。作为父亲，他对孩子和善亲切；作为丈夫，他可以让妻子在私人环境中全然放松，他显然给予了玛丽亚·特蕾莎需要的全部。因而，他的离世令玛丽亚·特蕾莎全然崩溃，陷入极度悲痛。她让女官剪去了自己一头美丽迷人的金色长发，并终其余生都只穿黑色丧服。她一度认为自己已经心如死灰：人生再无价值了。不过在接下来

右页图：美泉宫中的大画廊，这是玛丽亚·特蕾莎下令营建的一处建筑。该建筑内的一切细节都做到了极致，充分表现了这位皇后对奢华娱乐的喜爱。

皇帝约瑟夫二世和弟弟斐迪南大公，由巴托尼绘制，此画作于1769年。1765年约瑟夫在其父亲去世后继任为皇帝，与母亲共治帝国。

第194至195页图：西班牙骑术学校内的一场女子比赛，这座学校是菲舍尔·冯·埃拉赫为玛丽亚·特蕾莎的父亲建造的。

左页图：虽然玛丽亚·特蕾莎在资助艺术家方面做得并不多，但是美泉宫中的剧院大厅仍然是宫廷娱乐的焦点。

约瑟夫二世在农夫安德烈亚斯·费卢卡的田间扶犁耕种。约瑟夫二世关于社会改革的观点值得赞赏，但他的改革方式却十分傲慢生硬。

的 15 年，这个坚韧如钢的女人仍旧实现了骄人的业绩，为国家赢得了重大利益。这 15 年同样乌云密布：一是这期间她一直与长子即继承人约瑟夫二世共同治理帝国，但母子二人间产生了旷日持久的争执；二是迫于当时的政治环境，她最小的女儿玛丽亚·安东妮娅在 15 岁时成为奥地利与法国波旁王朝这一新同盟的和亲人选，以法国王太子妃的身份于 1770 年踏上法国国土，从此成为玛丽·安托瓦妮特。

约瑟夫二世从童年起就是个难相处的孩子，后来又长成了一个更难相处的男人。约瑟夫品德崇高，一心一意努力改革陈旧腐朽的政体，随时愿意为自己的人民牺牲生命和财富（他将父亲留给他的巨额财富全部捐给了国家）；在个人生活方面节制适度，可以说没有任何一个统治者在这些方面能比他做得更好。但是他却有一个致命的缺陷，那就是他性格极端任性执拗。他的谦逊端庄中裹藏着张扬和炫耀，他关心穷人生活的舒适康乐在很大程度上是因为他讨厌也蔑视有钱人，他主导的改革影响深远，但改革的初衷却并非回应臣民们明确或隐晦的改革需

左图：玛丽亚·安东妮娅。她于 15 岁嫁给了未来的法国国王路易十六，她的婚后生活令母亲玛丽亚·特蕾莎十分担忧。事实证明，玛丽亚·特蕾莎的担忧是对的。
右图：玛丽亚·特蕾莎身着寡妇服。丈夫的死给了她很大的打击，她一生都没有走出丧夫之痛。

求，而全然是他自己个人观点的表达，即他认为这样改革会更好，于是就这样执行了。只有他才知道什么是最好的，只有他才是皇帝。他固然仁慈，却也是个典型的独裁者，他的统治时期与母亲当政时相比更加专制和独裁。更糟糕的是，虽然他真心关心臣民精神生活和物质生活的舒适，也非常厌恶繁文缛节和奢靡无度，但是他仍然怀揣了一个荣耀之梦，并且与几个世纪以来的哈布斯堡家族先祖不同的是，他希望通过战争的方式实现领土扩张，决心在战场上证明自己出色的指挥能力。他不是无神论者，而是一个十分虔诚的天主教徒。他也崇拜权力，对两位将权力操控得登峰造极的外国君主十分钦慕。这两位君主也都雅善艺术，他们是普鲁士的腓特烈大帝和俄国的叶卡捷琳娜大帝。他立志成为奥地利的约瑟夫大帝，遗憾的是他失败了。

约瑟夫的想法实在是太多了。玛丽亚·特蕾莎对她质朴的宗教信仰笃信不疑，是一位最不符合理性主义、最不像知识分子的统治者。考尼茨或许是个伏尔泰追随者，但他总是有意识地隐藏自己的想法，然后悄悄地对那些有想法的人予以资助。只有范·斯韦滕将启蒙运动之风引到奥地利的土地上，并勇敢地站出来直面他女主人挚爱的耶稣会，不过他的行事也必须特别小心，并且他为新的时代精神代言完全是出于经世致用的目的，而不是对启蒙主义理论有所发展。伟大的皇后玛丽亚·特蕾莎确实对教育热情十足，但其实她是把教育当作制造更好、更有用的公民的手段，而她也讨厌抽象的观念。1765 年约瑟夫开始与母亲共同执政，维也纳从那时起终于有机会敞开天窗，让来自伏尔泰、狄德罗、孟德斯鸠等思想家的令人兴奋的空气吹散奥地利陈旧腐化的蜘蛛网了。如果约瑟夫二世采用平稳、更人性化，关键是更巧妙圆通的方式来开展自己的活动，他还是有很大机会能开启母亲玛丽亚·特蕾莎的头脑，让她认识到时代变化的需要的，因为她显然是在不断成长的。她本人其实已经很朦胧地意识到了理性时代的需要，不是在知识上、智识上的，而是她的第六感告诉她从纯粹实用的角度看，时代变化是不可避免的，即使她可能很反感这些必需的变化。但是，巧妙练达和处事圆通恰恰是约瑟夫二世身上最缺乏的品质。可能是因为他的母亲本身已经将巧妙和圆通实践得淋漓尽致了，也可能是因为他的父亲一直和蔼可亲、八面玲珑、面面俱到，所以他不仅完全不懂得处事待人的艺术，还相当鄙视这种行为。他喜欢羞辱对手（他有施虐倾向）。对待母亲，他时而向母亲倾泻深切澎湃的爱与忠诚，时而又好像故意精心策划般竭尽所能地激怒她，表达自己最激进的思想。他经常威胁恫吓、恃强凌弱和高谈阔论。

他坚决主张政府机关需要有头脑的人任职，但他只会通过嘲笑他母亲的贵族朋友这一种方式来表达主张，而她本人其实已经意识到了这种必要性，以及大贵族家族的诸多缺点，也已经出台了很多办法限制其权力。他为宗教宽容辩护（这是他母亲所不理解的，也是她的一个盲点，不过她也已预备为此事展开讨论了），但采用的方式却是鲁莽地直接驳斥他母亲最神圣的信仰。母子二人对普鲁士国王腓特烈二世和俄国女沙皇叶卡捷琳娜二世的看法大相径庭——母亲眼中的“宿敌”和“不信神的娼妓”（她这么看叶卡捷琳娜并非没有原因……）在儿子眼中却是两个浑身都是优点、品质非凡的人，他因此向母亲大发雷霆。让情况变得更复杂的是，约瑟夫二世虽然表面上庄严简朴、干脆利落、尖刻粗鲁，但是内心却自怜神伤。他的第一任妻子帕尔马的伊莎贝拉是一个聪慧机灵、教养良好、见解深刻又不失妩媚迷人和温暖善良的姑娘。她的早逝给他带来了致命一击，他因此

左图：1760 年，约瑟夫二世与第一任妻子帕尔马的伊莎贝拉在霍夫堡的婚礼场景，由马丁·范·梅滕斯绘制。

右图：约瑟夫二世与第二任妻子巴伐利亚的玛丽亚·约瑟法的婚礼场景。在约瑟夫二世两次婚姻的仪式过程中，宫廷庆祝活动都大同小异。他的两个弟弟斐迪南和马克西米利安以及妹妹玛丽亚·安东妮娅表演了一段庄严的舞蹈来祝福约瑟夫和玛丽亚·约瑟法的结合。玛丽亚·约瑟法貌似无盐，这段婚姻给约瑟夫二世造成了无法忍受的负担。

颓靡不堪，悲惨的丧妻之痛让他将自己视为世界上最受虐待、最没用的人。

父亲弗兰茨一世逝世时，约瑟夫二世 24 岁。在此前一年，他在法兰克福被加冕为“罗马人的国王”，那也意味着他将在父亲死后自动继承神圣罗马帝国的皇位。在之后的 15 年，尽管他一直声称深爱自己的母亲并且是个至孝之人，但母子二人却陷入了长久不绝的争执。儿子一次又一次以退出联合执政之位为要挟，母亲也一次又一次几乎向这个令人头疼的儿子低头认输。考尼茨一直都对约瑟夫二世的大部分想法持同情态度，因此持续不断地斡旋于这对母子之间，甚至需要将他精湛老练的外交手腕施展得淋漓尽致。人们普遍这样认为他们母子二人

当时标为“道德败坏之奖励”的印刷品。凡是违反约瑟夫二世规定的道德准则的人都被强制扫街和剪发。

的关系：一个是勇于改革、富有远见的年轻气盛的皇帝儿子，一个是顽固不化、反对一切脱离常规的新观念的太后母亲，儿子的任何举动都遭到母亲的阻挠。这实在是大谬不然！玛丽亚·特蕾莎虽然生性十分保守，但却从继承父业那日起就成了一位勇于改革的君主，而彼时的约瑟夫尚在襁褓之中。终其统治岁月，玛丽亚·特蕾莎都一直在修正自己的想法。她在统治末期出台了诸多改革项目，如司法改革、教育改革（小学义务教育）和民生改革（改善穷苦农民的生活状况），这些改革的功绩都被记到了约瑟夫二世的头上，但其实这些都是她的主意。除了宗教宽容和战争问题，母子二人很少就某个具体问题各执己见。关于战争问题，约瑟夫二世倾向于通过武力来扩张哈布斯堡家族的领土，这也是最让玛丽亚·特蕾莎伤心的。她坚决否认任何为战争辩论的说法，这也是她晚年最闪亮的美德。母子二人之间大量的通信和备忘录都流传了下来，那些书信数量众多并且饶有趣味，信中的玛丽亚·特蕾莎极其活泼、充满活力。从二人的信件我们能清楚地看到，最让玛丽亚·特蕾莎感到焦虑的其实不是约瑟夫二世在某件具体事项上与她见解不同，而是她发现了长子的性格存在极其严重的潜在缺陷。早在约瑟夫还是个幼儿时，她甚至就给他的家庭教师写过信，担心儿子的粗野无礼，对比他地位低的人态度傲慢，对一切批评的声音充耳不闻：“他希望受到顺从和尊敬。他讨厌被批评，对此几乎不能忍受。他会突发奇想，然后任性而为。但是他对待他人的言行表现却缺乏礼貌，甚至可以说是粗鄙。”最重要的是，“他一旦抓住别人的缺陷，不管是身体上的还是其他方面的，就会大肆嘲弄，而且他有享受这种感觉的倾向……”。玛丽亚·特蕾莎对儿子的这种倾向深感苦恼，因为“这是一个缺点。这个缺点在高居上位的人身上尤其值得谴责，因为上位者能轻而易举地给那些无力为自己辩护的人造成伤害或窘迫状况”。

母子二人的相处就以这样的状态继续着。20年后，她再次按捺不住自己，提笔给已是皇帝和联合执政的儿子写信抱怨，内容与20年前的如出一辙：

> 你真的以为你的这种言行表现能让你的仆从忠心不变吗？流氓无赖为了达到自己的目的会忍受你，但真的忠诚之人是不能容忍你的，所以我非常担心你会在将来成为流氓无赖的工具……但最让我痛心的是，你这种说话和做事的态度其实都不是自突然的愠怒中产生的……就是说，你的冷嘲热讽、你夸张的责骂其实是经过你仔细思考的结果，是你自己决定在那些让你尊敬和赞许的人心中插入一柄匕首……讲这些伤人刺骨、尖刻辛辣、

一所综合医院的模型。约瑟夫二世的改革热情大多用错了地方，而建设综合医院则是他众多改革之一，影响还比较持久。

粗鄙难听的话的人不是什么皇帝，也不是什么联合执政，而是约瑟夫，这些都是你真实内心的流露。让我警醒的是这一点，让你的人生遭难的也会是这一点，招致君主制的衰败和我们所有人垮台的仍然会是这一点……

事实上，君主制仍延续了一个半世纪。如果约瑟夫二世拥有他伯外祖父约瑟夫一世的素质或者他母亲的才能，那么我们还可以想象一下奥地利帝国以立宪君主制的形式延续至今的场景，一个将多个民族团结在一个国度内的奥地利帝国会是什么样子，虽然这种可能性不大。但是约瑟夫二世的人生确实是被毁了，这和他的母亲预见的一样。玛丽亚·特蕾莎的预言能力不容小觑。1775 年，也就是在她去世前 5 年，她曾给已是法国王后的小女儿玛丽·安托瓦妮特写信，劝告她要通晓事理，谨言慎行："好运气是不会永远陪伴你的，你可能会因为自己的错误而使自己陷入深深的痛苦……有一天你会明白个中缘由的，但那时将为时已晚。"

约瑟夫二世的人生之所以被毁是因为他对人性和情感完全不了解，以为靠政令就可以让世界变得合理有序，所以他肆意压制贵族和诸侯并严格管制平民和农民。他认为只有他才知道对这些人来说什么是最好的，也只有他才能安排一切。在与长子共治的 15 年中，玛丽亚·特蕾莎用尽心力才约束住了他与生俱来的专制独裁。她去世后，约瑟夫二世完全掌权，再无束缚，从此政令络绎出台，令人头晕眼花：有的卓有成效，有的糟糕透顶，有的则荒谬至极，没有一个是经过深思熟虑的。这些政令不仅缺乏一致性和大局观，而且没有考虑后果，也没有与既得利益集团达成一致意见。约瑟夫二世心血来潮，今天想出一个新主意，明天就把它变成法律了。

约瑟夫二世废除了奴隶制，粉碎了教会权力，将大批富有的教会组织的财富用于公共事业，加强了玛丽亚·特蕾莎创设的官僚机构的建设，杜绝了皇家奢靡浪费，还喜欢到民间微服私访……这些都是功绩，但却都采用了错误的实现方式。约瑟夫二世把绝大多数人都得罪了。例如他给波希米亚强加了一个几乎全部由德意志人构成的官僚政府，但他这么做并非因为他喜欢德意志人，而是因为他觉得德意志人更高效，但此举却使他疏远了波希米亚人，失去了他们的支持。此类事例不胜枚举。结果就是在他去世前，帝国怨声载道，酝酿起义，而奥属尼德

约瑟夫二世之墓位于维也纳嘉布遣会教堂的地下墓穴内。与在它后方的约瑟夫二世父母的华丽墓穴相比，他的墓显得十分简朴而肃穆。

兰甚至已经揭竿而起了。约瑟夫二世的本意是非常好的，但实际情况却大违初衷。在独立统治了10年后，他即将与世长辞，那时君权已摇摇欲坠。可怜的约瑟夫二世满心苦涩地留下了一则墓志铭，镌刻在他的墓碑上："这里安歇着约瑟夫二世，他一事无成。"

母亲玛丽亚·特蕾莎健在时，他就不顾她长期而坚决的抗议，做出了参与瓜分波兰的愚蠢行径。七年战争中奥地利的盟友俄国已正式以强国身份走上国际舞台，成为欧洲权力竞技中一个无法估量的全新因素。在叶卡捷琳娜大帝治下，俄国最终成功地确立了在黑海的统治并开始蚕食波兰。1772年，令玛丽亚·特蕾莎深恶痛绝的腓特烈二世提出了瓜分波兰的主张，他与叶卡捷琳娜二世一拍即合，两国还意图让奥地利成为这项罪行的从犯。玛丽亚·特蕾莎对此勃然大怒：他们居然邀请她参与如此冷血的侵略行径，而此行径恰恰与30年前腓特烈二世对西里西亚的所作所为一般无异！然而，约瑟夫二世却在考尼茨的支持下对她的抗议充耳不闻。

玛丽亚·特蕾莎态度鲜明地奋力抵抗了很长一段时间。奥地利一旦参与瓜分波兰就会名誉扫地，会被永远地钉在道德的耻辱柱上，她将在这个世界上失去朋友，将与恶棍和强盗为伍；奥地利一旦参与瓜分波兰，她作为帝国皇太后一直努力坚持的国际道德原则就会遭到致命破坏。玛丽亚·特蕾莎无论如何都不愿参与这起罪恶。但是她已经年迈，考尼茨和约瑟夫这两个她一手培养起来的人此时站到了她的对立面，将她算计到走投无路的境地。最终，玛丽亚·特蕾莎对灾难的预言成了真，并且奥地利由于参与了第一次瓜分波兰而从此和普鲁士及俄罗斯绑在了一起，这一点即使是玛丽亚·特蕾莎在当时也没能看清，这个决定也使她丧失了行动的自由。瓜分波兰虽然扩大了奥地利的领土，但也给这个多民族的帝国又增添了一个无法被同化的全新民族，为帝国在未来的最终溃败埋下隐患。

约瑟夫二世的军事“功绩”可谓荒唐，愚蠢至极。普鲁士国王腓特烈二世在他眼里是伟大的战士，俄国女沙皇叶卡捷琳娜二世在他看来是成功的帝国缔造者，他将这两位君主当作典范与奋斗目标，坚定地相信自己也能如他们一般威镇寰宇，熠熠生辉。抱着这样的荣耀梦想，他将知识启蒙的热情和穷苦臣民的社会福利抛诸脑后，让国家卷入了两场不幸的战争。第一场战争缘起巴伐利亚选帝侯无嗣而终，约瑟夫二世为了扩张奥地利的领土而参与巴伐利亚的王位继承战争，希望瓜分巴伐利亚。约瑟夫二世本以为会轻而易举地获得巴伐利亚的领土，却没想到巴伐利亚问题竟然引发了连绵战事：他心目中的英雄腓特烈二世深恐奥地利因获得巴伐利亚的领土而重新在德意志地区取得霸权，故而此番扮演了和事佬的角色，不惜向奥地利宣战，为国际道德摇旗呐喊。普鲁士此举着实令约瑟夫二世感到厌恶和沮丧，他勇敢无畏地率领了一支 20 万人的军队开入波希米亚迎战普鲁士军队……后来，他之所以能顺利地熬过战争，原因有二：一是年迈的腓特烈二世经受住了奥军的诱惑，没有使双方展开大规模的作战行动，而是满足于相互对峙；二是对此次战争持反对态度的玛丽亚·特蕾莎背着他组织了缔结停战协议的会议。巴伐利亚王位继承战争还有一个“小名”叫“土豆战争”，因为双方军队无所事事，一整个沉闷的冬季都在波希米亚的雪地和泥地上忙着用步枪上的刺刀挖掘土豆。1788 年，在玛丽亚·特蕾莎去世后，约瑟夫二世再次引爆了一场短暂又愚蠢的战争，这次是对阵土耳其军队。这场战事的唯一“成果”就是在怨声载道的沸腾民怨上又点了一把火。在约瑟夫二世去世前夕，匈牙利和奥属尼德兰再次揭竿而起。对于一个从一出生就立志缔造伟业的改革之君来说，这样的结局无疑是悲伤的。对于奥地利来说，这也很可能是帝国的结局。约瑟夫二世于 1790 年 2 月去世。而就在一年前的 7 月，巴黎民众咆哮着攻占了巴士底狱。即使王位稳如泰山，这也是个危险时刻，更不用说这个王位本身已危如累卵了。

奥地利的君权和帝位没有在这一时期衰落要归功于约瑟夫二世的弟弟、托斯卡纳大公利奥波德，也就是后来的皇帝利奥波德二世。利奥波德在 43 岁时成为炙手可热的神圣罗马帝国皇帝和波希米亚及匈牙利国王。利奥波德出生在约瑟夫二世之后，并且他仅在位两年就辞世了，可谓奥地利的双重不幸。生为玛丽亚·特蕾莎第三子的利奥波德在青少年时期前途暗淡，之后他从皇父弗兰茨一世手中继承了托斯卡纳。受启蒙运动的影响，他在他的小公国里建立了一个有效的国家机器，将佛罗伦萨的皮蒂宫变成欧洲大陆上最开明、最公正、最人性化、最进步的政府机构（此处完全指的是这些词语的字面意思，而不是这些词语被教条的理论家歪曲之后的意思）。由于他的小公国十分贫穷，他只能想方设法用极少的钱达到目的。他很好地继承了母亲身上一部分最优秀的品质，并且还为这些品质注入了时代精神。作为启蒙主义者，他远比哥哥约瑟夫纯粹。考虑到约瑟夫二

弥留之际的玛丽亚·特蕾莎，约瑟夫二世跪在她身侧。她坐在椅子中死去，看上去平静无畏。

左图：皇帝利奥波德二世。利奥波德从佛罗伦萨回到奥地利继承亡兄的皇位，他似乎具备一个开明、有人情味、有教养的统治者必须具备的一切素质，但是他只当了两年皇帝就与世长辞了。右图：约瑟夫·海顿。海顿受匈牙利最显赫的贵族之一艾什泰哈齐家族的邀请来到其地出任乐长，忠诚地为该家族服务。他给予莫扎特大力支持，对这位音乐神童赞不绝口，不过这并没有使莫扎特摆脱到处碰壁的命运。

世得天独厚的运气——先是共治者，后是独揽大权的皇帝，利奥波德二世完全可以被称作“开明的利奥波德”而流芳后世。

在此，我们讨论一下君主制。血统、传统和旨在培养合格统治者的君王教育其实是真的有意义的，意义大到哈布斯堡家族的一个平庸之辈都具备职业君王的素养，比其他人，哪怕是那些能力要强得多的人，都更有可能承担起权力的责

第 208 至 209 页图：庆祝利奥波德二世加冕的游行队伍。利奥波德二世是约瑟夫二世的弟弟，也是其继任者。

任。但君主制总是面临某一时刻，即帝王的后嗣中没有具备足够能力继承大统的人。动物养殖育种时通常要进行选择性屠宰，从品系中排除一切具有不良特征的个体，留下优良品种，从而提高品种性能。哈布斯堡王朝或任何欧洲王朝都没有采取这种残忍的良种选择制度。西班牙国王腓力二世将他不幸的儿子唐·卡洛斯从世界上抹去应该是最接近动物选育的事件了，但这类事例极为罕见。值得注意的是，这个非凡的家族在几个世纪以来成功培养了尽可能多的精明强干的统治者。

上天只给了利奥波德二世短短两年的时间统治帝国，他没有足够的机会来积极证明自己，只能一直补偏救弊。他与土耳其议和，安抚了匈牙利贵族，取消了约瑟夫二世几乎所有激进的改革措施，此举为他赢得了奥地利国人的信任。他恩威并施地与奥属尼德兰达成了和解，这本身就是一项重要成就，但他也在此过程中犯了一生中最大的一个错误：由于他决心不再与英国和荷兰合作，他在处理尼德兰事务的过程中得罪了这两个海上强国，但他没有想到的是短短一年之内，奥地利就将迫切需要得到英国的一切帮助。

他错就错在认为即便法国的君主权力会受到削弱，自己的妹夫、曾经的盟友法国国王路易十六也会很快重振王权。然而，随着法国国内混乱的局势不断升温，他对法国内政的公开干涉进一步引来了吉伦特派的怒火，战争的危险加剧了。奥地利一旦和法国开战就将意味着奥属尼德兰的丢失只在旦夕之间。可怜的利奥波德二世肩负两重责任，陷入困境。第一重责任是他必须不惜任何代价避免战争，除非他能请求英国公开给予支持；第二重责任是他必须团结欧洲所有君主缔结统一战线，共同反对革命。鉴于奥地利不久前在处置尼德兰事务时冷待英国，英国此时也对奥地利以眼还眼，以牙还牙，声明英国将保持绝对中立，不动摇。利奥波德二世被法国人怀疑为积极与路易十六密谋，他不得不表明绝不干预法国内政的立场，但同时他也策划了一个又一个不切实际的方案，意图通过非战争手段营救路易十六，最重要的是营救他可怜的妹妹玛丽·安托瓦妮特。1792年3月，利奥波德患上了阿米巴痢疾，几天后不幸去世，直到最后他都坚持和平的主张。他刚一辞世，法国就向他的继任者宣战了。

在玛丽亚·特蕾莎和她的两个儿子的统治时期，维也纳对欧洲的音乐文化做

幼小的莫扎特在美泉宫中为玛丽亚·特蕾莎演奏。

出了巨大贡献。德国作曲家格鲁克的父亲是一名林务官，后来到欧根亲王军中效力。玛丽亚·特蕾莎尽管对少女时代所听的意大利音乐情有独钟，但却将格鲁克任命为宫廷乐师，格鲁克后来成为歌剧发展史上里程碑式的人物，对此玛丽亚·特蕾莎可谓功不可没。海顿和莫扎特出身于平民之家，从未被维也纳皇室慧眼识珠，也未曾供职于皇室，可以说他们的成就与皇室关系不大。但是他们都移居到维也纳谋生，而维也纳社会的存在和稳定要归功于玛丽亚·特蕾莎良好的判断力和谦恭的品质。18 世纪末，久慕海顿和莫扎特盛名的青年贝多芬离开波恩来到维也纳——在他看来它是学习和创作的最佳城市。就这样，维也纳成为音乐圣地，孕育出无数的音乐天才。这份光彩熠熠的名单从舒伯特、布鲁克纳和德国作曲家勃拉姆斯等名字一路蜿蜒而下，见证了君主制即将垮台的境况，一直到君主制解体后的马勒、胡戈·沃尔夫、贝尔格、勋伯格，最后由韦伯恩画上灿烂的句点。此外，波希米亚和摩拉维亚也有非常独特的音乐传统，发展出了一条著名的音乐脉络，其音乐文化在哈布斯堡王朝最后一位英明的统治者时期更是达到了巅峰。莫扎特在布拉格一直比在维也纳快乐，布拉格对他也更友好。著名的捷克作曲家有德沃夏克、斯美塔那和旷世奇才雅那切克。从洛可可到无调性主义，从纸醉金迷的美泉宫到建筑师洛斯的现代主义建筑学革命，从剧作家梅塔斯塔齐奥、格鲁克、海顿和萨列里到剧作家霍夫曼斯塔尔、理查·施特劳斯，在艺术层面都经历了漫长的演变过程。医学层面也是如此，从约瑟夫二世的综合医院到全盛时期的维也纳医学院，以及从范·斯韦滕到西格蒙德·弗洛伊德博士，都走过了漫长的发展历程。而且，这跨越了一个半世纪之久的漫漫发展之路是连续不间断的，其间的“跋涉者”虽然会感到艰难，但却无安全之虞。直到 1914 年夏，哈布斯堡王朝最后一位伟大的统治者迷失了方向，整个欧洲都失去了理智。

9

战胜拿破仑、应对欧洲革命与维也纳体系垮台

弗兰茨一世、斐迪南一世和梅特涅

面对席卷而来的革命风暴和拿破仑战争，奥地利迫切需要一位具备旷世奇才的统治者将帝国和整个欧洲团结起来，这个要求无疑是强人所难。不过，奥地利接下来的那位统治者虽然不是旷世奇才，但却也算“恰如其分”。利奥波德二世去世后，其长子弗兰茨继承了神圣罗马帝国的帝位，成为弗兰茨二世。弗兰茨二世令哈布斯堡王朝继续挺立了 43 年，当得起哈布斯堡家族史上另一位“逆境得存者”之称。从 1792 年到 1835 年，弗兰茨二世不畏艰险、历经甘苦，一直在冷酷谋算，无情策划。他可以面不改色地蒙受羞辱，也可以不动声色地迎接巨大的成功。他的生命处于一种轻描淡写的状态，这是对那个夸夸其谈的时代的最好陪衬。1805 年，奥地利在奥斯特利茨战役中惨败后退出了反法同盟，神圣罗马帝国的历史也告终结。亲临战场的弗兰茨二世是这样向妻子报道的：“今天打了一仗，不太顺利。”

弗兰茨二世让人想起了哈布斯堡家族史上那位伟大的“逆境得存者”腓特烈三世和他的名言：“如若覆水难收，不如将之遗忘，才为幸福之至。”弗兰茨二世确实与腓特烈三世有些相像，他的生命能量也比较低，并且也将这个特点变成了美德。他在家庭圈子中和善温和。他性格懒散，很少大惊小怪，从不装腔作势，

右页图：拿破仑的侵略使奥地利人民跨越阶级界限团结在一起。这张画作展现了贵族、中产市民和农民的军事忠诚，对爱国主义进行了高度颂扬。

So ziehet Edelmann Bürger und Bauer in Thirol fürs Vaterland zu felde
unserer Patriotischen Erz Herzogin Elisabet gewidmet. A. 1809.
von einem Tiroler Schützen fff

弗兰茨一世和他的皇后、巴伐利亚公主卡罗琳·奥古丝塔一起乘坐马车。

第216至217页图：奥地利军队步履艰辛地穿过冰封的山口，迎战拿破仑。

左页图：弗兰茨二世脱下了神圣罗马帝国皇帝的盛装华服，又穿戴上了奥地利帝国皇帝的服装和珠宝，成为弗兰茨一世。他之所以能保存自身，很大程度上是因为他冷静地接受了拿破仑的条款。

拿破仑（左）与第一任妻子约瑟芬离婚后娶了弗兰茨一世之女玛丽·路易丝（右上），这样他就能生下一个有皇室血统的继承人了。拿破仑与玛丽·路易丝所生的独子，也是拿破仑的继承人赖希施泰特公爵（右下）只活到了21岁。他的一生都在美泉宫和那里的花园与剧院中度过。他是一个帅气、勇敢、惹人喜爱的小伙子，死于肺结核。他的死受到了广泛的哀悼。

在平易近人、亲切随和中习惯性地流露出玩世不恭。这些特点虽然没能令这位哈布斯堡王朝历史上最顽强、最坚毅的人物远离灾难，但却成为他的一种便利伪装。弗兰茨二世为了减少损失，通常表现出一副镇定自若的样子，虽然有时候会略显不慎重，但是他知道自己在做什么和为什么这样做。他也十分清楚什么是虚幻的，什么才是实际的。因此，1806 年与拿破仑签订《普雷斯堡和约》，宣告神圣罗马帝国的正式终结时，他才能心平气和地从头上摘下神圣罗马帝国的皇冠，将那顶冠冕永远尘封进历史的记忆中。然而，两年前已经觉察到风向的弗兰茨二世早已为自己预备了一个新的帝王称号，即奥地利帝国的皇帝弗兰茨一世。所以拿破仑覆灭之后，弗兰茨一世反而承上帝洪恩，凭借“尊贵的陛下、奥地利皇帝和匈牙利国王”的身份存活了下来，也以“皇帝”这个更高级的君主身份欢迎欧洲各国君主参加维也纳会议。

还有一个事例也能反映出他的这种性格特点：拿破仑将他全家赶出维也纳并在美泉宫下榻，他却能冷冷地将女儿玛丽·路易丝嫁给那个自命不凡的家伙为皇后；而在拿破仑被流放后他又将女儿接回并封为帕尔马女公爵，同时不慌不忙地将他的外孙（拿破仑之子，也是拿破仑的继承人）限制在美泉宫的宫墙内，封他为赖希施泰特公爵，让他在那座富丽堂皇的宫殿里万念俱灰地度过了自己短暂的一生。

梅特涅在弗兰茨一世时代主导了奥地利的政治和外交，影响深远。他的间谍经历极富传奇色彩。

通常认为，弗兰茨在他那才华横溢的外交大臣梅特涅的光芒映衬下显得无足轻重。人们如此想无可厚非，因为 19 世纪这位赫赫有名的外交家精明强干且拥有远见，能胜任无穷无尽的劳苦工作。但是梅特涅之所以能大展拳脚，完全是因为弗兰茨给他提供了一个坚实的基础，弗兰茨可决不是任凭梅特涅拿捏的橡皮泥。弗兰茨之所以愿意成就梅特涅，一方面是因为梅特涅凭自己的所作所为赢得了弗兰茨的全心信任；另一方面，梅特涅本身也爱慕虚荣、好出风头，由他这个来自莱茵兰的职业外交官当帝国政府的挂名领袖，这对弗兰茨来说实在是一种便利，这样弗兰茨就可以把臣民和其他国家的怒火引到梅特涅这个靶子上了。所以即便历史上没有梅特涅，弗兰茨也会制造出一个“梅特涅”，尽管这个造出来的“梅特涅”肯定不如真的梅特涅那么耀眼夺目。事实上，梅特涅是上天应时代的要求派来主宰欧洲的，而弗兰茨则可以在他的身后尽情演戏，比如像普通市民一样在维也纳街头漫步，在美泉宫的温室中无所事事地虚度光阴，或者在经过厨房时顺手做一些太妃糖。弗兰茨其实很喜欢做这些事，也无论如何都会这么做的。弗兰茨在年少时就曾受到伯父约瑟夫二世的“欺负”；随后他亲眼见到那个专横跋扈的伯父将国家事务搞得一团糟，大为震撼；接下来他又见证了恐怖的法国大革命，经历了他的姑姑玛丽·安托瓦妮特在断头台上被处决。一个有这样经历的人会情不自禁地渴望践行坚决严厉的铁腕政策，但他也明白这个时代需要的是语气温和的仁慈统治。

弗兰茨给他的时代打上了自己的烙印，以一己之力挺过了执政早期的灾难与不幸，直到梅特涅接管了政务，这一点也是值得我们注意的。最初，弗兰茨和他的奥地利孤军作战，身处意大利的奥军最早承受并屈服于拿破仑初始的猛烈进攻。虽然英国在海上艰苦奋战，并且英国海军名将纳尔逊还拯救了弗兰茨的另一个姑姑，即玛丽亚·特蕾莎的女儿玛丽亚·卡罗琳，这个朝气蓬勃的姑娘嫁给了艾玛·汉密尔顿的挚友、那不勒斯的斐迪南四世，但是在欧洲大陆上，奥地利却几乎孤立无援，窘迫至极。1805 年，奥地利帝国在乌尔姆战役中败于法国，随后首都维也纳城被拿破仑攻占；同年，英国海军在特拉法尔加战役中击败了法国海军精锐。再然后便是奥斯特利茨惨败和古老的神圣罗马帝国的解体。德意志诸侯纷纷寻求防卫，缔结了莱茵联邦。弗兰茨就像前文所说的那样，一直十分镇静。直到 1809 年，梅特涅才到维也纳就任，在此之前他一直以大使的身份出访

卡尔大公，他在阿斯佩恩会战中挫败了拿破仑的进攻，是一个极受欢迎的奥地利民族英雄。他的雕像立在维也纳的英雄广场上，与欧根亲王的雕像为邻。

欧洲各国宫廷。也是在这一年，鉴于英国威灵顿公爵在西班牙半岛战争中对法国军队穷追猛打，奥地利决定重返战场。重振士气的奥军在弗兰茨的弟弟卡尔大公的带领下打了一场漂亮仗，在阿斯佩恩会战中挫败了拿破仑的进攻。这场战役发生在维也纳近郊多瑙河畔，不远处就是1278年鲁道夫一世击败波希米亚国王的三月河平原战役的古战场。

不过，拿破仑很快便在瓦格拉姆战役中报仇雪恨了。弗兰茨本人亲临了那个血流漂杵、尸横遍野的战场：拿破仑率领18万人的军队，卡尔大公方面是13万人，那场战役昏天黑地地打了两天。在第二天清晨，奥地利军队实现了一次有力的反攻，最终法国损失了3万人，奥地利损失了2.5万人。弗兰茨眼看着弟弟的军队最终撤退，而法国军队也人困马乏，无力追击，便调转马头，和平常一样神情冷漠地说："我觉得，咱们现在该回家了。"

梅特涅的第一个任务是以最少的代价换取和平，第二个任务是维持和平。最重要的一个代价是让哈布斯堡家族的一个公主跟那个中尉出身的科西嘉人和亲。于是，弗兰茨很平静地送走了女儿，此举绝不英勇，但十分明智。弗兰茨的心中无疑充满屈辱，但哈布斯堡家族的延续超越了屈辱。哈布斯堡家族不需要虚假的骄傲，真正的骄傲是吞噬敌人、扩张领土，是变得无可匹敌、不可撼动。只要皇帝弗兰茨在帝位上高坐，他就是无可匹敌、不可企及的。于是，弗兰茨一直在皇

拿破仑的大军逼近维也纳郊外，奥地利的首都已四面楚歌。拿破仑于 1805 年攻占了这座城市。

位上稳稳坐着。

梅特涅换取的和平没有持续很久。奥属尼德兰丢了，哈布斯堡在西班牙和意大利的王冠被拿破仑家族戴到了头上，光辉灿烂、歌舞翩跹的维也纳这时候挤满了摩肩接踵的难民，神圣罗马帝国已逝，德意志诸侯开始纷纷与法国结盟，落败的普鲁士被狠狠地羞辱了，这实在是哈布斯堡家族历史上一段不同寻常的插曲。但弗兰茨在梅特涅的辅佐下仍旧统治着奥地利（除去拿破仑统治的某些省份）、波希米亚、摩拉维亚、西里西亚和匈牙利。1812 年，弗兰茨和他的皇后前往德累斯顿参加一次声势浩大的国事活动，为远征俄国的拿破仑大军送别。短短 4 个月后，拿破仑狼狈撤出俄罗斯，在撤回巴黎的途中再次停留德累斯顿，此时的他精疲力尽、面容憔悴、胡子拉碴。奥地利再次战斗的时机到来了！于是奥地利与俄国、普鲁士联手，在莱比锡战役中击败拿破仑，随后英国军队在西班牙势如破竹，大陆的反法同盟也开始包围巴黎。拿破仑被迫宣布退位，并在退位诏书中表示希望由他唯一的合法婚生子继位。然而，拿破仑二世并没有真正继承皇位，而是以赖希施泰特公爵的身份一直住在美泉宫，直到去世。

这场胜利简直是一个奇迹。弗兰茨和梅特涅在自己的地盘上举办了一场盛大的庆祝会，即维也纳会议。弗兰茨以主人的身份招待四方来宾，作为战胜者，他

拿破仑提出的第一个令人屈辱的要求就是索取维也纳的钥匙。

和曾经战败时一样沉着冷静；而梅特涅则是位组织天才，他极度兴奋地在会场间周旋，大显身手，在多边阴谋间穿梭自如，既提高了奥地利的国际地位，又便于居间操纵。梅特涅使出浑身解数让与会的君主心情愉快，而他与各国首相和代表则按照他个人的想法重新绘制欧洲版图。虽然用了颇长的时间，但在这两方面他都出色地完成了任务。维也纳会议在巴尔豪斯广场进行，会议四巨头是奥地利、英国、俄国和普鲁士，四方代表分别为梅特涅、卡斯尔雷、涅谢尔罗迭和哈登贝格。战败国法国的代表塔列朗在会议伊始就将其阴谋家的特质展现得淋漓尽致，以至于战胜国为了自我防卫，每场审议都会请他参加。塔列朗的任务和乐趣有二：一是提出一系列连续不断的程序要点来拖延时间；二是在会场内外，在战胜国之间播下怀疑和不睦的种子。

俄国沙皇亚历山大一世由于在拿破仑战争中击败了法国，复兴了欧洲各国王室，因而自视极高，自命为欧洲的救主和仲裁者。他和普鲁士国王腓特烈·威廉三世的名字在 200 多个参会的王公贵族的名单上列在前面。这些王公贵族带着浩浩荡荡的扈从队伍驾临维也纳，谋求有利机会，伺机大出风头，享受美好时光。而在这些高官显贵身后，还聚集了成千上万的画家、记者、演员、舞者、小偷和娼妓等群体，他们急切地想得知内情或者从中谋利。从 1814 年气候宜人的深秋，跨过冬天和春天，一直到 1815 年夏，维也纳一派歌舞升平，整座城市熠熠生辉，盛况空前。

然而，会议的幕后情势却远非一帆风顺。分歧是尖锐的，甚至暗中涌动着仇恨的波涛。会议经常处于谈崩的边缘。例如梅特涅不愿看到一个强大的俄国对奥地利造成威胁，因此极力拉拢力量反对俄国，以至于他和俄国沙皇连续 3 个月都不曾会面。战胜国的代表不止一次看上去简直就要直接肉搏了。会议上争执最大的议题就是波兰和萨克森的前途归属问题。俄国沙皇和普鲁士国王都野心勃勃，亚历山大一世欲建立一个独立的波兰王国并出任国王，而腓特烈·威廉三世想获得萨克森王国。直到 1815 年 2 月，拿破仑都逃离厄尔巴岛并由昂蒂布向巴黎进军了，与会代表仍口角不休。甚至欧洲列强都准备好要消灭拿破仑了，他们派到维也纳的代表竟然还在争论。会议的最终决议直到滑铁卢战役前 9 天才得以签署。

维也纳会议名义上是为了重建欧洲和平，实际上是欧洲历史上一次著名的分赃行动，下一次分赃会议则要等到 100 年以后德国的削弱和奥匈帝国的解体。在 20 世纪，欧洲格局将重新调整，欧洲权力平衡状况将发生重大转变，而奥地利是最大的输家。但是 19 世纪和 20 世纪初的全部戏码都是在滑铁卢战役前夕制定的欧洲均势框架内上演的，1914 年爆发的第一次世界大战则将这场大戏推向了最高潮。

欧洲均势框架如果一定要找出一个发明者，这个人无疑是梅特涅。唯一一个在认知力和智慧上与他接近的人是英国杰出又狡猾的卡斯尔雷子爵。在拿破仑最终退位后不久，奥地利帝国、俄罗斯帝国和普鲁士王国共同缔结了旨在维护维也纳体系的神圣同盟。神圣同盟最初看起来是欧洲君主发出的基督教义宣言，实际上是相互保险条约，是一种君主间的贸易联盟，也是一道反对革命和反对政权颠覆的防御屏障。梅特涅虽然积极规划欧洲均势并尽力维持神圣同盟，但不论是他还是弗兰茨，都没有将此同盟视为一种应对欧洲革命的手段。对于弗兰茨而言，此盟约相当于一份显而易见的正式声明，旨在维护君主制，打压各国的民族、民主运动，致力于使欧洲回归到 1789 年法国大革命前的原状，恢复旧秩序下的思想与制度。梅特涅则能从更有建设性的角度看待这个同盟。此人虽然缺点很多，还是个不择手段的机会主义者，但是卓有远见，擅观大势，心怀一幅世界图景，是个当之无愧的伟大政治家。他渴望和平、稳定和繁荣，而在国家力量与颠覆政权的民众力量对抗角力的过程中，这三样东西都危如累卵。奥地利当然必须是强大的，但是奥地利只有在一个稳定的欧洲框架内才能强大和繁荣。以往的哈布斯堡人曾经梦想将欧洲统一到一顶神圣罗马帝国的皇冠下，但在欧洲最后持有这个梦想的人也放弃之后，强权政治的泛滥就再也无可挽回了。例如，黎塞留将他的一切才干都致力于仅仅使法兰西变得伟大；玛丽亚·特蕾莎是第一个明白需要建立一个基于诚实和承诺的国际秩序的君主，但考尼茨只为奥地利的伟大而努力，并且还在约瑟夫二世的纵容下将玛丽亚·特蕾莎的顾虑抛诸脑后；英国首相皮特为英国而奋斗，他几乎把欧洲大陆列强都视为需要平衡的因素，全力推行均势外交，决心阻止任何一国在欧陆建立霸权，着力保持海上霸权，取得海外殖民地及海外远航利益。

梅特涅是第一个持有近似“国际联盟”思想的人，只不过他出生得太早了。他也是第一个将欧洲视为一个有机整体的政治家，他认为如果欧洲各国都想繁荣发展，则必须引导欧洲整体实现繁荣，当然首先要繁荣的必定是他本人负责的哈布斯堡帝国。他曾发自肺腑地表示：“我应该生在1900年，直面20世纪的世界。”在他的强势主导下，维也纳会议定下了欧洲各国以后的协调方针，即“欧洲协

左图：一个鼻烟盒，上面绘制的是反法联军首领正在观察维也纳的战事。鼻烟盒上还刻了“上帝支持皇帝弗兰茨”。

右图：1814年拿破仑被流放到厄尔巴岛后，反法同盟成员国会聚一堂，重新绘制欧洲地图，乐在其中。

调”。梅特涅的悲剧就在于当他说出此言时，欧洲正在变得面目全非。他试图施加给欧洲，或说在欧洲倡导的社会政治模式，完全不利于资产阶级的崛起，更不利于民族主义理念的发展。

皇帝弗兰茨当然从来就不欣赏梅特涅畅想的世界图景，虽然他完全明白欧洲各国君主需要勠力同心，实现共同利益，即使需要牺牲一部分个人野心。弗兰茨可不是什么梦想家，他也没什么野心。正如我们已经发现的，他首先是一个逆境求存的人。对他而言，他的哈布斯堡王朝在事实上挺过了拿破仑战争的风暴得以保全，这就已经足够了。奥属尼德兰虽然彻底割让给了荷兰，与荷兰各省合并成为尼德兰王国（也就是今天的荷兰和比利时），但是帝国仍然颇有所获：取得了波兰加利西亚的一部分、巴伐利亚的一小部分，以及意大利伦巴第等亚得里亚海沿岸的部分土地。梅特涅作为保守主义的巨擘，认为民族主义及民主运动是致乱之源，因此主张在国内对所有臣民施以极为严格的管理，并建立一个拥有活跃的审查制度和强大的政治警察力量支持的严格的中央政府。梅特涅尽管敌视民族主义和自由主义，但却也已经开始隐隐约约地意识到帝国意志不能控制的变革力量也有其合理性和正确性，因此已意识到国内改革的必要性。然而，弗兰茨却拒绝

维也纳会议庆典中的一把折扇，上面绘有反法同盟国三位君主的肖像，这三位君主是弗兰茨一世、亚历山大一世和腓特烈·威廉。

右页上图：1814 年反法联军进入巴黎，亚历山大一世和腓特烈·威廉骑行在最前方。制作这幅版画的奥地利画家坚持认为，法国人看到联军进城都欢欣鼓舞、激动不已，“联军万岁！”的高呼声响彻全城。

右页中图：维也纳会议的重要任务就是以“共同的自由和正义”之名来重新划分欧洲。

右页下图：漫画家们对维也纳会议缺乏敬意，他们认为那不过是一群贪婪的政治家在撞大运。

Porte de Derrière
Pologne

拿破仑被英国海军押送到他最后的流放地圣赫勒拿岛。

认识到这一点。他能理解他与欧洲其他君主所订契约的价值，但是君主与臣民间订立契约对他而言却全然陌生。

梅特涅的政治主张完全适合弗兰茨。弗兰茨是个仁慈亲切的君主。臣民如果服从他，则会得到他君父式和蔼可亲的保护；如果不服从他，他们就是扰乱和平者，最合适的归宿莫过于监狱。弗兰茨的本能与性格通过他向一个随从所提的著名问题得到清楚的展现：这个随从当时在他面前称赞帝国一位杰出公仆的爱国主义热情，于是弗兰茨问道："但是他对我有这种热情吗？"他一直坚持一个道理：服从于哈布斯堡王室是唯一重要的事。甚至当听闻伟大的爱国者、蒂罗尔人安德烈亚斯·霍弗领导山民同胞展开自发的反对法国和巴伐利亚的运动时，弗兰茨不仅不高兴，还让他的敌人拿破仑将霍弗抓走并枪杀，因为尽管起义军的目的是再度统一在帝国名下，但是弗兰茨最不愿意看到和鼓励的事就是人民起义，哪怕是为了他而起义。于是，梅特涅对历史变革力量隐隐约约又断断续续的想法就这样被这位哈布斯堡君主压制并扼杀了。这位哈布斯堡君主认为他可以通过帝国政令禁止一切历史变革。

然而，变革之火已由星星点点发展到燎原之势。19 世纪初，我们第一次在哈布斯堡王朝治下见到了自发的人民力量的发展。自相矛盾的是，这主要归功于梅特涅，其实更大的"功臣"是弗兰茨。梅特涅时代完全不像普遍认为的那样是停滞的时代。之所以有这种说法，是因为1815年以后的几十年奥地利没有发生任何作战行为，也没有进行激进的国内改革，并且厉行了思想审查制度，这个时代仅仅就这些意义而言是停滞的。但这个时代也是一个经济快速增长和繁荣的时期。奥地利在维也纳会议后就立刻开始了工业革命的步伐。奥地利帝国在维也纳会议中获得的伦巴第-威尼西亚土地肥沃、经济富饶，被划入帝国的关税区，很快就为奥地利工业旧省提供了新的市场。弗兰茨为促进商业增长创建了一个宫廷机构，迅速吸收欧洲其他国家的各类专家和技术人员。先是从英国传入了织布机，然后又迎来瓦特改良的蒸汽机。鉴于奥地利无民族或文化上的统一性，梅特涅深恐国外的民族独立及民主政治思想的传入会令帝国土崩瓦解，于是他建立了一道“长城”。但在梅特涅“长城”的背后，外国企业家激增，19世纪上半叶的工厂几乎全是由英国人、法国人、瑞士人、比利时人和莱茵兰人创建的。正是在弗兰茨和梅特涅的时代，帝国在区域分工的基础上实现了经济统一。

在一段时间内，一切看起来都很顺利。直到弗兰茨死后，资本主义世界才爆发了第一次具有一定国际性的经济危机，即所谓的“饥饿的40年代”。商品滞销、利润减少导致工业生产急剧下降，失业率开始可怕上升。随着工业化的推进，大量农民从山地和平原涌入城市寻找财富；而经济危机导致企业开工不足并大批倒闭，城镇工厂的数量锐减，已无法给穷苦农民家庭的孩子提供足够工作。此外还有贫困的手工业者，他们传统的生活方式正在机器生产的影响下瓦解。激进的知识分子就在那个时期从新兴资产阶级中脱颖而出，他们长期以来一直受到弥漫整个欧洲的革命精神的熏陶。而即使在奥地利，这种革命精神也并没有被摧毁，只不过转移到了地下，维也纳体系更是激化了这种革命情绪。弗兰茨甚至从未意识到暴力革命、质疑既有观点、要求社会改良（建立一个更加开放和公平的社会）这三者其实是有天壤之别的。他无法理解他引以为傲的新的繁荣是与社会意识的成长同步发生的，也无法理解这种社会意识才是未来的推动力。他的帝国的存亡在过去很多个世纪是受皇帝控制的，其荣耀归功于皇帝的资助与保护。但他不明白的是，此时这个帝国在许多方面已经能够自我凝聚飞速发展的动力，不仅不需要皇帝支持，还经常与皇帝的意志无关。

奥地利的音乐发展便是与帝国意志无关的一个典型事例。帝国的审查制度很大程度上反而束缚了自由表达和当时思潮的发展。

格鲁克是玛丽亚·特蕾莎的同时代人，他本来是一个宫廷作曲家。他在一批君主的资助下在维也纳和巴黎追寻自己的革命道路，而这些资助者并不理解他在干什么。海顿生于1732年，死于1809年，他去世时正值拿破仑占领维也纳，他的家门口还驻守了一支法国仪仗队。海顿的生活全部仰仗匈牙利大贵族艾什泰哈齐家族的资助，后来花甲之年的他以“自由人”的身份离开宫廷前往英国，在伦敦这个带有资本主义社会特征的大都市中受到了热烈欢迎，英国国王乔治三世请他留在英国，还在温莎给他安排了一处住所。莫扎特是欧洲历史上第一位公开摆脱宫廷束缚的音乐家，他积极谋求职位，得到了一些慷慨资助。贝多芬于1792年到达维也纳，尽力向贵族或资产阶级寻求资助。他可以将《英雄交响曲》奉献给他心目中摧毁专制制度、实现共和理想的“英雄”拿破仑，也可以在听闻这位“英雄”践踏人权、加冕称帝后愤而撕碎这篇献词。维也纳会议召开时，他独立生活，不依附于任何国王或国王拥立者。虽然歌剧《菲岱里奥》是为维也纳会议代表表演的，但是他自行安排自己的音乐会，与出版商达成协议。舒伯特短暂的一生始终生活拮据，虽断断续续地接受富有的音乐爱好者的资助，但却与爱好音乐的资产阶级及音乐家同行为友。那时的独立剧场已有近50年的发展历史，在私营企业的支持下愈发保持艺术传统，越来越脱离宫廷的影响。

1835年弗兰茨去世，皇位传给其子斐迪南。斐迪南身体羸弱、智力低下，还患有癫痫，不过性格却极其温和。斐迪南继承皇位得到了梅特涅的大力支持，因为若皇帝低能，梅特涅就可以成为帝国的实际掌控者，也可以推行国内改革了，梅特涅已认识到帝国的思想和经济若想与时俱进，改革刻不容缓。但弗兰茨去世前仍埋下了最后一颗炸弹，并在他死后引爆：他在遗嘱中任命了一个国务委员会，其成员有梅特涅的死敌科洛弗拉特伯爵，此人在弗兰茨统治期间一直顽固地阻挠梅特涅所有的内政改革计划。所以，梅特涅与科洛弗拉特代表的两种政治思想的斗争仍旧前路漫漫。但是在斐迪南即位后几年，革命的浪潮已暗流涌动，革命力量逐渐增强、凝聚，再增强，直到席卷整个欧洲的1848年革命的爆发，维也纳的革命洪流终于冲破地表，奔腾怒吼，几乎将哈布斯堡王朝扫入地狱。

这次革命的信号依旧是从巴黎传来的。在1848年法国的“二月革命”中，路易·菲利普被迫逊位，君主制被共和制取代，拿破仑的侄子拿破仑三世（一个

1810 年，安德烈亚斯·霍弗领导的反对法国侵略的农民起义让弗兰茨一世非常难堪，弗兰茨一世严厉地反对霍弗的行径，坚决表示其反法活动与自己无关。

大才冒险家和阴谋家）当选为新共和国总统。德意志诸侯很快也开始为保护自己的君主之位而奋战。普鲁士国王被迫召开立宪会议并“颁赐”了一部宪法。在欧洲普遍革命的氛围感染下，35 岁的作曲家理查德·瓦格纳参加了俄国无政府主义者巴枯宁等人发动领导的反抗萨克森王室的德累斯顿起义。在欧洲大陆革命风暴的推动下，英国宪章运动再度高涨，劳动者提出了第三次全国请愿书，不过最终遭到镇压。

在哈布斯堡帝国的版图内，革命之火遍地燃烧，国内情况极端复杂。政治小册子在一段时间内承担了宣传革命运动的重要职责（小册子被迫在帝国境外印发，然后走私进来）。以维也纳为代表的奥地利资产阶级普遍持随遇而安的生活态度，虽然开秘密警察的玩笑，但总体上对政治自由受限仍旧采取玩世不恭的顺从态度。但与此同时，一些知识分子和少数省议会的贵族，甚至军队高层，开始

左图：弗朗茨·舒伯特。
右图：路德维希·范·贝多芬。维也纳一直是一座伟大的音乐之都，但是那里的音乐家却仍然在大家族摇摆不定的资助下生活，他们的希望也经常破灭。

公开表达对旧有体制的不满。他们想打开窗户，呼吸新鲜的进步空气；他们渴望言论自由；最重要的是，他们要求终结绝对主义，要求皇帝“颁赐”一部宪法。随着民族主义在欧洲的不断高涨，奥地利这个君主专制的多民族国家开始受到民族主义精神的冲击，“属于意大利人的伦巴第-威尼西亚王国”“属于马扎尔人的匈牙利”“属于捷克人的波希米亚”之类理念不绝于耳。而民族主义的浪潮并不限于斯拉夫人、马扎尔人、意大利人和部分波兰人：奥地利古老领地内的德意志人也开始自觉，从民族的角度思考并揭竿而起，反抗这个超国家、超民族的君主制国家，它将德意志奥地利人视为其中一个隶属民族。而在自由主义者与民族主义者清晰洪亮的不满声音之下，社会底层也逐渐酝酿出社会主义思想，主体是被新工业时代冷漠无情的工作方式重重打击的城镇工人阶级，不过那时他们的矛盾仍在发酵中。

维也纳的革命运动爆发于 1848 年 3 月 13 日。先是首都爆发了大学生示威游行，这些大学生两周前仍在无忧无虑地为作曲家迈尔贝尔、李斯特或瑞典女高音歌唱家燕妮·林德欢呼不已。学生们的要求完全没有什么是不能满足的。皇帝在

左图：1848年3月13日，一个维也纳学生在人群中大声朗读学生革命者起草的宪法，立宪是他们要求的改革内容之一，围观群众欢欣鼓舞。
右图：1848年3月17日，意大利革命者在威尼斯圣马可广场上升起国旗。

立宪问题、言论自由的权利、“自由”议会的建立和基础权利法案的出台上但凡做出些许让步，就能让他们完全满意。所有人都知道斐迪南低能，所有人也都喜欢他，都对他有一种保护欲。当时一切社会弊病的罪名都被扣到了国务委员会、乏善可陈的路德维希大公、科洛弗拉特伯爵的头上，最主要的是扣给了梅特涅，这对梅特涅很不公平。当学生们在维也纳为了这些最基础的自由权利示威，以便帝国内不同民族因共同利益自由联合时，在米兰、威尼斯、布达佩斯、布拉迪斯拉发、布拉格、克拉科夫等地也同时爆发了游行。维也纳的国务委员会如果理智尚存并愿意和解，本来是可以借此机会领导一场强有力的统一运动的，但是他们不但没有这么做，反而开始暴力镇压革命，扫射游行队伍。政府军与示威群众展开战斗，饥饿的民众从贫民窟、狭小老旧的街道如潮水般涌出，反抗暴力镇压。

霍夫堡方面大惊失色，十分沮丧。在工人、大学生等民众的联合斗争下，梅特涅政府被推翻。梅特涅于次日逃往英国，30多年来镇压欧洲一切革命运动和

上图：国民警卫队向维也纳革命群众开火。

左图：一幅漫画，绘制的是维也纳起义中的国民警卫队。

右页图：巴伐利亚的索菲。在她的策划下，她 18 岁的儿子弗兰茨·约瑟夫成为奥地利帝国皇帝。

民族运动的神圣同盟也随之倒台。面对势不可挡的革命群众，维也纳当局开始疯狂许诺，但为时已晚。骚乱很快蔓延至整个帝国，从 3 月直到 12 月处处动荡不安。临时政府无力应对首都的骚乱，捷克、德意志与意大利多地也爆发起义，整个帝国都燃起了熊熊战火。斐迪南被秘密地从维也纳带到因斯布鲁克，之后又返回维也纳，最后前往奥尔米茨。很快，奥地利君主制的存亡就寄托在一个女人身上了，她就是巴伐利亚的索菲公主，也是哈布斯堡王朝下一任继承者卡尔大公的妻子。卡尔大公虽然不像哥哥斐迪南一样有智力缺陷，但却性格软弱、优柔寡断，而妻子索菲公主却胸怀无畏勇气和雄心壮志。当革命浪潮在初夏达到顶峰

左图：1848 年梅特涅出逃，奥地利民众欢呼雀跃。
右图：皇帝斐迪南一世广受爱戴，但他的精神状态不适合统治。

时，她力挽狂澜，力促平息了各地的烽火硝烟：6 月帝国军队炮击布拉格，血腥镇压布拉格起义；7 月在库斯托扎战役中大胜意大利军队后重新确立了哈布斯堡王朝在伦巴第的统治；9 月着手解决匈牙利革命问题，匈牙利显然是一个难应付的问题，民族领袖拉约什·科苏特以巨大的力量和坚定的信仰发起了一场反抗奥地利专制统治的运动，并于 1849 年初打败了奥地利及其同盟军，后宣布独立，出任元首；10 月向维也纳发动军事反击，首都局势得到控制。

于是，1848 年秋哈布斯堡王朝的新一任皇帝应该可以在全国范围内重新确立权威了，但问题是谁当皇帝？索菲公主、诸军事将领及费利克斯·施瓦岑贝格亲王共同议定了大势：由施瓦岑贝格亲王出任新首相，坚守住维也纳阵地。施瓦岑贝格是奥地利最古老家族之一的后裔，他是一个相当出色、冷酷无情又野心勃勃的人，显然能胜任一个强硬的帝国首相之职；由文迪施格雷茨亲王负责镇压波希米亚和匈牙利革命；由拿破仑战争时代伟大坚强的老英雄拉德茨基南下平定意大利战乱；皇帝斐迪南正式退位。但是，卡尔大公真的有足够的实力执掌皇位吗？卡尔大公至为忠诚的妻子、一直盼望当皇后的索菲公主，很不情愿却也非常坚定地得出了“不能”的结论。最好将皇位委托于一个与往昔烦恼和痛苦没有太大干系的人。于是新皇的人选出现了，那就是卡尔大公和索菲公主的长子弗兰茨·约瑟夫——一个刚满 18 岁的俊朗青年，他前途远大、勇气过人、头脑清晰、性格冷静。而索菲公主将是皇太后。

10 帝国复兴和王朝落幕

弗兰茨·约瑟夫和卡尔一世

哈布斯堡家族余下的历史除了末代皇帝卡尔一世统治时期谱写的虽痛苦辛酸却乏善可陈的尾声外，讲述的全部是弗兰茨·约瑟夫的故事。弗兰茨·约瑟夫一生都在竭尽所能地延缓哈布斯堡帝国死亡的脚步，他付出的努力史无前例，但努力换来的最终结果却是哈布斯堡帝国的骤然覆灭，而且覆灭的不仅是哈布斯堡帝国，还有历经辛苦才得以建立并已摇摇欲坠的欧洲旧秩序，它被我们今天所知的世界所取代。这一时期的维也纳告别了昔日的战乱与破坏，开始闪耀前所未有的璀璨光彩，令人自豪，堪称最出类拔萃的“帝王之都”；这一时期的维也纳在精神和思想方面的生产力也是前所未有的（这一点经常被遗忘）。来自奥地利帝国四面八方的杰出人物在帝国滑向崩溃边缘之时在这座城市中会集，共同创造了一个惊人的知识繁盛时期。第一次世界大战以后，现代世界赖以生存的智力资本很大一部分都是由这些杰出人物奠定的。例如著名精神病医师和心理学家西格蒙德·弗洛伊德，他从摩拉维亚迁到维也纳后曾在奥地利帝国军队中十分满意地从事了一年的医疗服务工作。

弗兰茨·约瑟夫统治了这座城市和这个大厦将倾的帝国长达 68 年。随着时间的流逝和个人意志的转变，他从一个 18 岁即继位的嚣张傲慢的年轻独裁者变成了一位备受尊敬的“君父”。他还是一只替罪羊、一个时代的陪葬品，不仅被

右页图：神秘的皇后伊丽莎白对马有着异乎寻常的喜爱，她通过骑马得到了少有的快乐和安宁。

帝国的灾难和个人的不幸压弯了腰，其瘦弱的肩膀上还背负着所有臣民的原罪。晚年的弗兰茨·约瑟夫茕茕孑立，形影相吊。他的弟弟墨西哥皇帝马克西米利安被革命行刑队枪决，弟妹也疯了；他的儿子，也就是皇太子，在梅耶林自杀身亡；他深爱但却长期与他疏离的皇后在日内瓦码头附近被刺殒命；他的侄子，也是他的新皇储弗兰茨·斐迪南大公执意贵庶通婚，还事事反对他，最后夫妻双双在萨拉热窝被刺身亡，这一事件也成为 1914 年第一次世界大战的导火索；甚至他曾经忠诚的朋友和情妇，也是唯一的红颜知己卡塔琳娜·施拉特，在很久以前就抛弃了他。

在帝国首都鳞次栉比的官邸和舞厅中，上流社会的生活依旧以维也纳宫廷为风向标，奢华放纵、光彩夺目，不逊昔日。但宫廷主人、那位逐渐年老衰迈的皇帝却淡出了这样的生活，他只在有特殊国事需要时，或者是在视察他心爱的军队时，或出席一场大公的婚礼时，才会现身。白天，他将自己埋在反映辽阔帝国内发生的大事小情的文件堆中，兢兢业业、毫不松懈；晚上，不论是在霍夫堡或是在玛丽亚·特蕾莎所建的巨大的洛可可式美泉宫，他都是在一张窄小而简朴的床榻上进入梦乡。弗兰茨·约瑟夫夙兴夜寐甚至废寝忘食，仿佛一旦他的生活偏离了日常轨道哪怕毫厘，这座伟大又可爱的城市、整个帝国乃至整个世界就会轰然倒塌。1914 年已进入耄耋之年的他疲惫不堪，已无力抵抗那些位高权重却能力不堪的顾问大臣将他拽入可怕的世界大战了。两年后，在那场战争进行过半时，86 岁的他与世长辞。而在他去世后不到两年，帝国也灰飞烟灭。

“别了，我的青春！”弗兰茨·约瑟夫在奥尔米茨古城堡的加冕仪式上喃喃低语。他自此成为一个拥有 4000 万人口的帝国之主，而他国土内的一些民族正在为民族独立而奋战，一些民族已被镇压，对政府恨之入骨。在此前一年，弗兰茨·约瑟夫还是一个阳光可爱、快乐热情的男孩。他脸型瘦长、相貌堂堂，身材颀长、一表人才。他不伶俐却有智慧，愿意体验新事物，想象力却不算丰富。他是个舞林高手，也雅擅丹青，从他的画作还能看出一股与生俱来的幽默感。他酷爱制服和礼仪训练，这个喜好让许多人不理解，不过也很好地反映了他的审美，当然也证明他的审美比较有限。他对掌握权力兴致盎然。拉德茨基率军在意大利镇压伦巴第-威尼西亚反抗奥地利统治的起义时，他正在军中历练，战火的洗礼将他磨炼得愈发沉着镇定。此时，他向首相施瓦岑贝格悉心学习如何做一个统治者。施瓦岑贝格的政治才能罕有其匹，对一切都不屑一顾，不仅蔑视平民，主张各色人等应该各归其位，还鄙视他的贵族同事，认为君主制滑至衰亡边缘完全是他们的责任。在1848年革命后，议会是无论如何都要设立了，但是由谁来管理？大众必须被领导和指挥；资产阶级和中小贵族中的自由主义者只会夸夸其谈；贵族阶层之前就没有尽到他们的职责。所以，虽然新一届政府正筹备立宪，但是施瓦岑贝格已准备把它扼杀在摇篮里。年轻的皇帝是一个热切的“小学生”，作为哈布斯堡家族的继承人，他将自己视为神选之人，并将信任给予了他的帝国雄师。这支帝国军队将国境内的各个民族聚集在一杆军旗之下，在帝国内形成了一个多民族“国家”，不对人民忠诚，而只向皇帝一个人效忠。

弗兰茨·约瑟夫在这样的气氛下逐渐被熔炼为一个暴君。由于他几乎完全不了解他的人民，那么成为暴君也并非难事。弗兰茨·约瑟夫将皇帝的一切权威都授予了首相施瓦岑贝格，自己负手而立。这位性格古怪又不易相处的首相恢复了帝国的政治秩序：对内以令人憎恶的严厉手段强制保全并巩固这个统一的多民族国家，以铁腕镇压一切要求民族平等独立的运动，恢复专制制度，使帝国重新成为欧洲的伟大强国；对外甚至计划击败普鲁士，重建奥地利在中欧的霸主地位。1852年，刚年过半百不久的施瓦岑贝格与世长辞。从1848年他接替梅特涅出任首相兼外交大臣算起，他一共只有4年的时间一酬壮志。就是在这4年里，帝国军队的白色战袍在全世界自由主义者眼中成为冷酷和压迫的象征。在帝国的绝大部分区域内，这支军队的职责很简单，就是看管噤若寒蝉并开始愠怒的人民。但是在匈牙利，帝国军队镇压革命的使命屡屡受挫。拉约什·科苏特领导的革命运动已发展为一场全面的解放战争，革命军与帝国军的交战十分惨烈，以至于年轻的皇帝甚至要呼唤盟友俄国沙皇尼古拉一世兵发匈牙利出手相助。尼古拉一世十分乐意出兵协助奥地利镇压反叛，因为此举不仅能够增加俄国的影响力，还可以换取奥地利的感恩戴德。他派出大军扑向匈牙利。匈牙利军队在两面夹击下连连战败，最终被迫投降，但匈牙利投降的对象是一位俄国将领，而不是奥地利。维也纳一部分人已在这一事态发展中嗅到了未来的危险，他们的预感没有错。但是施瓦岑贝格对此却镇定自如。据说他曾说过：“奥地利将会用忘恩负义震惊世界！”没错，奥地利在日后确实使俄国沙皇感到震惊，并且也激怒了他。

皇后伊丽莎白像，由温特哈尔特绘制。伊丽莎白非常美丽。画中的皇后宛如童话中的人物，许多臣民将她视为珍宝。

右页图：拿破仑战争时代的老将、陆军元帅拉德茨基。弗兰茨·约瑟夫登基时，是他控制住了意大利的战况。他是民族主义革命军要冲破的最后一道强大壁垒。

第246页图：年轻的皇帝弗兰茨·约瑟夫，由温特哈尔特绘制。

第247页图：皇后伊丽莎白嫁入哈布斯堡皇室时太年轻，还不能胜任一座光辉璀璨的城市第一夫人的职责，也还没有准备好如何应对一个将自己当作靶子的嚣张跋扈的婆婆。

匈牙利叛乱平息后，至高无上的君主制在奥地利得到了重新确立。弗兰茨·约瑟夫这时候已成为最孤独的人，为了遮盖自己年轻带来的不足和脆弱，他不再随意流露情感，仿佛为自己穿上了一层厚厚的铠甲。他先是允许拉德茨基惩罚意大利革命者，接着又静静地看着施瓦岑贝格残忍地将匈牙利叛党处以死刑或长期监禁，即使对出身古老家族的贵族也不容宽恕。国家恢复了和平，但那是死寂般的和平。这位被推选出重建家族基业的年轻皇帝在19世纪中期采用了一套自从三十年战争之后任何哈布斯堡人都没有推行过的、刻板严酷的中央专制制度，并且在哈布斯堡王朝的疆域内前所未有地施行顽固暴政，通过一个不受情感控制、高效廉洁却又令人厌恶的官僚机构对国家进行严格管理。从此时至未来20年，匈牙利人失去了在好几代哈布斯堡君王统治时都享有的特殊地位。

苛政不会久存。弗兰茨·约瑟夫将他的人民逼得太狠了，也把他自己逼得太狠了。历来君王几乎没有人像他一样理政。他在施瓦岑贝格死后开始过分依赖一群庸碌的顾问大臣，例如专事内政的亚历山大·巴赫，专事外事的布奥尔-绍恩斯坦伯爵，专事军事的格吕纳伯爵。弗兰茨·约瑟夫那位伟大的高祖母玛丽亚·特蕾莎在20岁出头时已天赋异禀，不仅具有识人之明和用人之度，还奇迹

般地知晓如何和去哪儿发掘人才；而20岁出头的弗兰茨·约瑟夫在这方面却毫无天分。从1852年起，灾难就开始向弗兰茨·约瑟夫和他的重臣们靠近。

弗兰茨·约瑟夫的私人生活也同样迎来了灾难。他虽然故意在外界眼中塑造出一副傲慢、冷酷又固执的样子，但是他也会陷入爱河。1853年，他与他那美艳绝伦、温柔迷人、浪漫多情又害羞内向的表妹巴伐利亚的伊丽莎白定下了婚约，这也给死气沉沉的维也纳带来了第一丝温暖和希望。

伊丽莎白的悲剧亦是皇帝的悲剧。对于这个故事，现代人耳熟能详。她被古板沉闷的哈布斯堡宫廷的繁文缛节压垮了，她被她那恐怖的婆婆、皇太后索菲恶语相向、欺压不止。索菲执意将这个快乐阳光、野性十足、天真烂漫、喜欢诗情画意和热爱骑马的女孩儿，改变成一个合乎标准的皇后。她的丈夫弗兰茨·约瑟夫则痴迷于政务，一味顺从母亲，令她无法靠近。伊丽莎白只能离开丈夫，编织一个幻想的世界让心灵栖息，很快她的身体也开始逃离。她的余生一直在随风飘荡：逃离她的丈夫和她的责任，逃离自己和自知的失败。她一直在漂泊，宛如一只随风而逝的鸟儿一般；她勇往直前，仿佛故意要折断自己的颈项；她痴迷于自己的美貌和无与伦比的身材，好像那已是她的整个世界。她也会不时回到丈夫身边短暂停留，通常都是在危机时刻：回来向世界展示她可以是一位多么雍容端庄的皇后；回来陪伴因战败而失落的丈夫；甚至回来安排并出力保护丈夫唯一真正的人际关系，即他与女演员卡塔琳娜·施拉特的友情；或者回来将她的独子鲁道夫自杀的消息委婉地透露给丈夫。

许多年以来，世人眼中的皇帝弗兰茨·约瑟夫都是冷漠无情、拒人于千里之外的形象，而伊丽莎白则热情洋溢。全世界都认为她的郁郁寡欢是弗兰茨·约瑟夫一手造成的。直到君主制覆灭后两个人的通信被发现并公开出版，人们才发现这段故事的真相其实恰恰相反。这个男人虽然与她疏离并令所有人生畏，但是在长达45年的婚姻中，直到1898年她在遥远的日内瓦码头附近死去，他都一直热烈爱慕着他心中的这位女神，向“我最亲爱的天使茜茜”匍匐着乞求爱情，却始

左页图：玛丽亚·特蕾莎创建的匈牙利王家警卫队，由弗里茨·舍恩弗卢格绘制。在弗兰茨·约瑟夫时代，这支警卫队由100名强壮、纯粹贵族出身的匈牙利士官组成，这些人通常年长并且肥胖，很容易就成为漫画家的讽刺对象。

终无法俘虏他“残忍”的妻子。这样的婚姻关系无疑让他变得更冷酷，只想用钢铁般的面具隐藏受伤的心灵。

这场婚姻从一开始就是错的。索菲公主对此负有极大的责任，她不该接受这个她不喜欢的年轻女孩当儿媳，更不该在他们婚后对儿媳颐指气使。弗兰茨·约瑟夫对此也负有极大的责任，他还不够成熟，也缺乏经验；他被帝王背负的巨大责任压得喘不过气，没有看到伊丽莎白其实比他更不成熟，更缺乏经验。随着时光的流逝，伊丽莎白也要对此负责，但这只是因为她从来就没长大，她与那个和她一样漂亮并成为那不勒斯王后的妹妹不同，她拒绝担负那份她不喜欢的责任，却只喜欢享受至高无上地位给予她的特权。她一辈子都未曾学会原谅。弗兰茨·约瑟夫内心深处遭受严重的情感挫折，终其余生都极度渴望真情，甚至有几年他一度存在情感缺陷。直到他的人生遭遇的第一次重大失败给了他一记当头棒喝，才让他意识到统治帝国存在的现实问题。这一记当头棒喝指的是1859年的索尔费里诺战役。这场败仗致使他失去了爱如珍宝、民殷国富的意大利。

弗兰茨·约瑟夫在施瓦岑贝格死后不久就开始疏远他的人民，因为他相信帝国军队的军事实力。而对自身实力的信任、对动荡时局的迟疑再加上对未知的恐惧三种情绪杂糅在一起，使他也令奥地利疏远了欧洲其他国家。他仿佛只有与其他君主保持一定距离才能证明自己的帝王身份，体现自己的君主威仪。他孤芳自赏，冷漠离群。对于任何远比他年长且治国经验丰富的外国君主或外国政治家向他提出的资助，哪怕是看上去的资助，他都会歇斯底里地拒绝。而这种行为结出的第一颗果实就是克里米亚战争中奥地利对其对手的态度。

奥斯曼土耳其那时已经衰落为“欧洲病夫”，俄国沙皇尼古拉一世则将自己假定为伟大的保护者，庇护着所有生活在土耳其帝国治下的基督教徒。在欧洲其他国家拒绝了尼古拉一世共同出兵瓜分土耳其帝国的邀约后，俄国军队自行开入摩尔达维亚。帕默斯顿管理下的英国和拿破仑三世统治下的法国都下定决心要制止俄国的图谋，奥地利则处于两团战火之间。俄国此时需要奥地利的帮助，奥地利也确实应当知恩图报；但是从另一方面考虑，法国和英国固然不希望地中海世界被俄国势力渗透，但一个强大的俄国将影响力楔入巴尔干也不是弗兰茨·约瑟夫乐见的结果。因此弗兰茨·约瑟夫不顾俄国对奥地利的一贯支持，调动驻加利西亚的军队到俄国边境，很大程度上牵制住了俄国军队并分担了俄国大部分的怒火，终于迫使俄国撤军。弗兰茨·约瑟夫此举不仅造成了俄奥两国永久的裂痕，而且英法两国也由于奥地利没有直接参战而把弗兰茨·约瑟夫看成企图不劳而获的奸诈人物，是以最后他两头不讨好，产生了最差的效果。因此在1856年签订终结克里米亚战争的《巴黎和约》时，弗兰茨·约瑟夫发现奥地利遭到了法国和英国的轻视。正是《巴黎和约》滋生出的这种情绪，让奥地利在3年后遭到帝国所受的第一次重大攻击时才显得格外脆弱不堪。

弗兰茨·约瑟夫的不幸有两个来源：一是他生活在弱势群体掀起民族主义，各国统治阶层争相建立帝国和滋生沙文主义这样一个变化和骚动的时代；二是他被彼时世界上两位最有天赋的政治家当作敌人，他们就是俾斯麦和加富尔。堂堂的弗兰茨·约瑟夫是维持欧洲现状的最有力支持者，是继承了这个时代的统治者，时代变化不会给他带来任何好处，只会让他失去拥有的一切。皇帝鲁道夫一世开创了哈布斯堡王朝，“逆境得存者”腓特烈三世奠定了一个新时代的基础，“最后一位骑士”马克西米利安一世创立了帝国的新局面，伟大的查理五世几乎使查理曼的帝国理想复活并扩大了哈布斯堡王朝的版图，斐迪南二世与异教徒进行了殊死圣战，利奥波德一世率领麾下将领击退了土耳其大军并粉碎了路易十四的荣耀……哈布斯堡家族漫长世系中每一位先祖的血脉都通过玛丽亚·特蕾莎女王延续至利奥波德二世，最终都汇聚到了弗兰茨·约瑟夫的身上。不仅如此，他的身上还有欧洲大部分伟大的天主教统治家族通过与哈布斯堡的联姻而延续下来的血脉。他的祖父弗兰茨挺过了拿破仑时代，以大国君主的姿态主持了维也纳会议，并在梅特涅的谋划下形成了仿佛能万古长存的欧洲和平与均势。此刻，这位年轻新君、堂堂的弗兰茨·约瑟夫肩负的不容置疑，也是上帝赋予的任务，就是维持好一切现状，解决掉国内风起云涌、多种多样的麻烦，固守住从父辈手中继承的家族遗产并将之原封不动地传给后代，以及使他的统治适应时代精神，这是后来的事了，当他终于明白了个中必要性的时候。

然而，在整个欧洲，弗兰茨·约瑟夫是唯一一个固守现状的人。俄国——一个未知的巨人，正在搅浑静水，威胁巴尔干的均势，将触角伸向君士坦丁堡和土耳其海峡。普鲁士年轻的政坛新星俾斯麦卓有远见、异常狡猾、肆无忌惮：一个把奥地利逐出德意志并将德意志所有邦国都统一到他效忠的普鲁士王国内的理想正在他的脑海中成形。在巴黎，投机取巧、酷爱冒险的拿破仑三世也在编织着

女演员卡塔琳娜·施拉特。在皇后不在的那些漫长而难熬的岁月中，她给予皇帝不少安慰。

荣耀之梦。

在都灵，撒丁王国国王维托里奥·埃马努埃莱的第一任首相加富尔伯爵——一个天才律师，此刻成为意大利统一运动的领导人物。他神机妙算、运筹帷幄，把握住了意大利国内喷涌的民族主义情感，利用叛军英雄马志尼和加里波第对民众的吸引力，使撒丁王国统一了整个意大利。变化的时代在加富尔的筹谋下成为撒丁王国国王的有力武器。

加富尔计划的第一步是将奥地利赶出伦巴第。这对于没有强大同盟军、势单力薄的皮埃蒙特-撒丁王国而言无疑希望渺茫，因为奥地利帝国军队就屯驻在加尔达湖以南，由佩斯卡拉、曼托瓦、莱尼亚诺和维罗纳这 4 座要塞城市组成的著名四方形防御体系位置，可以迎战任何从都灵开来的军事力量，可谓固若金汤。加富尔的意大利民族解放运动得到了拿破仑三世的支持，双方缔结了反奥军事同盟。拿破仑三世渴望建立军事功勋，企图实现领土野心，因此屈尊表现出被压迫人民捍卫者的骑士姿态，以“解放”意大利为借口出兵协助撒丁，把奥地利势力逐出伦巴第和威尼西亚，条件是撒丁将尼斯和萨伏依割让给法国。加富尔计划的下一步是设法让奥地利主动宣战，因为撒丁若师出无名则不利于未来大局。不过，令奥地利主动宣战可谓难如登天。然而，一方面，加富尔耐心十足，诡计多端；另一方面，弗兰茨·约瑟夫的外相布奥尔-绍恩斯坦不仅愚笨木讷、目光短浅，还傲慢自大，在加富尔无休止的刺激下变成了一头愤怒的公牛，不顾劝阻（尤其是英国人的），一头扎进加富尔布好的陷阱。加富尔的步步谋划为弗兰茨·约瑟夫带来了一场彻头彻尾的灾难。在马真塔战役中，他钟爱的奥地利军队统帅实力不济，而且食物和军需物资匮乏，不仅没能在法国军队大举到达前打垮皮埃蒙特，反而维持守势，仿佛静候法国和皮埃蒙特联军的痛打，最终导致奥地利军队退出了米兰。弗兰茨·约瑟夫对此战况惊骇不已，匆匆从维也纳南下赶赴战场，亲自统军。在明乔河畔索尔费里诺的山坡上，奥法两位皇帝亲率两支雄师陷入了一系列混乱的遭遇战。双方统帅都失去了对部署的控制。在次日晨雾中两军遭遇，会战全面展开。经过一整天残酷的血战，最终奥地利军队战败并撤离战场。此役双方共损失了近 4 万人。这场战役以其惨烈程度，被记入了 19 世纪的战争史册。

那一晚，仍然不过只有 29 岁的弗兰茨·约瑟夫表面镇定，但内心崩溃地写信给妻子伊丽莎白：“我知道一个败军之将是什么滋味了。”

这是弗兰茨·约瑟夫遭遇的第一次重大打击。他永远失去了伦巴第，也彻底失去了对顾问大臣和大部分将领的信任。他终于知道自己原来一直活在一场黄粱美梦中。不过，哈布斯堡家族从来不会为无法改变的事实而哭泣。弗兰茨·约瑟夫会集了哈布斯堡历代先祖身上最好的特质，知道怎样才能不被逆境打垮，怎样才能绝处止损。但是，他也必须着手整顿自己的国家了。他起用了新的大臣，要求手下上报公众情绪、军队现状和经济形势的最坏情况。结果，他听到了大量糟糕透顶的消息。

于是，为了使这个历史悠久的欧洲王朝适应 19 世纪，1859 年弗兰茨·约瑟夫开始了历时数年的宪政试验。他有大量的课程需要学习。他显然不能再对民众的感受不屑一顾了，尽管这对他而言不啻于一场思想革命。在意大利遭受的失败让他意识到新专制政体已经无所作为，必须在政治上改弦更张，向宪政靠拢，或者至少看起来要这样。虽然可能会有公开的政治辩论，其实肯定会有，但是最终的话语权仍然在皇帝手中。这就意味着在实践中奥地利代议制政体的第一阶段其实是在做戏。弗兰茨·约瑟夫确实就是这么看待代议制的，1861 年他在给他母亲的信中写道："现在我们将要有一个小小的代议制政体了，但是所有的权力还是在我手里，总体效果肯定会非常适合奥地利境况的。"

这场装模作样的宪政试验很快就给弗兰茨·约瑟夫上了一课。他试用了一连串大臣，给予各利益集团相应的安排，最占优势的两个利益集团是相互对立、信奉官僚集权制的德意志自由主义者代表和各地的保守派贵族代表，后者希望通过增加各省议会的议员数量形成优势地位。在此过程中，弗兰茨·约瑟夫给自己上了一场最好的实物教学课，课程内容包括他拥有的多民族帝国在现实中的棘手问题、民族主义诉求和阶级对立滋生的困难和压力，以及区分哪些问题需要用变通和耐心（以及可能帮忙解决问题的人）来解决、哪些完全无望解决。总的来说，在 19 世纪 60 年代，这位刚过而立之年的皇帝从一个无知浅薄的独裁者蜕变为一个能熟练处理帝国内复杂事务的行家。但是他还将遭受另一个甚至比丢失意大利更五雷轰顶的打击，才能修完"统治者的职责课"，才能明白他作为最高统治者的责任不是为了哈布斯堡家族的荣耀去剥削人民，而是运用各种方法和手段落实人民的需求并尽力为人民服务。

这次致命打击来自老对手普鲁士。虽然普鲁士国王威廉一世对弗兰茨·约瑟夫有一种近乎神秘的忠诚，将弗兰茨·约瑟夫视为已逝帝国的继承人和级别更高的德意志领主，但是威廉一世的新任首相奥托·冯·俾斯麦伯爵（后来成为亲王）可浑然不以为然。俾斯麦交给自己的任务就是让普鲁士变强大并统一德意志。俾斯麦无意摧毁奥地利，在他的设想中，一个强大的奥地利应该是新的欧洲平衡中的基本部分，但他也必须牺牲奥地利，因为若不将奥地利从德意志邦联中清除，普鲁士的势力就无法在德意志得到扩张，他要让奥地利明白，它的未来命运应在东方。这个伟人擅长权术谋略，并且不择手段，意志坚强似铁，狡猾敏锐如蛇，不过他也有着神经质的敏感，在紧要关头有时也会一筹莫展。甚至在 1862 年就职之前，俾斯麦就曾正式向英国首相迪斯雷利宣布："我将扩充军队，抓住任何一个借口对奥地利宣战，解散德意志邦联，把小邦置于我的影响之下，从而实现普鲁士领导下的德意志统一。"哈布斯堡的几代君主在他之前就梦想过这些……

1866 年，俾斯麦已准备就绪。他并没有"抓住借口"，而是制造了一个借口。正如 7 年前加富尔做的那样，他要使出浑身解数诱使奥地利参战。但是俾斯麦要比加富尔可怕得多，奥地利方必须有一个在能力和才智上可和他匹敌的人物，才可能挣脱他布下的天罗地网，而弗兰茨·约瑟夫显然没有。俾斯麦还十分幸运地发掘了身边的奇才毛奇：一位从提前退休的军人中召回的职业军官，一个将学者、战略家、军人完美集于一身的人。第一次“闪电战”由此诞生。1866 年 6 月 16 日，普鲁士军队出征；7 月 2 日，普鲁士方面军队会师。奥地利军队避免遭到重大损失的唯一希望就是采取防守姿态，并在战略性地撤过易北河之前拖住普鲁士军队，但是为时已晚。在那个反常的夏日阴冷雨夜，老将冯·贝内德克（也是在索尔费里诺战役中唯一一位坚守阵地的军官）率领的奥地利军队投入了一场激战。激战一直持续到第二天，最终双方会战于克尼格雷茨村附近的丛林。奥地利和萨克森联军（共约 21.4 万人）与普鲁士军队（共约 22.1 万人）展开厮杀，奥方有火炮约 770 门，普方有火炮约 776 门。双方都展现出了无与伦比的牺牲勇气：普鲁士方面的一个军团以 30 多名军官、9000 多名士兵的力量投入战斗，而一场惨烈的激战后仅余 2 名军官、400 多名士兵；奥地利方面最后一支后备部队以密集队形踏着行军曲向前挺进，战旗高举、战鼓喧天，短短 20 分钟内就牺牲了约 279 名军官和 1 万名士兵。此役最终以普鲁士获胜告终。普军在此役中第一次采用了后膛装填的“击针枪”，能够发动火力强大的密集攻势，这对取得战争的胜利至关重要。此次战役也被称为萨多瓦战役。

克尼格雷茨战役是普奥战争中一场决定性的战役。奥地利从此被驱逐于德意志未来事务之外。4 年后，俾斯麦将抓住机会同法国开战，再一次为普鲁士在德意志，也是在欧洲争夺霸权。在毛奇所率普鲁士雄师取得色当大捷后，拿破仑三世被迫投降，普鲁士国王威廉一世在凡尔赛宫加冕为统一的德意志帝国皇帝，宣布德意志帝国正式建立，阿尔萨斯和洛林也被割让给德国。

哈布斯堡王朝从此退出了德意志——600 年前他们起家的那个地方。弗兰茨·约瑟夫此时仍然不过只有 40 岁，他沉着冷静地面对了这次巨大的羞辱，这也是哈布斯堡家族最显著的特点。这次的羞辱甚至要比任何时候都痛苦得多，因

第 256 至 257 页图：在 1866 年克尼格雷茨（萨多瓦）的鏖战中，奥地利和普鲁士双方都付出了沉重的代价。但战争的结果是俾斯麦成功地将奥地利驱逐出了德意志邦联。

为在普奥战争短短的过程中，普鲁士的新盟友——新近统一的意大利王国国王维托里奥·埃马努埃莱，曾受到他的一位将领（也是他的堂亲阿尔布雷希特大公）的痛击，这对于奥地利而言在当时意味着奥地利大有希望将失去的伦巴第收复回来。但随着普奥战争大局已定，一切希望都没有了。

弗兰茨·约瑟夫并没有抱怨和不满。战败造成了诸多恶果，国内迫切需要采取行动。在普奥战争之前，匈牙利就已经在俾斯麦的怂恿下从阴沉愠怒的臣服状态中抬起头，大胆地提出了要求。弗兰茨·约瑟夫一向是决不妥协的，此刻却发现自己必须让步了，如果还想完整地保存剩下的家族领地，就再也不能忽视匈牙利对自治权的要求了。他也深知哈布斯堡王朝必须尽快完成 1859 年以来谈论的宪政改组，并且对君主政体的整体结构进行改革。这时候，弗兰茨·约瑟夫必须向玛丽亚·特蕾莎学习，想方设法将匈牙利人赢到自己这一边。在这一事情上，他得到了匈牙利年迈的政治家费伦茨·德亚克的帮助。德亚克识见卓越、睿智温和，主张通过和平谈判解决问题，他也是弗兰茨·约瑟夫遇见的第一个知道如何像父亲一样同弗兰茨·约瑟夫说话的人。德亚克力排众议制止了匈牙利同胞的激进行为。最终匈牙利民族与哈布斯堡王朝之间达成了妥协（并不是匈牙利与帝国其他部分的妥协），双方于 1867 年缔结了标志着奥匈帝国成立的著名的《奥匈协约》，哈布斯堡帝国自此成为奥匈二元帝国。根据协约，恢复匈牙利宪法，匈牙利和奥地利设立各自的议会和首相，直接对匈牙利国王弗兰茨·约瑟夫负责，奥地利和匈牙利共享一位皇帝、一支军队、一个联合外相和一些财政机构，以平等的伙伴关系共存。奥匈帝国的成立标志着缔造一个中央集权帝国梦想的最终破灭。弗兰茨·约瑟夫用尽不屈不挠的精神，将这个二元帝国坚守到了最后。而在约 20 年前，同样的精神被他用于维护由施瓦岑贝格为他建立的中央集权帝国上。他比匈牙利人更忠诚地坚持这项契约。至于这项契约的执行，它对帝国剩余地区的影响以及对匈牙利的影响，则是下半个世纪这个君主国国内的故事了。

弗兰茨·约瑟夫大体知道，只在帝国的匈牙利部分顺从匈牙利民族的民族主义，而在帝国的奥地利部分不向德意志人、捷克人、斯洛文尼亚人和波兰人做出

右页图：维也纳环城大道上的感恩教堂。弗兰茨·约瑟夫曾在此遇刺，死里逃生后，为了感谢天主的佑护，他兴建了这座教堂。

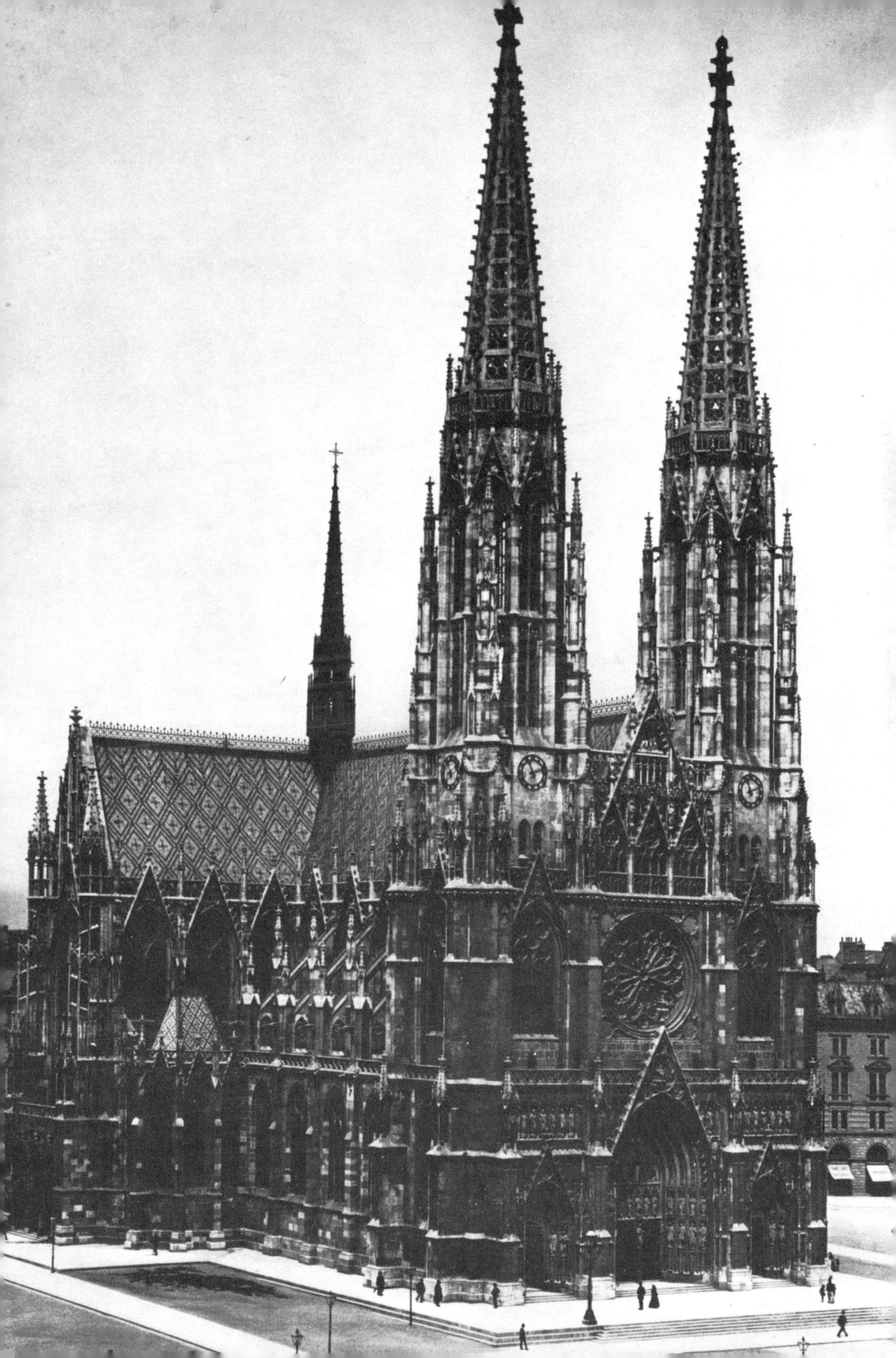

让步，并不公平。但如果他准许了这样的让步政策，如果国家利益和民族利益的平衡发生波动，引起德意志人和斯拉夫人、马扎尔人和斯拉夫人之间的怨恨，造成斯拉夫人不同团体间的相互嫉妒，或者进一步造成民族主义者、排犹的德意志人和自由派德意志唯心主义者之间的相互妒忌，那么这个刚诞生不久的新议会很可能就会最终瘫痪。可以说，所有民族都指望皇帝能保护自己不受其他民族或外国的侵害，但是没有任何一个民族愿意为了共同利益而牺牲自己的任何特权或诉求。弗兰茨·约瑟夫自1867年以后就彻底抛弃了独裁的想法，此时他的任务是控制住局势，也就是要使外部敌人处于不利地位，并且通过一系列具备各种人格特点和政治倾向的大臣，让他的臣民在国家体制内发展和自我实现。国家体制由帝国军队和皇家军队来维护，它如今不再被视为奥匈帝国皇帝个人的工具，而是一个可以将所有民族都集合在一起，共同缔造一个多民族超国家的手段。

但是德意志人并不愿意和捷克人、斯洛文尼亚人平起平坐，匈牙利人在克罗

弗兰茨·约瑟夫每天都在霍夫堡皇宫中的办公桌前不知疲惫地埋头工作，他的身边摆满了家族纪念品。

地亚和达尔马提亚也对斯拉夫人施以暴政，并且他们还违背了与奥匈帝国皇帝，也就是他们的匈牙利国王的契约，再次要求组织自己民族的军队。这一切都意味着随着弗兰茨·约瑟夫年龄的增长，他实际上在以前所未有的方式进行统治。即使捷克人和德意志人不能坐在同一间议会大厅内和睦共处，也总要有人去统治，政府也仍然要继续运行。

正是在此动荡时期，维也纳终于成为欧洲最辉煌灿烂的城市。涵盖了古代内城的旧防御工事被拆除，在该址上铺设了环形林荫大道——环城大道，为鳞次栉比的宏伟建筑打造了一个完美的背景，一切都恰到好处地彰显着一个帝国首都巅峰时代的辉煌与雄壮。歌剧院的建设在1861年就开始了，在后来的几十年内又建设了新的城堡剧院、大学、议会大楼、市政厅、法院、艺术博物馆和自然历史博物馆、迷人的公园和花园以及证券交易所等一系列建筑。新建的美术馆中收纳了哈布斯堡王朝早期的藏品（最重要的就是斐迪南一世和可怜又疯狂的鲁道夫二世的藏品），在它对面矗立着直到今天仍然古朴沉稳的霍夫堡皇宫。这组宫殿建筑经多次修建和重建，融合了欧洲不同时代的建筑风格，在这一时期更是新建了气势凛然的侧翼，上方盘踞着帝国雄鹰，里面建有壮丽庄重的皇家居室，俯瞰广阔的阅兵场——英雄广场。英雄广场上的两座骑马铜像分别纪念在阿斯佩恩会战中成功抵御拿破仑的卡尔大公和战无不胜的欧根亲王，这两位英雄的目光越过环城大道，凝视着巨大的玛丽亚·特蕾莎纪念碑，纪念碑上的皇后玛丽亚·特蕾莎被其将领环绕，两侧是两座博物馆。这一整套建筑群也许是为了庆祝奥匈帝国的建立而修建的，尽管在这位伟大的皇后雕像于1888年落成揭幕后，这个帝国只维系了30年。

哈布斯堡帝国的末日正逐渐临近。1889年1月，31岁的皇太子鲁道夫大公在自己位于梅耶林的猎场小屋中先开枪射死了情妇玛丽·维色拉，然后饮弹自杀。

弗兰茨·约瑟夫的冷酷性格“臭名昭著”。这位个性极端复杂的统治者想象力平平，却对“犯错”十分敏感。自从他19岁时准许了施瓦岑贝格处死匈牙利一众叛党头子开始，他的冷酷就在许多场合不受控制地流露出来。他曾强行任命执政能力超强的前商业和公共建设大臣布鲁克为财政大臣，后来又因索尔费里诺战败引发的财政危机而对其实无辜的布鲁克严词责备，进而逼他引咎辞职并于次

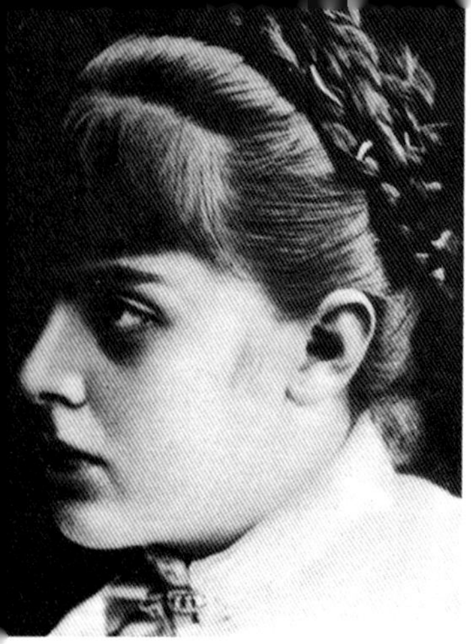

左图：玛丽·维色拉，皇太子鲁道夫的情妇。两人在梅耶林被发现时已遭枪击身亡。
右图：皇太子鲁道夫（左）与未来的德皇威廉二世的合影。

日自杀，这就是他的冷酷。他因为弟弟马克西米利安愚蠢地同意出任墨西哥皇帝而严酷地剥夺了其皇位继承权，而这位墨西哥皇帝也最终死在一支革命行刑队的手中，这就是他的冷酷。在萨多瓦战败后，老将贝内德克被当作奥地利战败的致命原因，被免职并受到军事法庭的起诉，而他任由贝内德克成为众人和他本人所犯错误的替罪羊，这就是他的冷酷。他因为无法容忍怀揣自由理想的皇太子鲁道夫而疏远这个独生子，这就是他的冷酷。后来他还极端丑陋地试图掩盖鲁道夫去世的丑闻。不久，他在对待新继承人的态度方面再一次展现了他的冷酷：他的新继承人是他的侄子弗兰茨·斐迪南大公，他极度厌恶这个年轻人，也强烈反对他与女伯爵索菲·霍泰克的婚事，因为尽管她的家世血统确实不错，但还是配不上哈布斯堡家族。弗兰茨·斐迪南的倔强程度也与皇帝不相上下，他对这桩婚姻表现出强烈的坚持。尽管如此，弗兰茨·斐迪南还是被迫接受了皇帝的条件，答应索菲生的孩子放弃皇位继承权。

从这些事件，我们可以窥见哈布斯堡家族最后一位伟大君主的性格端倪。弗兰茨·约瑟夫在与外界打交道时坚守一道屏障——极端正式和冷淡寡言的礼节，因此在外界眼中，严苛无情几乎成了他的代名词，遮盖住了他几乎所有其他品质。但是对于他身边的人而言，比如他的大臣和宫廷顾问，他却是个行事随和、待人和善的人。他的大臣出身自各个阶层和各个民族，弗兰茨·约瑟夫可以对他们一视同仁，可以跟他们开玩笑或迁就迎合他们，甚至可以讨好奉承他们。这些对他来说都没什么，因为他们不属于哈布斯堡家族。他可以向他的臣民妥协，可以对他们让步，他也确实这么做了。但是在任何涉及家族（哈布斯堡-洛林家族）荣耀的问题上，他都是绝对不会让步的。先辈的期许沉重地压在他的肩上。他的政府越向民主形式发展，他就越固执地坚守哈布斯堡王朝完整不可分割的观念。整个世界都在变化，这没问题，变化是必需的；而他作为皇帝、国家领导人，应该支持变化、领导变化，甚至努力去鼓励变化。但只有一件事情没有变，也永远不会改变，那就是他的哈布斯堡家族。哈布斯堡家族是与众不同的。作为这个家族的大族长，他的职责就是维系家族延续，同时也必须用各种方式来强化这种与众不同。因此这位皇帝对各阶层的人都和蔼可亲，但治家和律己却固执又严厉。鉴于此，能与哈布斯堡家族联姻的家族有一个明确规定的范围。那不是血脉的问题，而是划界限的问题。跨过了这道专横武断的界限，哈布斯堡就混同于其他家族了，而这是让人难以想象的：因为如果这样，哈布斯堡家族还如何假装在上帝眼中与众不同？还怎么证明哈布斯堡家族具有统治的绝对合理性？

年事渐高的弗兰茨·约瑟夫内心知道这么假装是行不通的，因为家族已经开始腐坏了。能认识到这些说明他是明智的，不过他对认识到的事实表示拒斥和感到气愤也是人之常情。他眼见他的弟弟趾高气扬地在一片原始野蛮的异邦土地上当了一个虚无缥缈的皇帝。他的儿子鲁道夫自杀了，给他自己的名字蒙了羞。他的侄子弗兰茨·萨尔瓦多大公放弃了爵位，离开家族四处漂泊。他的新继承人把一个女伯爵看得比哈布斯堡王朝还重。而他本人，堂堂奥匈帝国的皇帝，却控制不了自己的妻子，也无心拘束她。哈布斯堡家族确实在腐坏，但更重要的是，帝国终于开始产出耿直廉洁、能力卓越、值得尊敬的政治家了，虽然数量非常少，但是足以标志一个新时代的开启，一旦给他们机会，他们就会证明他们有能力像哈布斯堡王朝的任何一个皇帝一样将国家机器运作得有声有色。末日确实正在逼近，弗兰茨·约瑟夫已经察觉到了。这个末日指的不是奥匈帝国的末日，不是多民族国家的末日，甚至不是君主制本身的末日，而是业已维系了600多年的哈布斯堡王朝的末日。终将发生的事无可抵挡，而他必须用他唯一懂得的方式继续维系一切。

这些在外界眼中可看不出来。奥匈帝国和1867年达成的《奥匈协约》对外展现出了一派非常和谐的面貌。新生的奥匈帝国顺利度过了1873年的经济危机，当时正值维也纳普拉特公园举办世界博览会，奥地利辉煌的工业和艺术得以在全世界面前展示，并且新生的奥匈帝国很快就从普奥战争失败的耻辱中恢复过来，还立刻表现出一副十足的强国姿态。这一切都发生在这样一个时代，这个时代充斥着欺骗和反欺骗、威胁和反威胁、谎言和反谎言，这些阴谋诡计纷至沓来，宛如具有催眠力量的恐怖仪式；这个时代将欧洲各国以前所未有的危险势头拉入一个不断缩小的空间里（如果这些计划经过深思熟虑，斡旋的空间则更小）；这个时代的枪炮声喧嚣震耳，直到1914年夏末，冲突爆发，全败俱伤。

把欧洲列强卷入1914年第一次世界大战的国际化进程中的转折点是1870年的普法战争和随之建立的统一的德意志帝国。这场战争也粉碎了奥地利与普鲁士再战一场的一切希望。自此以后，老奥地利和新德国这两个轴心国将前所未有地捆绑在一起。但是德国夺取阿尔萨斯和洛林之举也激发了法国长久的敌意，而俄国在土耳其和巴尔干再次开始活动，也使俄国和被赶出了德意志邦联、越来越向东图谋的奥地利之间的利益冲突变得不可避免。

新的复杂因素由此产生。由于奥斯曼帝国在欧洲一蹶不振，塞尔维亚、克罗地亚等巴尔干地区的国家开始在山岭遍布的波黑诸省起义反抗土耳其的统治，独立的塞尔维亚和半独立的保加利亚愤而崛起。暴乱迭起，俄国的干涉已势所难免。俄国表示愿与奥匈帝国共同瓜分巴尔干地区，遭到奥匈帝国的反对，于是奥匈帝国于1878年在柏林会议上与欧洲列强达成一致后出兵占领了上述地区。同年，俄国在俄土战争中取胜，兵临奥斯曼帝国首都君士坦丁堡城下，并与土耳其签署了《圣斯特凡诺条约》，从而在巴尔干地区拥有了支配地位。这一新事态引起了英奥等国的强烈不满。之所以没有引起新的欧洲大战，要拜两个因素所赐：

左图：英国杂志《笨拙》刊载的一幅漫画《俾斯麦下台》，影射了威廉二世利用完俾斯麦后便逼他辞职的事件。

右图：1914年的弗兰茨·约瑟夫是一个伤心的老人，一场新的战争的重负将他彻底压垮了。

一是迪斯雷利和俾斯麦倡导并组织了柏林会议，联合对俄施加压力，以极大的代价换取俄国对《圣斯特凡诺条约》进行修正；二是弗兰茨·约瑟夫在维也纳也让奥地利帝国外相久洛·安德拉希（他是匈牙利人，曾在1849年被判处死刑，后获缓刑）有所收敛。然而，虽然新的战争得以避免，但却埋下了进一步的危机。巴尔干地区此时对俄国的影响和阴谋完全无力防备，以致没过多久，落后的蕞尔小国塞尔维亚在奥地利眼中就成为一个长期的噩梦，对奥地利南部的斯拉夫人形成一股新的吸引力，最重要的是威胁了奥地利在波黑地区的地位。

一切都在按部就班地进行着，只要俾斯麦仍然掌权。这位杰出的政治天才曾经蓄意用无情的武力将自己的国家变得强大，此刻却成为稳定与和平的使徒。他编织了一个错综复杂的联盟与协议网络，或公开或秘密。他认为自己已经为欧洲打造了长期平衡的状态，他的想法与之前梅特涅所想如出一辙。他先与意大利和奥匈帝国缔结了“三国同盟”，随后又高瞻远瞩地同俄国签订了《再保险条约》。该条约规定，缔约国一方如与第三国交战时，法国和奥匈帝国除外，另一方应保持善意的中立。一切都进行得相当顺利，只要同样希望和平的弗兰茨·约瑟夫仍旧完全掌握他的权力。

但是到了 1890 年，出人意料的事情发生了。德意志帝国新君威廉二世即位后与俾斯麦屡屡出现分歧，逼他辞职。这位叱咤风云四十载的政治家从此正式下野。威廉二世是个目空一切、情绪夸张又冲动鲁莽的人，他登基后的第一件事就是废除了与俄国的《再保险条约》。条约的废除使德国失去了俄国的支持，从此之后无法保证俄国在德法两国发生冲突时保持中立。威廉二世的性格和主张让德国变得野心勃勃，他甚至与奥匈帝国结盟，让德国的外交政策摇摆不定。于是，奥地利和德国要面对的是愤怒无情的俄国和充满仇恨的法国，而法国很快从孤立状态中觉醒并与英国达成共识，造就了新的欧洲均势。

在奥地利，没有人能清楚地看到一场可怕的大规模运动正在酝酿之中，在整个欧洲也几乎没有几个人能看清。那是一个由廉价劳工用血与汗铸造的光辉的时代，这些劳工正逐渐发出自己的声音。那是一个庶民觉醒的时代。欧洲王朝的格局仿佛永远固定了下来，再也不可能发生重大的欧陆战争了。英国、法国、德国以及新诞生的比利时正在联手瓜分非洲，俄国也已将注意力转向亚洲。但是即便这些强大的王朝已彻底休战，也会出现新的竞争——较量威望，拼斗权势。各国政府都在本国人民燃起的民族主义热情的鼓励和敦促下，努力积极表达自己的意见，人民论坛和每日报纸的头条新闻和评论文章成为民族主义的重要阵地：

> 我们不想作战，但是老天作证，如果我们真的想，
> 我们有舰，我们有人，我们还有钱！

这时候俾斯麦已经离开政坛，弗兰茨·约瑟夫也已被个人的悲剧和公开的失败压弯了腰。他正在老去，他潜在的火焰已经熄灭，而那团火在之前很长一段时间内都用来管理大臣。他倔强地与他的继承人弗兰茨·斐迪南保持一定距离，然后亲眼目睹弗兰茨·斐迪南在欧根亲王雄伟壮阔的府邸美景宫中建立了一个反政府组织。弗兰茨·斐迪南性格粗暴但诚实坦率，他可以给帝国的诸多国内问题提供新鲜的解决思路，他本来是可以发挥价值的。但是弗兰茨·约瑟夫并不需要新

右页图：长枪骑兵，由威廉·托尼绘制。这支帝国和皇家军队曾是欧洲最强大的作战机器之一。但到了 20 世纪，这支部队的官兵变得堕落颓废，也逐渐成为艺术家的讽刺对象。

第 268 至 269 页图：处决墨西哥皇帝马克西米利安，由马奈绘制。

左图：弗兰茨·斐迪南和妻子乘坐汽车经过萨拉热窝的街道，不久后他们就被刺身亡。
右图：哈布斯堡王朝皇储和妻子索菲·霍泰克的遗体告别仪式。

鲜的思路，尤其不欢迎他最讨厌的侄子的想法。他会保持国家事务如往昔一样运转；他必须坚守与德国的盟约，正如他咬牙切齿地怀疑那位令他难以忍受的德国皇帝一样；他必须忠于奥地利与匈牙利的协定，即使欲壑难填的匈牙利民族对他步步紧逼，令他难以忍受。除了这些之外，就再没什么要紧的事了。只有他才能让帝国内不出现民族分裂。但是他已无力看向更远的未来，也已抑制不住奥地利一班文臣武将吞并塞尔维亚的执念，这个位于帝国东侧面的蕞尔小国此时已完全暴露在俄国的图谋之下（1904 年日俄战争中俄国战败后，圣彼得堡再一次将目光转向巴尔干）。他没有努力去平息德国的愤怒，最显著的就是德国公然与英国展开军舰建造赛。他允可了 1908 年的波黑合并，那场“胜利”最终造成了致命的结果。1914 年 6 月，当弗兰茨·斐迪南和妻子被波斯尼亚学生加夫里洛·普林齐普在塞尔维亚明显的默许下（不过当时没有证据证明这一点）刺杀后，他同意对塞尔维亚发出惩罚性的最后通牒，然后几乎茫然懵懂地签署了宣战书，从而引发了一场非自愿的大规模军队调动：先是俄国，继而德国与奥地利结盟，然后法国与俄国结盟。当各国大军缓慢笨重地出师时，一场世界大战已势不可挡。他

左页图：弗兰茨·斐迪南大公。皇太子鲁道夫自杀身亡后，弗兰茨·斐迪南成为弗兰茨·约瑟夫的皇位继承人。他迫不及待要登基执政。

好像心怀求死之念一样，也许他真的有此意，他已经 84 岁了。

至此，这个令人惊叹的家族的漫长历史总算讲完了，因为在家族史上这个家族长期以来一直习惯于从很高的视角俯视整个欧洲版图，而它最后一位强大的统治者到后来已经太过年迈和疲惫，不能再从自己家后院发生的各种荒唐的事，或者说恼人的事中抬起眼来了。弗兰茨·约瑟夫在两年后去世，他的送葬队伍不仅是在为哈布斯堡家族送行，也是在为传统的欧洲秩序送行。他的皇位继承人——他喜爱的侄孙卡尔大公，也尽力了。这位老人离世时，奥地利的战事还是很顺利的。但这却是一场毁灭性的战事。很快，奥匈帝国的末代皇帝卡尔一世就开始竭尽所能地终止战争，试图在一切都无可挽回之前让家族领地从战争中解脱出来，不再受战争的影响。然而，卡尔最终还是失败了。战斗痛苦惨烈，牺牲巨大，持续了 4 年，平民蒙受的极端痛苦也蔓延了 4 年。最终，奥地利战败。组成这支帝国军队和皇家军队的官兵来自各个民族，这些民族由千千万万有抱负、有志气的人组成，长期以来都在竭尽所能地推翻君主政体，但在这场大战中直到几乎最后一刻，这支军队的绝大部分官兵都令人震惊地保持着忠诚。此时战败了，这支多民族军队也终于土崩瓦解。1918 年 11 月，哈布斯堡王朝的末代皇帝卡尔退位，这一年距离鲁道夫一世在维也纳竖起旗帜整整 642 年。哈布斯堡帝国内的各个民族都获得了自由，但这短暂的自由很快就被哈布斯堡帝国的继承者们吞没，那些继承者都是暴君，其残暴专制的程度是古老的欧洲从未经历过的。

左页图：弗兰茨·约瑟夫的侄孙卡尔和妻子波旁-帕尔马公主齐塔。卡尔于 1916 年继承皇位，但两年后就退位了。这个古老的王朝也宣告结束。

谱系表

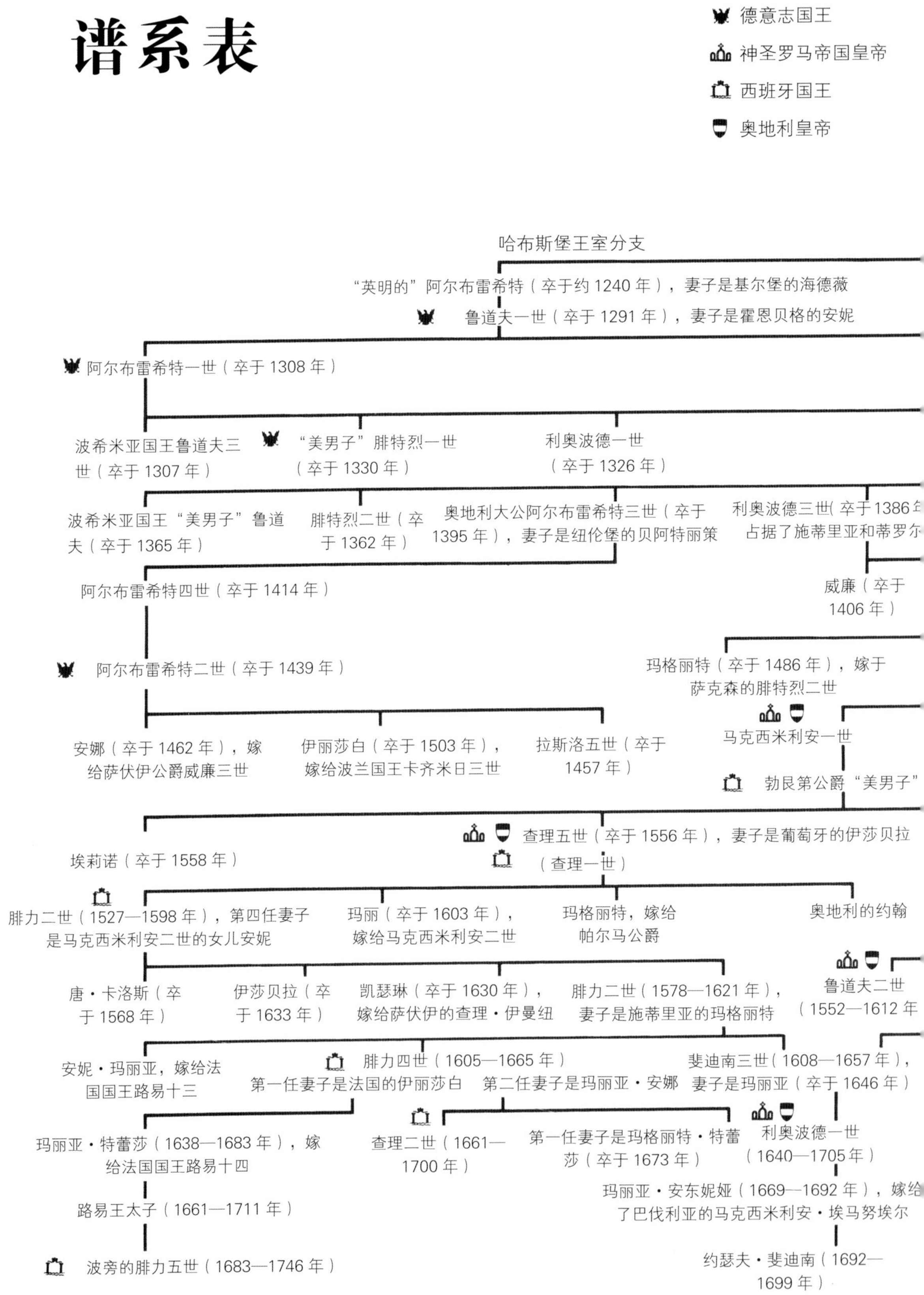

德意志国王
神圣罗马帝国皇帝
西班牙国王
奥地利皇帝
哈布斯堡王室分支
“英明的”阿尔布雷希特（卒于约 1240 年），妻子是基尔堡的海德薇
鲁道夫一世（卒于 1291 年），妻子是霍恩贝格的安妮
阿尔布雷希特一世（卒于 1308 年）
波希米亚国王鲁道夫三世（卒于 1307 年）
“美男子”腓特烈一世（卒于 1330 年）
利奥波德一世（卒于 1326 年）
波希米亚国王“美男子”鲁道夫（卒于 1365 年）
腓特烈二世（卒于 1362 年）
奥地利大公阿尔布雷希特三世（卒于 1395 年），妻子是纽伦堡的贝阿特丽策
利奥波德三世(卒于 1386
占据了施蒂里亚和蒂罗尔
威廉（卒于 1406 年）
阿尔布雷希特四世（卒于 1414 年）
阿尔布雷希特二世（卒于 1439 年）
玛格丽特（卒于 1486 年），嫁于萨克森的腓特烈二世
安娜（卒于 1462 年），嫁给萨伏伊公爵威廉三世
伊丽莎白（卒于 1503 年），嫁给波兰国王卡齐米日三世
拉斯洛五世（卒于 1457 年）
马克西米利安一世
勃艮第公爵“美男子”
埃莉诺（卒于 1558 年）
查理五世（卒于 1556 年），妻子是葡萄牙的伊莎贝拉
（查理一世）
腓力二世（1527—1598 年），第四任妻子是马克西米利安二世的女儿安妮
玛丽（卒于 1603 年），嫁给马克西米利安二世
玛格丽特，嫁给帕尔马公爵
奥地利的约翰
唐・卡洛斯（卒于 1568 年）
伊莎贝拉（卒于 1633 年）
凯瑟琳（卒于 1630 年），嫁给萨伏伊的查理・伊曼纽
腓力二世（1578—1621 年），妻子是施蒂里亚的玛格丽特
鲁道夫二世（1552—1612 年
安妮・玛丽亚，嫁给法国国王路易十三
腓力四世（1605—1665 年）
第一任妻子是法国的伊丽莎白
第二任妻子是玛丽亚・安娜
斐迪南三世（1608—1657 年），妻子是玛丽亚（卒于 1646 年）
玛丽亚・特蕾莎（1638—1683 年），嫁给法国国王路易十四
查理二世（1661—1700 年）
第一任妻子是玛格丽特・特蕾莎（卒于 1673 年）
利奥波德一世（1640—1705 年）
玛丽亚・安东妮娅（1669—1692 年），嫁给
了巴伐利亚的马克西米利安・埃马努埃尔
路易王太子（1661—1711 年）
约瑟夫・斐迪南（1692—1699 年）
波旁的腓力五世（1683—1746 年）

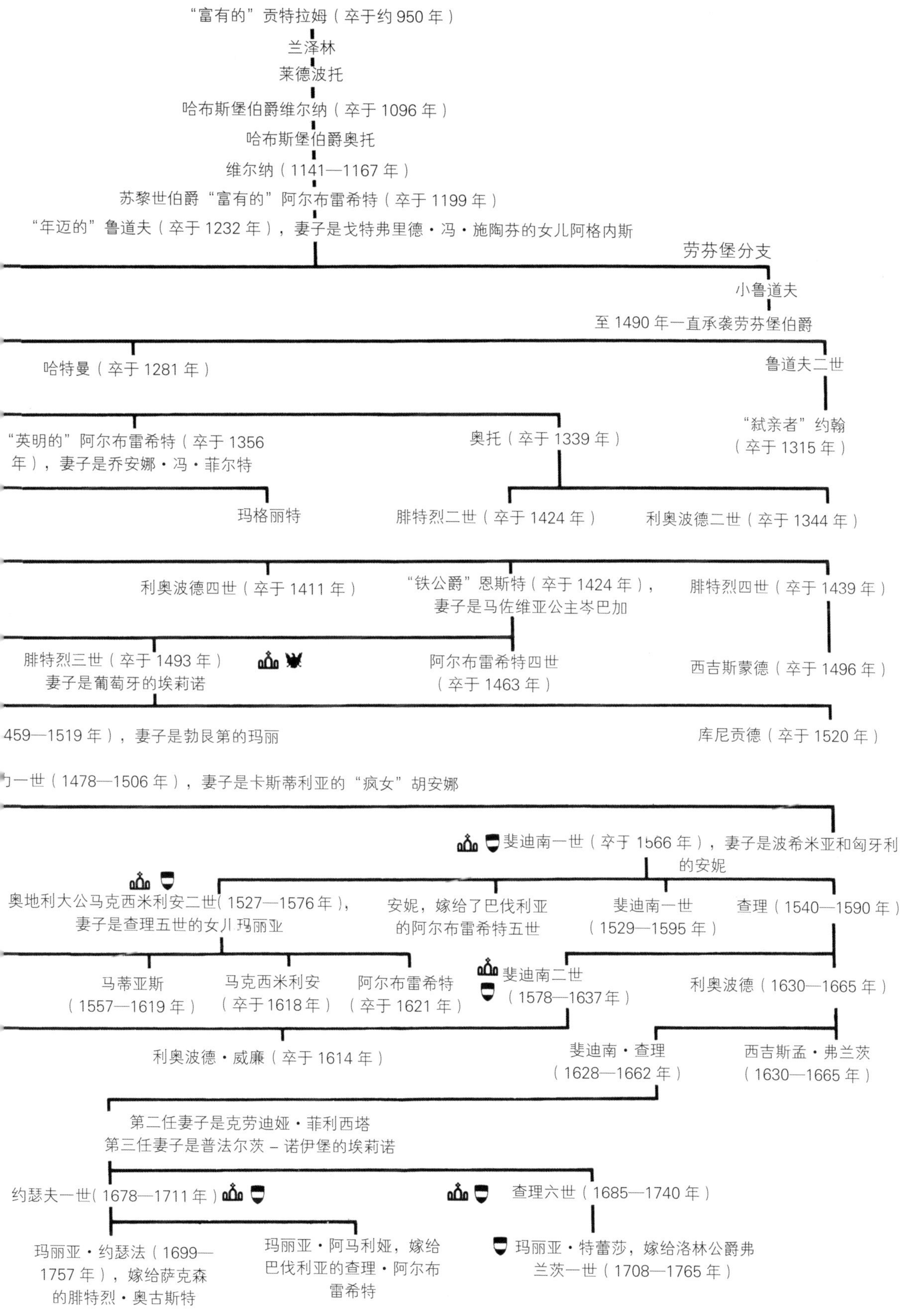
“富有的”贡特拉姆（卒于约 950 年）
兰泽林
莱德波托
哈布斯堡伯爵维尔纳（卒于 1096 年）
哈布斯堡伯爵奥托
维尔纳（1141—1167 年）
苏黎世伯爵“富有的”阿尔布雷希特（卒于 1199 年）
“年迈的”鲁道夫（卒于 1232 年），妻子是戈特弗里德·冯·施陶芬的女儿阿格内斯
劳芬堡分支
小鲁道夫
至 1490 年一直承袭劳芬堡伯爵
哈特曼（卒于 1281 年）
鲁道夫二世
“英明的”阿尔布雷希特（卒于 1356 年），妻子是乔安娜·冯·菲尔特
奥托（卒于 1339 年）
“弑亲者”约翰（卒于 1315 年）
玛格丽特
腓特烈二世（卒于 1424 年）
利奥波德二世（卒于 1344 年）
利奥波德四世（卒于 1411 年）
“铁公爵”恩斯特（卒于 1424 年），妻子是马佐维亚公主岑巴加
腓特烈四世（卒于 1439 年）
腓特烈三世（卒于 1493 年）妻子是葡萄牙的埃莉诺
阿尔布雷希特四世（卒于 1463 年）
西吉斯蒙德（卒于 1496 年）
459—1519 年），妻子是勃艮第的玛丽
库尼贡德（卒于 1520 年）
一世（1478—1506 年），妻子是卡斯蒂利亚的“疯女”胡安娜
斐迪南一世（卒于 1566 年），妻子是波希米亚和匈牙利的安妮
奥地利大公马克西米利安二世（1527—1576 年），妻子是查理五世的女儿玛丽亚
安妮，嫁给了巴伐利亚的阿尔布雷希特五世
斐迪南一世（1529—1595 年）
查理（1540—1590 年）
马蒂亚斯（1557—1619 年）
马克西米利安（卒于 1618 年）
阿尔布雷希特（卒于 1621 年）
斐迪南二世（1578—1637 年）
利奥波德（1630—1665 年）
利奥波德·威廉（卒于 1614 年）
斐迪南·查理（1628—1662 年）
西吉斯孟·弗兰茨（1630—1665 年）
第二任妻子是克劳迪娅·菲利西塔
第三任妻子是普法尔茨－诺伊堡的埃莉诺
约瑟夫一世（1678—1711 年）
查理六世（1685—1740 年）
玛丽亚·约瑟法（1699—1757 年），嫁给萨克森的腓特烈·奥古斯特
玛丽亚·阿马利娅，嫁给巴伐利亚的查理·阿尔布雷希特
玛丽亚·特蕾莎，嫁给洛林公爵弗兰茨一世（1708—1765 年）

约瑟夫二世（1741—1790 年）

玛丽亚·克里斯蒂娜（卒于 1798 年），嫁给萨克森－泰申的阿尔布雷希特

玛丽亚·阿马利娅（卒于 1804 年），嫁给帕尔马的斐迪南大公

利奥波德二世（1647 1692 年），妻子是西班牙的丽·路易丝

神圣罗马帝国皇帝弗兰茨一世（二世）至 1804 年，奥地利帝国皇帝（1768—1835 年）

托斯卡纳大公斐迪南三世（1799—1824 年）

泰申公爵查理（1771—1867 年）

利奥波德（1772—1795 年）

奥地利大公约瑟夫（177 1847 年），妻子是符腾女公爵玛丽亚

玛丽·路易丝（1791—1847 年），嫁给拿破仑一世

斐迪南一世（1793—1875 年），妻子是萨伏伊的安娜·卡罗琳

莱奥波尔迪娜（1797—1826 年），嫁给巴西国王唐·佩德罗

卡罗琳（1801—1832 年），嫁给萨克森国王腓特烈·奥古斯特

弗兰茨·卡尔·约瑟夫（1802—1878 年），妻子是巴伐利亚的索菲

泰申公爵阿尔布希特（1771—1 年），妻子是巴利亚的希尔德加

弗兰茨·约瑟夫一世（1830—1916 年），妻子是巴伐利亚女公爵伊丽莎白

墨西哥国王斐迪南·马克西米利安·约瑟夫（1832—1867 年），妻子是比利时公主夏洛特

卡尔·路易（1833—1896 年），第一任妻子是萨克森的玛格丽特，第二任妻子是西西里的玛丽亚·安农恰塔，第三任妻子是葡萄牙的玛丽亚·特蕾莎

路易·维克托（卒于1842年）

玛丽亚·特蕾莎（1845—1917 年），嫁给符腾堡公爵腓力

泰申公爵特烈（生 1856 年）妻子是克 的伊莎贝

吉塞拉（生于 1856 年），嫁给巴伐利亚的利奥波德

奥地利皇太子鲁道夫（1858—1889 年），妻子是比利时的斯蒂芬妮

玛丽亚·瓦莱里娅（1868—1924 年），嫁给托斯卡纳的弗兰茨·萨尔瓦托

弗兰茨·斐迪南（生于 1863 年，1914 年遇刺），妻子是女伯爵索菲·霍泰克

奥托·弗兰茨·约瑟夫（1865—1906 年），妻子是萨克森的玛丽亚·约瑟法

斐迪南·卡尔·路易（生于1868 年）

玛格丽特·索菲（生于 1870 年嫁给符腾堡的阿布雷希特

伊丽莎白·玛丽（生于 1883 年），嫁给文迪施格雷茨亲王，两人于 1924 年离婚

卡尔·弗兰茨·约瑟夫（1887—1922 年），妻子是波旁－帕尔马公主齐塔

马克西米利安·尤金（生于 1895 年 妻子是霍恩洛尔公主弗朗索瓦丝

亨利（生于 1925 年）

斐迪南（生于 1918 年

弗兰茨·约瑟夫·奥托（生于 1912 年）

阿德莱德（生于 1914 年）

罗伯特（生于 1915 年）

费利克斯（生于 1916 年）

卡尔（生于 1918 年

哈布斯堡-洛林王朝

玛丽亚·特蕾莎（1717—1780 年），嫁给弗兰茨一世（1708—1765 年）

玛丽亚·卡罗琳娜（卒于 1814 年），嫁给两西西里国王斐迪南四世

摩德纳公爵斐迪南（1754—1806 年），妻子是摩德纳的玛丽亚·贝亚特里切

玛丽亚·安东妮娅（卒于 1793 年），嫁给法国国王路易十六

科隆选帝侯马克西米利安（卒于 1801 年）

安东尼（1780—1835 年）

约翰（1782—1859 年）

伦巴第副摄政雷讷（1783—1853 年），妻子是萨伏伊的玛丽亚·伊丽莎白

路易（1784—1864 年）

奥尔米茨大主教鲁道夫（1788—1831 年）

卡尔·斐迪南（1818—1874 年），妻子是奥地利女大公伊丽莎白

威廉（1827—1894 年）

约瑟夫（1833—1905 年）

玛丽－阿德莱德（1822—1855 年），嫁给意大利国王维托里奥·埃马努埃莱二世

利奥波德（1823—1898 年）

恩斯特（1824—1899 年）

西吉斯孟（1826—1891 年）

雷讷（1827—1913 年）

亨利（1828—1891 年）

摩德纳公爵弗兰茨四世（1779—1846 年）

马克西米利安·约瑟夫（1782—1863 年）

斐迪南（1781—1850 年）

卡尔·斯蒂芬（生于 1860 年），妻子是奥地利女大公玛丽亚·特蕾莎

尤金（出生于 1863 年）

约瑟夫·奥古斯特（生于 1872 年），妻子是巴伐利亚公主奥古斯蒂娜

卡尔·阿尔布雷希特（生于 1888 年）

莱奥·卡尔（生于 1893 年）

威廉（生于 1895 年）

弗兰茨·约瑟夫（生于 1805 年），妻子是萨克森的安妮

拉斯洛（生于 1901 年）

摩德纳公爵弗兰茨五世（1819—1885 年）

威廉（1827—1894 年）

玛格丽特（生于 1925 年）

伊洛娜（生于 1927 年）

鲁道夫·叙林古斯（生于 1919 年）

夏洛特（生于 1921 年）

伊丽莎白（生于 1922 年）

出版后记

哈布斯堡家族是欧洲历史上最为显赫的王室之一。我们耳熟能详的神圣罗马帝国、奥地利帝国、波希米亚王国、匈牙利王国等欧洲国家，它们的君主都曾由哈布斯堡家族的成员出任，更不用说遍布欧洲各地的无数公爵了。哈布斯堡王朝的名字取自 11 世纪 20 年代建造的一座城堡——鹰堡，这座城堡位于现在的瑞士。鲁道夫一世是哈布斯堡王室的首任皇帝，从 1273 年开始统治神圣罗马帝国。而自 1438 年阿尔布雷希特二世当选为神圣罗马帝国的皇帝开始，除了 1742—1745 年帝位短暂旁落，神圣罗马帝国的帝位从未容让他人，似乎成了哈布斯堡家族的特权，直至 1806 年在拿破仑的强势压迫下帝国正式解体。1918 年 11 月，哈布斯堡王朝的末代皇帝卡尔退位，这一年距离鲁道夫一世在维也纳竖起旗帜整整 642 年。在这段漫长的时间里，这个显赫的家族想方设法用帝国皇冠的神秘权威来支撑他们极大的领土权力，有时候他们几乎统治了半个世界。由此可见，哈布斯堡王朝的历史是欧洲近代史的核心，也是西方文化史和社会发展史的核心。

哈布斯堡家族的许多成员有着神秘莫测的品性，这使得他们作为君主卓尔不凡，也进一步塑造了他们手握强权的形象，即对天主教的顽固信仰和对帝国的执着追求。

本文作者爱德华·克兰克肖是一位知名作家，在欧洲文化和政治史方面享有较高声望。1909 年 1 月，他出生于英国埃塞克斯郡的一个郊区小镇。从学院毕业后，他一开始在《泰晤士报》担任了一段时日的记者。在 20 世纪 30 年代，他在奥地利维也纳旅居，教授英语的同时学习德语。1938 年，他目睹了德奥合并的过程。二战期间，他在英国陆军担任情报军官。1947—1968 年，他为英国的《观察家报》工作，专攻苏联事务。这些经历使得爱德华·克兰克肖对奥地利和俄国的历史尤为熟悉，因而，有关这两个国家，他撰写了多部颇有分量的著作，比如《维也纳：一个衰落的文化形象》（*Vienna：the Image of a Culture in*

Decline）和《冬宫阴影》（*The Shadow of the Winter Palace*）。

当然，本书是对哈布斯堡王室历史的简要叙述，其中涉及近亲联姻对于这个家族的重大影响，详细一些的评述可参考其有关哈布斯堡家族兴衰史的著作，敬请各位读者期待！

本书篇幅短小精悍，内有大量精美清晰的插图，可使读者在阅读过程中增添不少乐趣。我们在此也要感谢译者的辛勤付出，她精彩的译笔为本书增色不少。由于编辑水平有限，错漏之处在所难免，敬请广大读者批评指正。

服务热线：133-6631-2326　188-1142-1266

读者信箱：reader@hinabook.com

后浪出版公司

2020 年 7 月

图书在版编目（CIP）数据

哈布斯堡家族画传 / (英) 爱德华·克兰克肖著；
田婧译. — 郑州：大象出版社，2020.9
ISBN 978-7-5711-0613-3

Ⅰ. ①哈… Ⅱ. ①爱… ②田… Ⅲ. ①欧洲-历史-
1273-1918-通俗读物 Ⅳ. ① K500.9

中国版本图书馆 CIP 数据核字 (2020) 第 078075 号

著作权合同备案号：豫著许可备字 -2020-A-0050
地图审图号：GS（2019）4519 号

HABUSIBAO JIAZU HUAZHUAN

哈布斯堡家族画传

[英] 爱德华·克兰克肖　著
田　婧　译

出 版 人　王刘纯
责任编辑　杨　倩
责任校对　安德华　张英芳
美术编辑　杜晓燕
封面设计　徐睿绅 xuxgraphic@gmail.com
出版发行　大象出版社（郑州市郑东新区祥盛街 27 号　邮政编码 450016）
　　　　　发行科　0371-63863551　总编室 0371-65597936
网　　址　www.daxiang.cn
印　　刷　天津图文方嘉印刷有限公司
经　　销　全国新华书店
开　　本　720 mm × 1030 mm　1/16
印　　张　18
字　　数　292 千
版　　次　2020 年 9 月第 1 版　2020 年 9 月第 1 次印刷
定　　价　118.00 元